시민사회 파트너십과 공공성

시민사회 파트너십과 공공성

이동수 편

인간사랑

서문

21세기는 시민사회, 즉 NGO와 NPO의 시대라는 말이 있습니다. 그만큼 탈근대사회에서는 정부와 시장 이외에 시민사회의 역할이 중요해진 것입니다. 처음에 시민사회는 정부와 시장을 감시하고 견제하는 역할을 했습니다. 그러나 오늘날 시민사회는 점차 구성원들이 더불어 사는 공동세계를 건설하는 데 매진하고 있습니다.

이와 같은 일은 소위 말하는 사회의 하부 세 영역, 즉 정부와 시장, 시민사회의 파트너십을 필요로 합니다. 정부는 시민사회를 더 이상 귀찮은 존재로 여길 필요가 없으며, 시장 역시 시민사회를 발목잡는 존재로만 여길 이유가 없습니다. 시민사회는 정부의 케어가 미치지 못하는 세심한 부분을 어루만질 수 있으며, 시장처럼 이윤을 창출하지는 못하지만 그것을 바탕으로 따뜻한 소비를 나눌 수 있도록 도와줍니다. 결국 사회는 정부와 시장, 시민사회가 각자 다른 목표와 다른 역할을 통해 서로 선순환구조를 이룸으로써 유지되고 발전하게 되는 것입니다.

이 책은 이러한 취지 아래 시민사회 활동가들의 의식을 전환하고 역량을 강화하는 교육에 활용될 수 있도록 기획되었습니다. 특히 전체를 아우르는 서론에 이어 크게 섹터 간 파트너십과 분야별 파트너십으로 나누어 작성되었습니다. 1부에서는 정부와 시민사회의 파트너십, 기업과 시민사회의 파트너십 그리고 시민사회 내부에서의 파트너십 등에 대해 다루고, 2부에서는 요즘 중요한 이슈로 제기되고 있는 시민교육, 복지, 국제개발협력 분야에서의 파트너십 문제를 다루고 있습니다.

이번 작업은 특히 보건복지부가 후원하고 나눔국민운동본부와 함께 한 2013년도 〈NPO 종사자 역량 강화 프로그램〉의 일환으로 집필과 출판 작업이 이루어졌습니다. 이 책이 출판되기까지 도움을 주신 보건복지부와 나눔국민운동본부 그리고 인간사랑 출판사 관계자들께 진심으로 감사드립니다. 또한 집필에 애써주신 여러 필진들께도 깊은 감사의 말씀을 전합니다.

2013년 12월

경희대 공공대학원장 이동수

차례

1장 시민사회, 파트너십 그리고 공공성[1]

이동수

1. 시민사회의 등장

1) 국가와 시장의 한계

오늘날 전체 사회는 국가(혹은 정부), 시장 및 시민사회라는 세 개의 하위영역으로 구분되어 이해된다. 이 중 시민사회가 점차 부

1 이 글의 1과 2는 필자가 연구책임자로 수행한 특임장관실 용역 보고서 『민관협력과 시민사회발전을 위한 청사진 연구(2012)』의 1장의 내용을 수정·보완하여 작성하였다.

각되면서 중요한 임무를 지닌 영역으로 간주되기 시작한 것은 소위 말하는 '국가의 실패(failure of state)' 및 '시장의 실패(failure of market)'에 따른 후기산업사회의 각종 사회문제를 해결하기 위한 문제의식에서 비롯된다. 복지국가의 위기, 발전의 위기, 환경의 위기, 사회주의의 위기 등 4대 위기가 복합적으로 작용한 '국가의 실패'는 시민사회의 발흥을 불러일으켰으며 시민사회에 영향력을 부여하는 계기로 작용하였다. 또한 국가 실패의 대안으로 제시되고 있는 신자유주의적 의미에서의 시장도 그 자체 한계를 노정하면서 시민사회의 필요성을 부각시켰다. 시장 자체의 모순뿐만 아니라 공정한 시장의 존재를 가능케 하는 국가와 사회에 대한 인식 부족은 '20대 80의 사회' 혹은 '두 개의 국민국가(two nation states)'로 표출되는 심각한 국가–사회적 병리현상을 유발시켰다. 이에 따라 시민사회는 국가권력을 견제하고 시장을 감시하는 역할을 통해, 국가중심주의적·시장중심주의적 문제 해결 방식에 대처하는 방안으로 인식된 것이다.

또한 시민사회 발흥에 있어서 보다 중요한 요인은 이미 틀 지워진 기성 국가의 명령을 넘어 시민적 삶 자체를 자발적으로 복원하기 위한 새로운 행위에 대한 요구에서 드러난다. 그동안 국가와 사회가 보다 많은 부(富), 보다 효율적인 생산체계, 보다 많은 소비를 지향하며 자국 또는 자국민의 생존과 번영을 지향해왔다면, 오늘날 시민사회의 움직임은 비물질적 재화와 시민의 자발적인 가치형성, 이를테면 인권, 환경, 자원봉사 등을 통해 시민 자신의 주인의식을 형성하고 그들 사이에 공동세계를 가꾸어 나가려는 양상을 띠고 있다. 즉 전통적 의미의 거대한 정치조직과 결별하고 마을 만들기와 같이 자발적으로 타인들과 연대해 보다 적극적으로 삶을 탐색하려는 시민들의 행위가 시민운동을 통해 부상하게 된 것이다.

국가와 시장을 중시했던 근대세계에서는 사회의 역할을 "서로 상충하는 이해관계를 합리적이고 권위적으로 조정"[2]하는 것으로 간주하고, 사회에서 발생하는 갈등 간의 충돌을 그대로 승인한 채 그 관리에만 집중했다. 즉 인간은 이기적 존재로서 이기심의 발로란 인간의 본능이어서 제거할 수 없으며 경제발전에 도움이 되기 때문에 모두 제거할 필요도 없다고 보고, 승인된 이기심을 바탕으로 권력과 이익을 어떻게 분립시키고 분배할 것인가에만 주목한다. 사회의 역할이란 인간과 인간 사이에 자연적으로 발생하는 갈등을 조정하는 데 있으며, 정치란 '조정의 정치(politics of coordination)'의 성격을 갖는다는 것이다.

이때 국가는 '강제적 조정'의 역할을 맡는다. 국가는 시민들로부터 위임받아 통치할 수 있는 권한과 권력을 갖고 이를 통해 사회적 갈등을 강제적이고 권위적으로 조정하려 한다. 즉 사회의 안녕과 질서를 유지하기 위해 어느 정도의 강제성 사용을 허락하면서, 법이나 제도, 공권력 등을 통해 서로 다른 이해관계와 의견을 가진 사람들에게 국가의 결정을 수용하게 만든다. 반면 시장은 또 다른 조정

---

2 이런 입장의 대표적 예로는 David Easton, *The Political System : An Inquiry into the State of Political Science*(New York : Alfred Knopf, 1953) ; Harold D. Lasswell, *Politics : Who Gets What, When, How?*(New York : The World Publishing Co., 1958) 등이 있다.

의 기제로 작동한다. 강제성을 내세우는 국가와 달리 시장은 합리적 경쟁을 통한 '자발적 조정'을 목표로 한다. 즉 시장에서는 합리적인 개인들이 자신의 이익을 극대화하는 한편, 자기이익 추구가 극대화되어 궁극적으로 사회의 파괴를 초래할 정도의 충돌이 일어나기 전에 가장 효율적인 지점에서 갈등과 경쟁을 자율적으로 멈출 것이라고 상정한다. 그리하여 각자가 자기이익의 최적점에서 자연스럽게 타협할 것이라고 예상한다. 이때 국가가 사용하는 법, 제도에 내포된 합리성은 목표를 달성하기 위한 '도구적 합리성(instrumental reason)'인 반면 시장에서 통용되는 합리성의 기준은 '효율성(utility)'이다.

그러나 이기적 인간은 본능적으로 그 조정이 자신에게 유리하게 이루어지도록 만들기 위해 여러 압력수단을 동원하고 폭력을 사용하면서까지 권력투쟁을 더욱 강화하기에 이른다. 즉 이익의 조정은 권력의 투쟁을 종식시키는 것이 아니라 오히려 그것을 증가시킬 뿐이다. 바로 이 점이 근대사회를 자가당착에 빠지게 한 원인이다. 근대의 수많은 이론들이 이익간의 조정과 협상, 타협을 주장하고 이러한 조정을 위한 기제로서 국가 또는 정부의 기능을 강조하지만, 결국 갈등 충돌이 멈추지 않는 것은 '합리적인 너무나 합리적인' 인간들이 자기에게 유리하게 조정하기 위해 마지막 순간까지 권력투쟁을 극대화해야 한다고 생각하기 때문이다. 예컨대 국회의원들이 선거구를 조정할 때 얼마나 극열하게 싸우는지를 보라. 또 한국전쟁 당시 가장 치열했던 전투는 바로 휴전을 앞둔 시점에 발생했었다는 사실을 상기해 보라.

또한 시장의 문제점은 그것이 설사 최종적 파국은 막을 수 있을지언정, 이익들 간의 자유경쟁이 허용되는 한 그 경쟁과정에서 승리한 자와 패배한 자의 우열이 확연히 가려진다는 데 있다. 국가의 강제적 조정이 인간의 자유를 제한하는 문제를 발생시키는 반면, 시장은 자유를 극대화시키지만 거기서 승리자와 패배자, 우열자, 강자와 약자, 중심과 주변을 만들어내면서 결국 개인들 간의 협력과 조화를 이끌어내는 데 실패한다. 요컨대 근대사회의 목표인 이익조정은 국가라는 강제적 조정 기제와 시장이라는 자율적 조정 기제의 양날을 사용하여 이루어져 왔으나 결국 자유 및 평등의 침해, 그리고 유리한 조정을 위한 권력투쟁의 극대화라는 부정적 결과를 빚고 말았다. 이것이 바로 오늘날 현대사회가 그토록 여러 측면에서 괄목할만한 성장을 이루어 왔음에도 불구하고, 현실을 더욱 더 '만인의 만인에 대한 투쟁'이 만연된 각축장으로 만들어 온 이유이다. 즉 사회의 목표를 승인된 이기심으로 국가를 통해 강제적으로 혹은 시장을 통해 자율적으로 조정하려 할 때, 결국 국가의 강제적 조정은 인간의 자유를 억압하고 시장의 자율적 조정은 불평등을 심화시켜 투쟁을 확대재생산할 뿐이다.[3]

이러한 '조정의 정치'는 사실 '권력정치'의 소산이다. '조정의 정치'는 인간들의 이기심을 토대로 그 이기심의 충돌을 조정하기 위해 어떤 권력에 의존할 것인가를 고민한다. 국가는 글자 그대로 강제적인 국가 권력을 사용하여 조정하려 하고, 시장은 인간의 이기심을 초월하여 시장영역이라는 제3의 공간에서 '보이지 않는 손'에 의해

3 이동수, "정치와 정쟁: 근대적 정치관을 넘어서," 『철학과 현실』 제61호(2004).

자율적으로 조정한다는 명목 하에 사실은 자본이 시장을 지배함으로써 자본의 영향을 받는 시장권력이 조정을 하고 있는 것이다. 요컨대 '조정의 정치'는 결국 국가의 권력이든 시장의 권력이든 권력에 기반한 정치인 '권력정치'를 토대로 하고 있다. 즉 조정이라는 그럴듯한 말로 사실상 국가권력과 시장권력의 발호를 용인하고 있는 셈이다.

하지만 이런 '권력정치'에는 숨겨진 함정이 있다. 권력은 공적이든 사적이든 공동체를 위하는 공적인 도구라기보다는 사적인 도구로서 오히려 사적 이해를 위해 봉사하며, '권력정치'는 정치를 사유화(privatization)시킨다. 왜냐하면 권력이란 소유물(possessions)로 간주되며, 소유물이란 결국 개인의 것이기 때문이다. 즉 권력의 소유에 따라 권력자-지배자와 피지배자로 구분되는 것이다. 따라서 '권력정치'는 공동체 구성원들의 개인적, 집단적, 당파적 혹은 계층적 분리를 초래한다. 이때 분리는 단순한 분리가 아니라 권력의 유무와 정도에 따라 지배자와 피지배자로 구별하며, 결국 정치는 그 구별된 요소들 간의 권력을 둘러싼 투쟁과정으로 받아들여진다.[4]

그러나 인류가 문명사회를 구축한 이유는 '조정의 정치'보다는 '협력의 정치(politics of cooperation)'를 하고자 했기 때문이다. 고대로부터 인류는 존재론적으로 고독하고(solitary), 유한하며(finite), 사멸하는(mortal), 나약한(feeble) 존재임을 인식하고, 자신보다 완전하고

4 이동수, "한나 아렌트와 한국정치: 권력정치에서 소통정치로," 『철학과 현실』 제71호(2006), 45.

(perfect), 영원하며(eternal), 선한(good) 신(God)과 소통함으로써 자신의 약점을 보완하고 자기완성을 이루기를 원했다. 하지만 인간이 무한하며 영원한 신과 함께하는 것은 개인적(personal) 차원에서만 가능한 일이다. 즉 인간은 개인적으로 신으로부터 구원(salvation)받을 수 있지만, 사회적(social) 차원에서 신국(the City of God)을 건설하는 것은 불가능하다. 즉 성인이나 신앙심 깊은 개인은 존재할지라도 사회적으로 신국은 달성되지 않는다. 왜냐하면 사회란 그 자체가 하나의 실체(entity)로 존재하는 것이 아니라, 사람들이 모여 서로 관계 맺음으로써 그 관계의 복합적 행위의 결과로 구성되기 때문이다. 즉 사회는 그것을 구성하는 다수의 여러 관계의 망이기 때문에, 만약 성인이 아닌 자가 한 사람이라도 존재한다면, 그가 관계하는 여러 행위로 인해 그 사회의 연결망은 훼손되기 마련이다. 그런 점에서 인간의 나약함보다 사회는 더욱 깨지기 쉬운(frail) 존재이다.

따라서 인류가 추구하는 사회의 최종적 모습은 '이상사회(ideal society)'가 아니라 '문명사회(civilized society)'이다. 문명사회란 신국과 같은 높은 경지의 완전한 사회는 아닐지언정, 부족하고 고독한 인간들끼리 서로 소통하고 협력함으로써 개인의 한계를 넘어 인류를 위협하는 다른 존재들 — 예컨대 자연이나 맹수들, 기근, 재난, 불행 — 에 공동으로 대처하는 사회이다. 그런 점에서, 문명이란 단순히 지식의 발견이나 물질의 번영을 지칭하는 것이 아니라, 서로 협력할 줄 아는 태도의 발견을 의미한다. 문명의 시작은 도시(city)의 건설과 함께 진행되었는데, 도시의 건설이란 기본적으로 사람들이 함께 어울려 사는 공존과 협력의 공간을 확보한다는 것을 뜻한다. 즉 도시는 문명을 이루었고, 이 문명사회는 인간의 협력을 바탕으로 해서만 존재 가능한 것이다. 그러므로 문명사회의 정치는 권력정치에 기반을 둔 '조정의 정치'가 아니라, 부족한 인간들이 함께 협력하는 '협력의 정치'를 지향한다.

그러나 앞서 말한 것처럼, 근대사회에 접어들면서 이런 목적의식과 방법론을 점차 망각한 채, 원래는 협력의 공간을 잘 지도하기 위해 권한을 부여받았던 국가가 '조정의 정치'라는 미명 아래 국가권력을 강화하고 이를 남용하기에 이르렀고, 다른 한편 시장은 생산자와 소비자의 협력의 공간에서 벗어나 이윤창출을 목적으로 하는 자본이 또 다른 권력으로 전화되어 인간의 삶을 지배하게 되었다.

이런 상황 아래 현대사회에서 새로이 등장한 시민사회론은 한편으로는 국가와 시장의 '권력정치'를 비판하고, 다른 한편으로는 고대로부터 이어져 왔던 '협력의 정치'의 전통을 다시 시민사회 영역에서 되살리고자 하는 의도가 포함되어 있다. 즉 국가와 시장이 담당했던 조정의 실패에 대한 감시와 비판의 수행, 그리고 조정의 기제가 아닌 시민들이 서로 공동세계를 구축할 수 있는 협력공간의 창출로서의 시민사회의 중요성이 대두된 것이다. 이런 점 때문에 시민사회가 국가나 시장과 다른 제3의 영역으로 간주되며, 또한 그 두 영역을 지배하는 지도 원리와는 다른 원리가 요청되는 것이다.

2) 시민사회의 역할

고대에도 시민이란 용어는 있었지만 시민사회란 개념이 등장하기 시작한 것은 근대에서이다. 고대의 시민은 신분적 의미가 강한 것으로서 고대 그리스와 로마에서 시민은 노예와 반대되는 개념인 자유민을 의미했으며, 그 신분도 세습되었다. 반면 근대적 의미의 시민 개념은 한 국가나 공동체 내의 구성원을 의미하는 용어로, 경계선 밖에 존재하는 외국인과 반대되는 개념으로 쓰였다. 특히 근대 초기 시민은 부르주아적 시민을 의미했으며, 시민사회관도 자유주의와 자본주의적 전통에서 이해하였다.

먼저 이 전통은 국가와 시민사회를 분리시키고 시민사회를 친시장적인 것으로 이해한다. 즉 시민사회에서는 자본주의가 발달함에 따라 생산, 이익, 소유가 증가하게 되는데, 이에 따라 부르주아들이 국가로부터 자신의 이익과 경제소유권을 확보하기 위해 태동시켰다는 것이다. 이렇게 형성된 부르주아 시민사회는 부르주아 시민들의 권리와 이익을 제도화시키고, 집회, 결사, 종교의 자유를 강조하면서 국가로부터의 간섭을 배제한 채 시민사회의 독립성을 추구하였다. 이것이 근대 자유민주주의의 발달을 가져왔으며, 오늘날 이를 일반시민들에게 확대시켜 현대적 시민사회 형성에 크게 이바지했다는 것이다. 여기서는 시민사회의 자율성을 특히 강조한다.

그러나 이런 시민사회관은 시민사회와 시장의 경계를 불분명하게 만들기 때문에 시민사회의 자율성 추구가 경제적 불균형 초래를 내포하게 됨으로써, 종국적으로는 시민사회가 경제체계에 종속되는 방향으로 흐를 위험이 있다. 특히 빈부의 격차 발생과 프롤레타리아 계급에 대한 착취는 복지국가의 필요성을 증대시켰는데, 복지국가의 등장으로 인해 국가통제가 강화되고 국가의 시장개입이 빈번해짐에 따라 시민사회가 약화되고 경제가 침체되는 악순환을 겪게 된다. 그런 점에서 자유주의적 관점의 시민사회론은 결국 시민사회 자체를 유지하지 못하는 결과를 초래하기도 한다.

반면 수정마르크스주의 전통에서는 부르주아 시민사회관을 비판한다. 기존의 시민사회는 부르주아 계급이 헤게모니를 통해 프롤레타리아 계급을 교묘하게 지배하는 장소라는 것이다. 이때 헤게모니란 지배계급이 지적·도덕적 지도력의 행사를 통해 창출하는 피지배집단들의 자발적 동의를 말하는데, 따라서 시민사회란 헤게모니를 둘러싸고 계급지배 및 투쟁이 이루어지는 정치적 영역이자, 시민들의 문화적이고 사적인 활동공간을 의미한다. 요컨대 시민사회를 상부구조의 한 영역으로 이해하고, 마르크스의 토대-상부구조의 단순한 이분법을 수정하여 토대-시민사회-국가의 삼분법으로 나누고 있는 것이다.[5]

여기서 상부구조의 일부인 시민사회는 어느 정도 상대적 자율성을 갖고 있기는 하지만 경제적이고 계급적인 면을 반영한다. 따라서 시민사회는 지배계급의 헤게모니가 이루어지는 영역인 동시에 노동자계급의 대항 헤게모니가 조직될 수 있는 장소이기도 하다. 달리 말하면, 시민사회는 생산현장에서의 노동자계급 투쟁이 전체사회의 다양한 계급관련 투쟁 및 사회운동들과 역동적으로 접합되는 지점이자, 지배계급에 대항하는 진지전이 전개되는 거점이라는 것이다.

---

5 Antonio Gramsci, *Selections from the Prison Notebooks*, Vol. Ⅰ(New York: International Publishers, 1971).

이러한 진지전적 사회변혁에 있어서는 지식인의 역할이 중요해진다. 프롤레타리아는 공산혁명의 주체적 계급이기는 하지만, 도덕성과 역사이성을 지닌 지식인들의 헤게모니 투쟁이 선행되어야 한다. 부르주아 국가를 무너뜨리는 혁명에는 군인정신이 필요하지만, 정교하고 복잡하게 짜여진 사회문화적인 헤게모니 구조의 전복에는 지식인의 예리한 분석과 전략이 요구된다. 따라서 시민사회의 활동은 지식인 중심으로 정부와 국가에 대한 끊임없는 비판과 감시를 통해 지배적인 사회문화에 저항하면서 부르주아 헤게모니를 종식시키는 데 모아져야 한다는 것이다.

그러나 이런 시민사회관은 여전히 마르크스주의적 전제를 바탕으로 지배자와 피지배자, 부르주아와 프롤레타리아, 혹은 적과 동지라는 이분법에 근거함으로써 시민들 모두의 공동세계로서의 시민사회관을 약화시킨다. 근대적 부르주아 시민사회관을 비판하고 국가와 시장의 문제점을 파헤치고 감시하는 데에는 도움이 되지만, 부르주아 시민사회가 아닌 일반시민들의 시민사회라는 현대적 개념 속에서 이 입장은 시민들 자신의 자치적 활동과 상호간의 협력을 증진시키는 데에는 전혀 도움이 되지 않는다.

이에 비해 68혁명 이후 제기된 새로운 시민사회관과 신사회운동은 시민사회 영역을 국가나 시장의 문제점을 제시하고 그 대안을 모색하는 공론장의 성격과 시민들 상호 간의 자치적 활동을 수행하는 공동세계의 영역으로 간주한다. 따라서 이 영역에서는 국가의 자유 제한 및 시장의 불평등 초래에 대한 문제제기와 공동세계 속에서의 다양성 인정 및 이들 간의 조화를 위한 활동을 중요시한다.

특히 후자의 경우는 민주주의의 발원지였던 고대 아테네의 폴리스(polis) 개념과도 상통한다. 폴리스란 시민들이 그 공동세계에 참여할 때에만 형성되고 그들이 흩어지면 사라지는 공간이다. 오늘날 민주주의론에서 참여가 중요한 것은 단순히 시민들의 숫자를 늘려 세를 불리기 위해서가 아니라 참여하지 않으면 공동세계 자체가 사라져 버리기 때문이다. 이런 폴리스는 사적인 이해관계에만 매몰된 개인이나 사적 이해관계들의 충돌을 사회적으로 관리하고 조정하는 정부와 달리, 진정한 의미의 공동적(common) 혹은 협력적 영역으로서의 자격을 갖는다.

역사적으로 볼 때, 시민사회관은 초기엔 자유주의적 시민사회관에서 출발하여 수정마르크스주의적 시민사회관이 이를 비판한 후, 지금은 신사회 운동의 시민사회관이 대세를 이루고 있다. 우리나라의 경우도 마찬가지이다. 그런데 한국 시민사회가 주의해야 할 점은 국가의 억압, 시장의 불평등에 대한 감시와 비판의 역할을 하는 것은 당연하지만 이것이 수정마르크스주의자들의 주장처럼 일종의 대항권력을 형성하거나 지나치게 정치지향적인 나머지 지식인이나 소수 활동가 중심의 '시민 없는 시민운동'이 되는 것은 경계해야 한다는 것이다. 그동안 한국의 시민사회는 국가와 시장에 대한 감시와 비판의 역할을 주로 해왔지만, 이제는 그 기능이 달라지고 있다. 최근 확대되고 있는 자원봉사, 복지, 국제개발협력 등에서 나타나듯이 점차 우리 시민사회도 자율적인 공동세계 건설에 더 초점을 맞추고 있는 것이다.

한편 이런 시민사회관의 차이는 시민사회단체를 지칭하는 용어의 차이로도 나타난다. 자유주의적 시민사회관에서는 시민사회단체를 결사체나 이익집단을 포함하여 이해하는 경향이 있으며, 수정 마르크스주의 시민사회관에서는 반정부적인 단체를 이 영역에 포함시키기도 한다. 반면 오늘날에는 일반적으로 NGO(Non-Governmental Organization, 비정부기구)와 NPO(Non-Profit Organization, 비영리기구)를 시민사회단체를 지칭하는 용어로 주로 사용하고 있다. 먼저 NGO라는 용어는 1945년 UN이 창설되면서 처음 사용하기 시작했는데, 이때 NGO라는 개념은 국제사회에서 정부대표가 아닌 민간인들로 이루어진 단체를 뜻하는 말로서, 정부가 하지 않는 일을 수행하거나 정부를 보조하는 역할을 수행하는 단체라는 의미를 지녔다. 특히 UN 공보국은 NGO를 '지방과 국가 또는 구제 차원에서 조직된 시민들의 자발적인 비영리단체'로 규정하며, NGO의 기능을 공익적 임무, 다양한 서비스와 인도주의적 활동, 시민들의 권익 주창, 정책 모니터링과 자문, 국제협약 모니터링과 의제설정 등으로 설명한다.

반면 NPO라는 용어는 미국에서 비영리 공익 봉사활동을 하는 단체를 지원하기 위해 만든 개념으로서, 미 연방 세무청으로부터 면세특권을 받는다. 이때 NPO는 주로 비정치적이고 비영리적이며, 공공서비스 생산과 공익 봉사를 하는 단체를 지칭한다. 일본은 1998년 NPO법, 즉 '특정비영리활동촉진법'을 채택했고, 우리나라의 '비영리민간단체지원법'도 NPO개념을 전제로 하고 있다. 그러나 현재 NGO와 NPO를 서로 나누는 것이 무의미할 정도로 양자의 영역과 역할이 서로 수렴되고 있다. 다만 광의의 의미로서 NGO

는 시민사회단체 일반을 지칭하는 포괄적 개념으로 사용하며, NPO와 구별해 사용하는 협의의 NGO는 정치적 이슈를 다루거나 주창(advocacy) 활동을 하는 시민사회단체를 지칭할 때 사용된다. 한편 CSO(Civil Society Organization, 시민사회단체)라는 용어도 있는데, 이는 NGO와 NPO를 비롯해 모든 민간단체를 포괄하는 개념으로서, 너무 포괄적이어서 개념 분류에서는 잘 사용하지 않는 편이다.[6]

하여튼 시민사회단체가 어떤 용어로 쓰이든지 간에, 또 시민사회관이 어떤 입장에 근거하고 있든지 간에, 시민사회 영역의 특징은 적과 동지가 따로 없다는 데 있다. 모든 시민들은 시민사회의 구성원이며, 함께 공동세계를 구축해야 하는 주체인 것이다. 국가나 시장 영역과 달리, 시민사회의 중요한 역할은 무엇보다도 시민들이 함께 협력할 수 있는 공동세계를 만드는 데 있는 것이다.

2. 시민, 시민권 그리고 시민성

1) 시민의 의미

시민사회 구성원인 '시민(citizen)'은 단순히 자신의 권리와 이해

6 이 글을 비롯해 이 책 전체에서는 NGO, NPO, 시민사회단체라는 용어를 주제나 맥락에 따라 함께 혼합하여 사용할 것이다.

관계의 주체를 의미하는 '개인'을 지칭하지 않는다. 또한 국가의 구성원으로서 권리와 의무를 갖고 애국심으로 충만하여 국가를 위해 자신을 희생할 각오가 되어 있는 '국민'을 의미하는 것도 아니다. '시민'은 이기적인 개인을 뛰어넘어 타인을 지향하며 자신의 충성심의 대상이 개개인을 초월해 존재하는 추상체인 국가가 아니라 이 사회를 함께 살고 있는 타인들인 사람을 일컫는다. 이런 시민은 시민으로서 필요한 덕목인 '시민성(civility)'을 갖고 있어야 하며, 이때 비로소 시민사회 구성원으로서의 자격인 '시민권(citizenship)'을 온전히 획득했다고 볼 수 있다.

먼저 '시민'에 대해 살펴보자. 오늘날 '시민'은 고대의 신분으로서의 시민과 다르며, 근대적 의미의 국적(nationality) 소유자로서의 시민이라는 개념과도 구별될 필요가 있다. 고대 그리스와 로마에서도 시민이란 용어는 존재했지만, 이때 시민은 자유인을 의미했으며 노예와 반대되는 개념으로 쓰였다. 한편 근대적 의미의 시민 개념은 한 국가나 공동체 내의 구성원을 의미하는 용어로, 경계선 밖에 존재하는 외국인과 반대되는 개념으로 쓰인다. 특히 1789년 프랑스 혁명 이후, 양도할 수 없는 천부의 권리와 공동체에 대한 의무를 갖는 시민과 이들의 동의에 기초한 공화국 개념이 유럽에 널리 퍼지면서 20세기에 이르러 일반적인 시민에 대한 정의로 받아들여졌다.

고대의 시민 개념은 기본적으로 신분의 차이와 세습을 당연하게 여기고, 노예의 노동력과 여성의 희생을 기반으로 성인 남자만을 대상으로 했다는 점에서 배타적이고 제한적이었다. 고대 그리스에서 시민은 법을 제정하고 지배와 피지배의 권리를 갖는다는 점에서 정치적인 의미가 강하게 내포되었던 반면, 고대 로마의 시민은 이미 존재하는 로마법 체계의 보호를 받을 수 있는 권리를 갖는다는 점에서 법적인 의미가 강했다.

한편 고대 시민과는 달리 근대적 시민은 일정한 자격요건(예컨대, 국적획득과 성실한 국가의무 수행)을 갖추어 '시민권'을 획득하기만 하면 누구나 시민이 될 수 있기 때문에 일반시민이라는 말로 표현되기도 한다. 그런 점에서 근대적 시민은 계급, 성, 인종, 지역, 학력, 사회적 지위 등과 관계가 없으며, 아니 그런 것들을 기준으로 할 때에는 오히려 다양한 계급, 다양한 성, 다양한 인종, 다양한 지역, 다양한 학력, 다양한 지위를 포함하는 사람들로 구성된다.

하지만 오늘날 시민사회 구성원으로서의 '시민'이라는 용어를 사용할 때 주의해야 할 점은 이를 단순히 근대적 의미의 시민권자라는 의미로만 해석해서는 안 된다는 것이다. 왜냐하면 근대적 의미의 시민권자는 국민국가를 단위로 할 때의 국가의 구성원을 염두에 둔 것이며, 오늘날 시민사회의 시민은 국가 외에 다른 공적 영역을 구성하는 시민으로서 '시민성'의 발현을 필요로 하고 또 때로는 국경을 초월하기도 하면서 세계시민으로서의 의미를 갖기 때문이다. 따라서 시민사회의 '시민'은 '시민권자'나 국적을 가진 자로서의 '국민'이란 개념, 그리고 '대중'이나 '민중'이라는 용어와 구별된다.

먼저 '시민'은 '국민'과 다른데, 그 이유는 '국민'이란 수동적인 국가 구성원 즉 국적을 가진 일반인을 가리키며, 권리와 의무를 갖고 있지만 능동적 존재인 시민에 비해 비교적 수동적인 존재로서의 의미를 갖는다. 즉 '국민'은 국가의 통치를 받는 피통치자나 혹은 국가가 제공하는 수혜를 수동적으로 받기만 하는 수혜자로서의 성격이 강하며, 자기 자신을 능동적인 주체로 의식하지는 않는다. 또한 '민중'은 피지배자의 성격을 갖는 존재로서 저항과 비판의 행위를 하기는 하지만 능동적인 주체로서의 성격이 부족할 때 사용하는 용어이다. 따라서 수동적인 '국민'이나 저항적인 '민중'을 능동적이고 창의적인 '시민'으로 전환시키기 위해서는 그들의 역량 강화(empowerment)가 필요하며, 이를 위한 가장 좋은 방법은 바로 그들을 시민적 활동에 참여시켜 능동적인 주체로 거듭나게 하는 것이다. 한편 '대중' 역시 수동적이고 획일적인 대상으로서의 집단을 일컫는다. 즉 자신의 이익에만 관심이 있고, 사회적인 의식이 불투명한 익명의 다수 집단이나 생산자들이 물품을 팔기 위해 대상으로 삼아야 하는 소비자 집단을 '대중'이라 부르며, 이 경우 역시 능동적인 사회적 주체로서의 '시민'으로 보기에는 부족하다.

2) 시민권과 시민성

'시민'이 주체적이고 능동적인 사람을 일컫는다고 할 때, 이는 자신이 주인으로서 지배자의 위치에 도달해 있다는 것을 의미하는 것이 아니라, '시민권(citizenship)'을 갖고 있으면서 '시민성(civility)'을 발휘하여 시민으로서의 역할을 다한다는 것을 의미한다. 여기서 '시민권'이란 시민됨의 자격과 소속 및 권리-의무관계를 규정하는 출처인 법적 지위(status)와 제도적 장치를 가리키며, '시민성'은 시민의 자질과 덕성 그리고 시민행동과 시민의식에 관한 것을 일컫는다. 근대 이후 세속적인 '시민권'의 확대와 규범적인 '시민성'의 발현 사이의 적절한 균형을 통해 시민에 대한 논의가 확대되어 왔다. 우리사회의 경우도 민주화 이후 시민들의 기본권과 자유권을 중심으로 시민권 확대를 추구해 왔으며, 요즘은 시민권과 더불어 타인과의 관계에 있어서 필요한 시민성의 함양을 점차 강조하고 있는 추세이다.

'시민권'이 확대된 데에는 자유주의적 시민사회관의 공헌이 크다. 자유주의적 시민사회관은 모든 개인이 자유롭고 평등하게 태어난 존재라는 기본 전제 아래 보편적인 '시민권' 개념을 공식화하는 데 일조했다. 하지만 '시민권'을 법적 지위에 관한 것에 국한시킴으로써, 그것이 법을 위반하거나 타인의 권리를 침해하지 않는 한 개인에게 맡겨지며 서로 간의 '시민권'이 충돌하게 될 때 국가는 이를 미리 사전에 방지하거나 사후 조정하기 어려웠다. 따라서 지나치게 '시민권'만 강조될 경우, 시민들은 공적인 것보다 사적인 것에 더 관심을 가지며 시민으로서의 어떤 공공 행위나 공동체에 대한 참여는 기대하기 어려워진다.[7]

따라서 시민은 타인과의 관계를 고려하고 사회적 정의와 선을 추구하는 덕목인 '시민성'을 가져야 한다. 즉 공동선(common good)을 위해 다른 사람들과 함께 행동할 수 있다는 생각을 가져야 한다. 이것이 시민사회에서 공동선이 중요한 이유이다. 하지만 이때 주의해야 할 것은 사회적 공동선을 개인의 자유와 병립시켜야 한다는 점이다. 시민 모두에게 동일한 공동선을 강요하여 그들 각자가 갖고

7 Chantal Mouffe, *The Return of the Political*(London : Verso, 1993).

있는 개인적 권리와 자유를 침해하는 것을 피해야 하기 때문이다. 그런 점에서 근대 민주주의에 대해 재성찰해 볼 필요가 있다. 사실 근대 민주주의의 출발은 고대나 중세에서 강조하던 공동선을 내세우기는 하지만 그 공동선의 내용과 실체를 먼저 전제하지 않음으로써 개인들이 자신의 자유를 행사할 여지를 남겨두었으며, 이것이 근대 민주주의 발전의 비결이었다. 다만 자유주의에 대한 지나친 강조가 공동선 자체를 불필요한 것으로 간주하고, 시민을 개인의 관점에서만 생각하고 행동하게 만든 것이 문제의 발단이다.

개인의 자유는 공동선과 서로 양립해야 한다. 공동선 또한 개인의 자유를 십분 고려해야 한다. 즉 공동선의 중요성을 강조하기는 하되 그 공동선의 내용과 실체를 비워둠으로써, 개인들이 공통의 선을 함께 추구해야 한다는 짐을 벗게 하고 자신의 자유를 향유할 수 있도록 해야 한다. 이럴 경우에만 개인의 자유에 대한 침해 없이 진정한 의미의 공동선의 추구가 가능해진다. 그리고 이 경우에만 타인과의 소통과 대화의 필요성이 제기된다. '시민권'을 가진 개인들이 '시민성'을 발휘하여 소통을 통해 타인과의 공동의 선을 논의하고 실천할 때 비로소 '시민'이 되는 것이다.[8]

따라서 민주사회에서 시민이 되기 위해 공유해야 하는 것은 선에 대한 실체적(substantive) 개념이 아니라, 이런 전통을 따르는 자유와 평등이라는 정치적 가치와 원칙이다. 시민이 된다는 것은 이와

8 이동수, "지구화시대 시민과 시민권: 무페의 논의를 중심으로," 『한국정치학회보』 제42집 제1호(2008).

같은 가치 및 원칙과 그것이 체현된 규칙들의 권위를 인정하는 것이다. 그런 점에서 '시민'은 단순히 법적 지위로서의 '시민권'을 가진 자가 아니라, 자유와 평등을 정치적 가치와 원칙으로 삼는 사회의 일원이 되는 것을 수락한 자를 지칭한다. 또한 '시민성'이란 타인들도 이런 자유와 평등의 가치를 지니고 있으며, 그 원칙에 따르고 있다는 믿음을 갖는 태도를 일컫는다. 즉 타인의 정당성을 인정하고 그와 함께 공동세계로서의 시민사회를 일구어야 한다는 것을 직시하는 태도를 의미한다.

이와 같이 공동세계로서의 시민사회가 성립되기 위해서는 먼저 자신의 이익이나 의견에 대한 주의 주장의 한계를 인식하고, 공동체를 하나의 전체로 간주하여 그곳에서 객관적이고 보편적인 진리가 실현되어야 한다는 전체주의적 주장에 현혹되지 말고, 최소한 타인들의 의견이 무엇인지 귀 기울이고 그들의 이야기를 들어보는 일이 중요하다. 그리고 다른 사람의 개인적 의견이 나와 달라도, 적어도 그 사람 역시 자신의 입장에서 진심을 말하고 표현하는 것이라고 간주해야 한다.

이러한 '시민성'이 바탕이 되어야만 '협력의 정치'도 가능해진다. 근대사회의 문제는 한편으로 시민사회가 '시민권'을 갖는 자들이 자신의 이익을 극대화하면서 충돌을 빚고, 다른 한편 이러한 충돌을 국가와 시장이 자신의 권력을 이용하여 '조정의 정치'만 수행한 데서 비롯된다. 이와 달리 '협력의 정치'가 가능하기 위해서는 근대적 시민권만 주장하는 사람들에게 '시민성'의 중요성에 대해 일깨워 줘야 한다. 즉 시민사회 구성원인 나는 다른 시민인 타인을 인정하고 그들과의 상호작용을 통해 공동세계를 이루어야 비로소 내 시민권이 완성된다는 인식이 있어야 한다는 것이다.

그런데 이러한 '시민성'을 내면화하기 위해서는 단순히 도덕을 되새기거나 정신교육을 강화하는 것만으로는 부족하다. 오히려 '시민성'은 공동세계를 구성하는 실제적 행위 즉 공공적인 일에 참여하는 행위를 통해 획득된다. 이것이 현대사회에서 참여민주주의를 강조하는 이유이다. 참여는 단순히 국가와 시장을 비판하는 일에 힘을 보태고 세를 불리기 위한 저항적 참여보다, 자기 스스로 사회적인 일, 공공의 일에 관여하고 참여함으로써 타인과 사회에 대한 인식을 보다 새롭게 확장할 수 있는 성장적 참여가 중요한 것이다.

따라서 현대사회에서는 시민들이 공공의 일에 참여할 수 있는 기회를 확대하고, 또 그들의 참여를 통해 실질적인 도움을 얻는 것이 중요한 공적인 업무가 된다. 그리하여 오늘날 정부는 혼자 독단으로 정책을 결정하고 실행하는 대신 시민들을 정책결정 과정 및 실행 과정에 참여시켜 정당성도 높이고 효율성도 함께 얻는 거버넌스에 주목하게 되었다. 요컨대 요즘 정부는 시민사회를 단순히 자신의 감시자로만 인식하는 소극적 단계에서 벗어나, 국정운영을 함께 하는 파트너로 인식하게 된 것이다. 그러면 이제 정부와 시민사회의 거버넌스와 파트너십에 대해 알아보기로 한다.

3. 거버넌스와 파트너십

1) 거버넌스

현대사회에서 거버넌스 문제가 대두하게 된 것은 앞서 지적한 '국가의 실패'에서 비롯된다. 특히 1970년대 이후 서구에서 비효율적인 복지국가에 대한 반성이 있었고 신자유주의적 사고가 대두함에 따라, 통치에 있어서의 정부의 독점적 지위는 크게 의심을 받게 되었다. 정부가 사회적 영향력으로부터 벗어나서 공공선을 제고할 수 있는 정책을 독립적으로 결정하고 수행할 수 있다는 믿음이 사라지고, 그 대신 정부를 이기적 이익을 추구하는 관료들의 집단이거나 혹은 이익집단들의 영향력 행사에 무방비로 노출되는 무능력한 제도로 보기 시작하였다.[9]

이런 가운데 정부의 기능을 시민사회가 보완해주거나 시민사회와의 협력을 통해 협치할 수 있다는 가능성이 제기되었다. 과거에는 정부가 정보, 정책의 형성, 결정, 집행의 과정에서 거의 배타적이고 독점적인 위치를 차지했지만, 사회가 점점 복잡해지면서 더 이상 정부가 정책과정에서 자신의 독점적 지위를 유지하지 못하고 시민사회의 적극적인 참여를 필요로 하게 된 것이다. 왜냐하면 다른 공

9 서창록 외, "거버넌스의 개념: 거버넌스의 개념과 쟁점에 관한 소고," 김석준 외, 『거버넌스의 정치학』(서울: 법문사, 2002), 3.

적 혹은 사적인 행위자, 이익집단, 전문가와 시민들이 정책실행에 필수적인 중요한 자원, 즉 자금, 조직, 지식 등을 통제하고 있어서 정부의 정책결정을 비토, 지연, 방해할 수 있는 능력을 가지고 있기 때문이다.

또한 다원화되고 복잡한 현대사회에서는 지식과 정보를 집중화시키는 것이 불가능해져서 사회문제의 해결을 위해서는 전문가와 여타의 사회적 행위자와의 공조가 필요하게 되었다. 정부가 통제할 수 있었던 자원들은 점점 개인이나 단체에 의해 통제받게 되었고, 과거 정부가 다루지 못한 여러 가지 새로운 사회적 자원(성, 환경, 인종, 세대 등)의 출현으로 정부는 사회의 행위자들과 필연적으로 공조해야만 하게 된 것이다.

뿐만 아니라, 민주화와 분권화를 통해 정치체제는 점점 단일하고 통합된 국가에서 분화된 형태로 변모하고 정책결정과 집행 권한은 점차 하위 수준으로 위임되고 있다. 따라서 참여 자체가 정책과정의 목표가 되기에 이르렀다. 과거와 달리 정부는 정책결정을 독점할 수 없을 뿐만 아니라 정부의 정보와 자원부족으로 사회 내의 행위자들과의 동반자 관계의 수립이 필수적인 지식사회로 전환되어 사회세력의 참여가 정책결정의 중요한 목표로 된 것이다.[10]

시민사회의 입장에서도 거버넌스는 수동적인 '국민'을 능동적인 '시민'으로 전환시키는 중요한 역할을 한다. 국민이 단지 국가

---

10 이동수, "한국의 정부와 시민사회: 거버넌스를 중심으로," 『NGO연구』 제3권 제1호(2005).

의 통치를 받는 수혜자로 머물러 있는 한 결코 능동적인 주체로서의 시민이 될 수는 없다. 현대사회에서 정책의 효율성을 높이고 시민의 참여를 불러일으키기 위해서는 무엇보다도 대중의 성격이 변해야 하는데, 과거처럼 수동적이고 기껏해야 동원되기만 하는 국민을 대상으로 해서는 이러한 목표를 달성할 수 없다. 민주화를 위해 저항했던 '민중'도 비판적 행위를 하기는 하지만 민주화 이후에 정책적 참여를 담당할 수 있을 정도의 능력은 부족한 형편이다. 따라서 수동적인 국민이나 저항적인 민중이 능동적이고 창의적인 시민으로 전환되기 위해서는 그들의 역량 강화가 필요하며, 이를 위한 가장 좋은 방법은 바로 그들을 거버넌스에 참여시켜 능동적인 정치적 주체로 거듭나게 하는 것이다.[11]

이러한 이유 때문에 정부와 시민사회는 서로 협력할 필요성을 느끼게 되었으며, 결국 거버넌스의 구축으로까지 이어진다. 거버넌스는 대의민주주의에서 강조되었던 정부와 시민사회의 명백한 분리와 시민사회의 위임을 받은 정부의 통치라는 관점을 폐기한다. 그리고 국가의 시민사회 통제는 물론 대중의 통제라고 하는 전제들을 다양하고 상호관계적인 방식으로 붕괴시키고 새롭게 규정한다.[12] 이때 정부는 비정부·비공공단체들을 통치체계에 영입하고 그 권한을 분권

11 Archon Fung and Eric Olin Wright, eds. *Deepening Democracy : Institutional Innovations in Empowered Participatory Governance*(London : Verso, 2003), 5.

12 Paul Hirst, "Democracy and Governance," in *Debating Governance*, ed. Jon Pierre(Oxford : Oxford University Press, 2000), 21.

화시킨다. 즉 공공문제의 해결에 있어서 종래와 같이 국가라고 하는 제도적 장치에만 전적으로 의존하는 것이 아니라, 다양한 민간조직과 중간 매개 조직들 간의 연결망에 의거하여 토의과정을 거쳐 협의적인 정책결정을 하는 것이다.

해외의 경우엔 이미 거버넌스가 상당히 진전되고 있다. 거버넌스가 가장 잘 발달된 국가인 영국의 경우에는, 1980년대 보수당 정권이 들어서면서 지방정부의 정책성과를 높이기 위한 시책으로 기업, 시민사회 등의 행위자들을 거버넌스에 동참시키기 시작했다. 이때는 일종의 도구적인 거버넌스 단계로서 '형식적 거버넌스'의 형태를 띠고 있었다. 그러다가 1992년 노동당이 집권하면서 보다 포괄적으로 중앙이나 지방 등 모든 차원의 정부가 제3의 길 정책노선에 따라 정책 이해당사자인 기업, 시민사회 파트너십을 통한 정책과정의 실천을 도모하였다. 이는 도구적인 단계의 거버넌스를 넘어서 시민사회가 정부를 보완해주는 보완적 차원의 거버넌스로 업그레이드되었다. 즉 실질적인 시민사회의 국정에의 참여가 이루어진 것이다. 그 후 이런 관계는 보다 확대되어 제3섹터를 중심으로 하는 민과 정부를 중심으로 하는 관의 협력인 '민관 파트너십'을 더욱 활성화시키게 되었고, 2006년 5월에는 국무총리실(Cabinet Office) 산하에 제3섹터 지원 부처(the office of the third sector)를 신설하여 운영하고 있다.[13]

---

13 주성수, "민주적 거버넌스와 시민사회: 정부와 시민사회 파트너십을 중심으로," 『시민사회와 NGO』 제6권 제1호(2008).

일본도 거버넌스에 있어서는 매우 발전된 모습을 보여준다. 전통적으로 일본은 정부가 정책을 주도하는 국가인데, 시민사회와의 거버넌스 필요성이 대두된 것은 1990년대 중반부터였다. 지난 1996년 1월 17일 일본에서는 '한신-아와지 대지진'이 있었는데, 이러한 국가적 대재난에 직면하여 시민사회의 자원봉사활동이 활발히 이루어졌고, 이를 계기로 민관이 협력하는 분위기가 형성되었다. '한신-아와지 대지진' 수습 과정에서 보여준 NPO들 그리고 시민들의 자발적이고 헌신적인 자원봉사활동은 정부/지자체-민간 간의 관계에 있어서 상호보완적 혹은 협력적인 관계가 될 수 있다는 사실을 크게 일깨워 주었다. 또한 일본의 사회구조가 복잡해지고 점차 고령화 사회에 접어들면서, 관 주도 행정능력이 한계에 부딪치고 시민사회의 협력을 필요로 하게 되었다. 실제로 점화 고도로 사회구조가 다양하고 복잡해지면서 행정(정부/지자체)에서 현재 NPO들이 활동하는 영역을 대체하거나 배제할 수 없게 되었으며, 일본사회가 고령화 사회로 급속도로 이행되고 젊은층이 감소하면서 재정 면에서 세입은 줄고 세출은 증가하는 매우 우려할 만한 사태에 직면하였다. 결과적으로 이러한 상황은 '공공의 이익'을 목적으로 하는 NPO 기관들의 활동을 촉진시킬 사회적인 필요성이 대두되면서 자연스럽게 민관협력이 제도화되었다. 그 결과 일본정부는 중앙정부 차원에서 〈내각부 시민활동촉진과〉를 통해 인정(認定) 법인 NPO 활동(인정 법인 비영리활동)을 촉진하는 법·제도를 지원하였으며, 지방자치단체에게 제도의 집행권을 넘겨 관설민영(官設民營)의 NPO 지원센터를 운영하고 있다.

우리나라도 거버넌스에 대한 이해가 증진되어 제한적이지만 조금씩 시도되었다. 먼저 시민사회의 중요성이 인정되고 국정 파트너로 인식되기 시작한 것은 김영삼 정부에서부터이다. 1994년에 민주화 이후 성장한 시민단체의 활성화에 부응하기 위해 '사회단체등록에 관한 법'을 폐지하고 '사회단체신고에 관한 법'을 제정함으로써 자율적인 시민단체 성장을 위한 제도적 장치를 마련하였다. 그 후 김대중 정부는 초기부터 〈노사정위원회〉를 설치하여 IMF 경제위기상황에서 절대적으로 필요했던 노(勞)-사(社)-정(政)의 대화와 타협을 통한 갈등 해결과 고통 분담 및 국민 역량의 집결에 노력하였다. 또한 1999년에 시민단체 활성화를 목적으로 한 시민단체지원법인 '비영리민간단체지원법'을 제정하고, 2000년 9월에는 대통령령으로 '지속가능발전위원회'를 설치하여 이 부분에 관한 시민사회와의 거버넌스를 시도하였다.

노무현 정부에 접어들면서 보다 확장된 시민단체와의 거버넌스를 위해 청와대, 국무총리실, 각종 위원회 차원에서 여러 시도를 하였다. 청와대는 정무수석실 내에 있던 시민사회 담당 업무를 2004년에 〈시민사회수석실〉로 통합하여 확대·개편하였으며, 국무총리실도 자문기구로 〈시민사회발전위원회〉를 만들었다. IMF 외환위기 극복과정에서 보았듯이, 환경, 경제, 인권, 사회복지 등 사회 각 분야의 문제들을 해결하기 위해 정부는 기업 및 시민사회의 협력이 필수적이라는 판단 아래, 시민의 참여를 끌어내고 이를 조직화하여 사회발전의 원동력으로 삼기 위한 여러 거버넌스 틀을 만들어 운영하였다. 대표적으로는 〈저출산·고령화대책 연석회의〉가 있는데, 이는 사회협약을 통해 사회갈등을 치유하고 선진국으로 도약한 유럽 강소국을 벤치마킹하려는 취지에서 만들어진 거버넌스 틀이다.

이명박 정부 때에는 집권 초기 쇠고기 촛불시위 이후 시민사회와 소원해지고 거버넌스는 사라지기에 이르렀다. 그러다 집권 후기에 접어들면서 시민사회와의 관계 개선을 도모하기 위해 거버넌스에 대해 여러 노력을 시도하였다. 청와대에는 〈사회통합수석실〉이 설치되었고, 특임장관실을 신설하여 구체적인 민관협력 사업을 수행하였다. 특임장관실은 '시민사회단체 공익활동 지원 사업'을 시행하였고, 제3섹터 활성화를 위한 '사회적 기업법'과 '협동조합법'을 제·개정하는 데 중요한 역할을 하였다. 또 〈시민사회발전자문위원회〉를 설치하여 시민단체의 의견 수렴과 협력을 위한 소통 창구를 마련하였다. 하지만 현 정부가 들어서면서는 다시금 정부와 시민사회 사이 거버넌스 틀은 제자리를 찾지 못하고 있다. 청와대 내에 시민사회와 소통하는 부서들이 없어지고, 특임장관실은 폐지되었으며, 각종 시민사회와의 거버넌스도 중단되었다. 단지 국무총리실 내에 〈시민사회발전 자문위원회〉만 명목상 설치되어 있을 뿐이다.

2) 파트너십

거버넌스가 실효성 있게 작동하기 위해서는 정부와 시민사회의 관계가 갈등이 아닌 보완 혹은 협력의 관계 즉 파트너십 관계로 설정되어야 한다. 물론 정부와 시민사회의 관계가 반드시 파트너십 관계로 인식될 필요는 없다. 시민사회는 정부를 감시하고 비판하는 역할도 수행하고 있으며, 설사 거버넌스 틀이 형성되더라도 이 속에서 협력뿐만 아니라 건전한 비판과 감시는 계속 유지되어야 한다. 따라서 정부와 시민사회의 관계는 기본적으로 갈등과 협력을 모두 포함한다. 즉 이 둘 사이의 관계는 한편으로는 갈등(conflict)의 관계로, 다른 한편으로는 파트너십(partnership)의 관계로 인식되는 것이다.[14] 그러므로 이 둘 사이의 파트너십 관계는 정부와 시민사회의 선택의 문제이며, 파트너십보다 서로 갈등관계로 설정하는 것도 시민사회로서는 잘못된 일이 아니다. 다만 오늘날 시민사회에게는 국가와 시장에 대한 감시와 견제의 역할뿐만 아니라 공동세계 구축이라는 임무가 강조되기 때문에, 갈등관계보다 파트너십 관계가 보다 관심의 대상이 되고 있다.

원래 공공 부문에서 파트너십이란 용어가 사용되기 시작한 것은 사실 정부와 시민사회의 관계가 아닌 정부와 기업 간의 관계부터이다. 즉 '국가의 실패'가 명백해지기 이전에, 국가는 시장과 함께 사회의 공적인 일을 도모하면서 파트너십을 형성했던 것이다. 그리고 오늘날에도 정부와 시민사회 간의 파트너십보다는 정부와 기업 간의 파트너십이 일반적으로 결과에 있어서 좋은 내용을 보여주고 있다.

서구에서 정부와 기업 간의 파트너십을 강조하게 된 것은 정부의 예산을 절감하고 민간자본을 유치하여 정부가 해야 할 공공사업

---

14 Lester Salamon, *Partners in Public Service*(Baltimore: The Johns Hopkins University Press, 1995).

을 확충하자는 의도에서 비롯되었다. 2차 세계대전 이후 미국 연방 정부는 복지, 환경, 직업교육, 고속도로 건설, 하수처리시설 설치 등에 있어서 민간자본을 활용하는 민관 파트너십을 통해 성과를 거두었다. 또한 주정부 및 지방정부들도 1970년대 후반과 1980년대에 걸쳐 연방정부의 재정지원이 감소한 데 대한 자구책으로서 지역개발을 위한 지방의 기업들이나 비영리기관과의 협력관계를 확대하기 시작하였으며, 이러한 민관 파트너십에 관한 연구도 확대되었다.[15]

이 당시에는 연방정부든 지방정부든 효율성에 있어서 정부에 대한 과도한 불신이 있었으며, 이와 더불어 민간 부문에 대해서는 과도한 신뢰가 있어서 공기업들의 민영화가 널리 시도되었다. 그러나 민간 부문이 과잉생산 및 성과미달 등 기대만큼 효율적인 결과를 낳지 못하자, 민영화 대신 민관 파트너십이 다시 새로운 해결방식으로 등장하기 시작하였다. 여기서 민관 파트너십이란 정부, 기업, 비영리기관 등 다양한 분야의 조직들이 각자의 목표 달성이나 문제 해결을 위해 함께 작업하는 협동관계를 일컫는다. 이때 파트너들은 재정 부담 및 수익배분에 대한 권한은 물론이고 위험도 공유함으로써 계속적으로 동등한 협력의 동반자적 관계에 있으나 계약의 내용은 상세히 문서화되지 않는다는 점에서 위탁계약과 구분되기도 한다. 하여튼 정부와 기업 간의 민관 파트너십은 정부가 주관하고 민간자본을 유치하여 공공사업을 진행하는 방식으로 전개되었으며, 이는

15 김동원, "민-관 파트너십과 행정의 책임성," 『한국행정논집』 제14권 제2호 (2002), 3.

서로에게 커다란 이익을 안겨주었다.

이에 비해 정부와 시민사회 간의 파트너십은 간단한 문제가 아니며, 이를 통해 서로 얻는 이익은 불분명해 보이기도 한다. 다만 서로에게 어떤 혜택과 이익이 있다는 믿음이 있어야만 파트너십 형성이 가능하다. 이때 파트너들이 어떤 일을 혼자서는 달성할 수 없거나 달성하기 어렵다고 인식하고 서로 자발적인 의지로 자원을 제공하여 공동으로 일을 수행함으로써 서로 간에 혜택이 있을 것이라는 기대를 갖는다.

그런데 정부가 파트너십을 통해 얻을 수 있는 이익이 효율성의 달성과 같이 반드시 물질적 혹은 가시적인 성과에 한정될 필요는 없다. 국민들이 정부에 요구하는 것은 단지 물질적인 것만은 아니기 때문이다. 예컨대 국민들이 정부의 정책결정 과정에 참여하기를 바란다면, 설령 그것이 정책결정을 더디게 하는 등 정부의 정책비용을 증가시키거나 실제 정책결과에 도움이 되지 않는다 하더라도, 그들의 요구를 시민사회의 참여라는 형태로 정부가 수용함으로써 정부는 국민의 요구를 수용하고 있다는 상징적 이미지를 만들어낼 수 있으며 이는 정치적으로 커다란 이익을 얻는 것이다.[16] 시민사회의 경우도 마찬가지이다. 시민사회는 파트너십의 대가로 정부의 법적, 제도적, 재정적 지원을 얻을 수 있을 뿐만 아니라, 파트너십 형성을 통해 자신의 존재를 인정받고 비판적인 일만 하는 단체가 아

16 김태영, "정부-NGO 간 파트너십의 정치경제학,"『정부학연구』제8권 제1호(2002), 145.

니라 무엇인가 생산적이고 공적인 일을 하는 공적인 기구라는 인식을 줌으로써 존재가치를 더욱 높일 수 있다.

정부와 시민사회는 각자 자신의 자원을 제공함으로써 파트너십 형성에 기여한다. 시민사회가 정부에 제공할 수 있는 자원으로는 낮은 비용, 서비스 전달 능력, 신속하고 정확한 현장정보와 새로운 아이디어, 정책 등에 대한 정치적 지지, 정부에 대한 정통성 부여 등을 들 수 있다. 반면 정부가 시민사회에게 제공할 수 있는 자원으로는 재정, 전문성과 기술적 지원, 정부로부터의 인정, 그리고 정책과정에의 참여 기회 등을 들 수 있다. 따라서 이러한 자원들의 다양한 조합에 따라 서로 간에 정보 교환의 수준에 그치는 연결망 형태의 파트너십이 있을 수도 있고, 재정이 빈약한 NGO는 정부로부터 재정지원을 받고 정부는 서비스의 전달을 NGO에게 위탁하는 형태의 파트너십이 형성될 수 있는 반면, 정부와 NGO가 제3자에게 그들의 존재의 필요성과 당위성을 증명하는 것이 필요할 경우에는 정보 등의 자원 교환은 물론 의사결정과 집행 등 모든 면에서 협력함으로써 동일체와 같은 모습의 파트너십을 형성할 수도 있다. 그러나 정부와 NGO 간의 파트너십이 자원 의존도에 따라 결정될수록 그 파트너십은 불균형적인 파트너십이 될 가능성이 높다.

그런 점에서 파트너십을 형성할 때 다음과 같은 점을 주의해야 한다. 먼저 양쪽이 각각 자율성을 갖고 자기가 속한 영역의 대표로 협상에 임할 수 있는 당사자(principal)의 지위로 참여해야 하며, 이들 간에는 지속적인 상호작용이 있어야 하고, 각 행위자는 파트너십 관계에 물질적이든 또는 비물질적이든 기여하는 바가 있으며 결과에 대한 책임을 공유하여야 한다.[17] 즉 정부와 시민사회는 동등한 관계에서 서로 협력에 대한 기여와 책임을 공유해야 한다는 것이다.

따라서 자원 동원의 문제보다 상대방에 대한 인정의 문제가 더욱 긴요하다. 파트너십 형성은 상대방의 존재를 인정하는 것에서부터 시작하며, 그 인정은 상대방에 대한 신뢰와 긍정적인 평가로 이어져야 한다. 즉 상대방과의 교류로부터 무엇인가 가치 있는 것을 얻을 수 있다는 판단이 선행되어야 동등한 파트너십 형성이 가능하다는 것이다. 우리나라에서 정부와 NGO 간 파트너십이 어려운 이유는 무엇보다도 상대방에 대한 인정의 문제가 해결되지 않고 있기 때문이다. 즉 정부는 NGO를 떼만 쓰는 귀찮은 존재로 인식하고 있으며, NGO도 정부를 불신하고 타도 대상으로까지 삼고 있기 때문인 것이다.

---

17 B. Guy Peters, "With a Little Help from Our Friends: Public-Private Partnerships as Institutions and Instruments," in *Partnership in Urban Governance: European and American Experiences*, ed. Jon Pierre(New York: Palgrave, 1998), 12-13.

4. 파트너십 민주주의와 공공성

1) 파트너십 민주주의

정부와 시민사회가 파트너십을 갖고 거버넌스를 이룰 때 '협력의 정치'는 가능해진다. 우리가 오늘날 이상으로 삼고 있는 민주주의가 단순히 '조정의 정치'가 아니라 궁극적으로 '협력의 정치'를 추구하는 체제라면, 그것은 소위 '파트너십 민주주의(partnership democracy)'의 실현을 의미한다고 볼 수 있다. '파트너십 민주주의'란 용어는 조금 생소하기는 한데, 현대 법철학자인 드워킨(Ronald Dworkin)이 사용하는 용어로서 민주주의의 본질이 다수의 지배에 있는 것이 아니라 파트너십 형성에 있다는 것을 강조하는 말이다. 그러면 드워킨의 '파트너십 민주주의'에 대해 자세히 살펴보기로 하자.

먼저 드워킨은 민주주의라는 가치가 어떤 '정의적 개념'에 있는 것이 아니라 '해석적 개념(interpretive concept)'에 있다고 본다. 즉 민주주의를 단순히 '인민의 지배'로 정의하고 인민이 모두 동의하는 일반의사가 부재할 때 다수의 의견을 따르는 형식적인 측면을 강조하는 체제라기보다는, 그것을 추구하고 수호하는 사람들이 무엇이 민주주의에서 중요하다고 인식하는지를 반추함으로써 민주주의에 대한 올바른 이해에 도달할 수 있는 해석적 차원을 강조하는 체제라는 것이다. 드워킨은 민주주의적 가치를 천착한 후 민주주의에 대한 담론 속에 크게 두 가지 상이한 이해 방식이 있음을 지적한다. 하나는 민주주의를 '다수주의적(majoritarian)'으로 이해하는 방식이고, 다른 하나는 민주주의를 일종의 '파트너십(partnership)'으로 이해하는 방식이다.[18]

이 중 '다수주의적' 이해 방식은 민주주의의 정의적 개념에 따른 결과이다. 즉 인민의 다수가 원하는 바를 정치 결정에 반영시켜 주는 절차들이 정립되어 있고 또 다수가 원하는 대로 정부제도가 구성되어 있다면, 인민의 지배로서의 민주주의가 실현된다고 생각한다. 다수에게 적절한 정보와 성찰할 수 있는 시간이 주어졌을 경우에는 선호하는 대로 정치적 결정이 합리적으로 이루어지는데, 이것이 바로 민주주의의 본질이라는 것이다. 그 이면에는 민주주의적인 방법에 의해 다수가 원하는 대로 결정이 내려진다는 사실 자체가 소중하다는 시각이 깔려 있다. 설령 다수가 원하는 바가 도덕적으로 문제가 조금 있더라도 그것은 별개의 문제이며, 이는 결국 민주주의와 도덕적 정당성은 반드시 일치하지 않음을 전제로 한다. 즉 다수결에 의한 의사결정 방법 자체가 하나의 가치로서 존중되어야 한다는 것이다.[19]

이에 반해, '파트너십적' 이해 방식은 민주주의를 해석적 개념으로 인식한다. 이에 따르면, 민주주의의 핵심은 다수결에 의한 결정

18 Ronald Dworkin, *Freedom's Law : The Moral Reading of the American Constitution*(Oxford : Oxford University Press, 1996), 15.

19 함재학, "드워킨의 헌법사상 : 헌법적 통합성과 파트너십 민주주의," 『법철학연구』 제12권 제1호(2009), 211.

보다는 전체 인민이 서로를 파트너로 인식하고 '자치라는 공동프로젝트(joint enterprise of self-governance)'에 참여하는 데 있다. 서로를 파트너로 인식한다는 것은 모든 인민이 서로에게 평등한 존중과 배려(equal respect and concern)를 갖고 행동해야 함을 인지하고 있다는 것을 내포한다. 이는 정치공동체의 결정을 담은 법을 만들 때에는 모든 이의 존엄성이 요구하는 바에 따라 만들어야 함을 인정하는 것으로서, 결국 민주주의는 정당성의 문제로부터 유리된 채 이해될 수 없다는 것이다. 물론 다수결을 통한 정치적 의사결정 과정이 필요하다는 것을 인정하지만, 다수결 그 자체가 가치 있기 때문이 아니라, 모든 인민을 평등하게 배려하기 위한 수단으로서 다수결을 택할 뿐이다. 특히 이견이 많은 사안일수록 다수결에 부치기 전에 거기에 이르는 과정 속에서 모든 이의 존엄성이 존중되었는지를 확인할 필요가 있음을 강조한다.[20]

이 중 드워킨은 '파트너십적' 이해 방식이 민주주의의 본질을 잘 설명하고 있다고 본다. '다수주의적' 이해방식은 수단적인 것으로서 민주주의에 대한 정당성을 담보해주지 않는다. 즉 다수결 원칙이 민주주의의 본질로서 타당한가의 문제는 정당성에 관한 문제인데, 이를 단지 다수결 원칙에 따라 결정하는 것은 정당성을 확보할 수 없다는 것이다. 다수의 의견 즉 숫자적으로 더 우세하다는 사실로부터 도덕적인 정당성이 도출되지는 않는다. 그리하여 다수결이 도덕적으로 정당화될 수 있는지가 문제인 상황에서 이를 다수결로 결

20 함재학, "드워킨의 헌법사상: 헌법적 통합성과 파트너십 민주주의," 211-212.

정하려는 것은 모순이다.

또한 정치적 절차에 있어서 모든 사람이 똑같은 정도의 영향력이나 입력 내지 효과를 갖도록 보장한다고 해서 평등이 확보되는 것이 아니다. 이처럼 계량적인 시각에서 평등을 이해하다 보면 평등이 소중한 이유, 즉 존엄성의 문제를 놓치게 된다. 개인의 존엄성을 무시한다는 것은 그 사람의 인격을 모독한다는 뜻이므로, 드워킨은 평등이란 사람과 사람 사이의 태도의 문제임을 강조한다. 만약 정치공동체의 구성원들이 서로를 동등한 인격의 소유자로 대하지 않았을 경우 모욕적인 대접을 받은 사람은 평등한 정치적 지위를 박탈당한 것과도 같다.

따라서 드워킨은 민주주의를 단순히 다수주의적으로 이해해서는 안 되고, 파트너십적인 것으로 이해해야 한다고 본다. 민주주의란 인민의 지배라는 정의 속에서 다수에 의해 인민의 의사로 인정된 것에 무조건 따르는 정치가 아니라, 설사 다수의 의견이 소수의 의견과 다르더라도 상호작용 속에서 어떻게 파트너십을 형성하여 공동체를 유지할 것인가에 주목하는 정치라는 것이다.

이러한 파트너십의 문제는 이제 정부와 시장, 정부와 시민사회 간의 파트너십 문제로 확대된다. 시민사회가 정부와 시장의 문제점에 대한 감시와 비판의 기능을 수행하는 것은 민주주의의 실현을 위해 반드시 필요한 일이기는 하지만 정부와의 파트너십이 형성되지 않는다면 민주주의는 결코 달성되지 않을 것이다. 또한 드워킨이 지적하는 대로, 파트너십 즉 상대방에 대한 존중이 없다면 다수의 지지로 성립된 대의정부는 소수의 의사와 상관없이 통치를 밀어붙일 수 있으며, 이런 상황 속에서 소수는 영원한 아웃사이더가 되어 민주사회를 위한 통합의 걸림돌이 될 수 있기 때문이다.

2) 공공성

현대사회에서 정부와 시민사회 간의 파트너십을 형성하고 거버넌스를 해야 하는 이유는 현대사회가 복잡해짐에 따라 예전의 공적인(public) 일을 전담하던 정부만으로는 민주주의를 지탱하기가 어렵기 때문이다. 과거엔 흔히 국가나 정부의 영역을 개인의 사적(private) 영역과 대비해서 공적(public) 영역이라 부르며, 이를 배타적으로 공적인 일을 수행하는 기제로 이해하였다. 국가나 정부의 존재 이유는 공공의 일을 담당하는 데 있다는 것이다.

그런데 공적(公的) 영역이 공공(公共)의 일을 담당한다는 말 속에는 우리가 주의를 기울여야 할 것이 있다. 즉 공(公)과 공공(公共)을 거의 같은 의미로 사용하고 있다는 점이다. 이는 '공적'이라는 개념에는 원래 두 가지 뜻, 즉 공(公)과 공(共)의 의미가 모두 담겨져 있음을 보여준다. 이때 전자의 공(公)은 공적인 것(the public)으로서의 의미가 강하며, 후자의 공(共)은 공동적인 것(the common)으로서의 의미를 내포한다.[21] 그리고 후자가 개별적인 것을 전제하고 이를 모

---

21 영어의 common은 '공동의'라는 뜻과 '공통의'라는 뜻을 모두 함의한다. 여기서 '공동의'는 개별자들이 함께 모인다는 것에 초점을 두며, '공통의'는 개별자들이 함께 모였을 때 그들 사이엔 어떤 공통적인 것이 있음을 보다 강조하는

았다는 의미의 공동성을 뜻하는 반면, 전자는 개별적인 것들을 넘어 즉 개별적인 것들을 초월하여 존재하며 개별적인 것들보다는 전체를 위하는 것을 의미한다고 볼 수 있다.

따라서 이 두 개념을 합친 것을 공공(公共)이라고 할 때, 이는 국가 혹은 정부가 근거하고 추구해야 할 공공이라는 의미 속에 두 가지 내용을 모두 담고 있는 것으로 보아야 한다. 요컨대 국가나 정부는 한편으로 구성원들의 개별성을 존중하면서 그것을 최대한 보존하여 한 곳에 모으는 공동의 것(the common)을 그 기초로 삼아야 하며, 다른 한편 이기적이고 부분적인 개별성들의 한계를 넘어서 전체를 고려할 수 있는 공적인 것(the public)을 고려해야 한다는 것이다.

국가나 정부가 공동적인 것에만 집중하는 경우가 있는데, 이는 직접민주주의와 연관된다. 직접민주주의는 구성원 모두의 의사를 모아 그 속에서 어떤 공동성을 찾아 집행하는 체제이다. 그러나 구성원 모두의 의사를 모아도 거기서 공동성을 찾기가 쉽지 않을뿐더러, 설사 어느 공동성이 모아져도 이것이 전체를 위한 것이라기보다는 지배적인 다수의 의사만 반영하거나 다수만을 위하는 것으로 변질될 우려가 있다. 즉 공동성만 강조하게 되면 이것이 타락할 경우 다수만을 위한 정치나 중우정치 등으로 전락할 수 있다는 것이다.

것이다. 이 글에서 common은 이런 두 측면 중 특히 전자인 '공동의'에 보다 강조점을 둔다. 왜냐하면 '공통의'는 그 전제로 '공동의'가 되었을 때 비로소 생기는 후차적 속성이기 때문이다.

반면 공적인 것에만 집착하게 되면, 이는 전체를 위한다는 명목 아래 개별성들을 초월하여 여기에 포함되지 않는 추상적 전체를 공적인 것으로 간주함으로써, 전체와 개별자들을 유리시킬 위험이 있다. 정치적으로 이것은 전체주의(totalitarianism)와 연관된다. 전체주의는 국가, 민족, 인민, 정의 등과 같은 추상적 통일체를 전제하고 이에 따라 구성원 개개인들의 권리나 이익을 무시한 채 사회를 경직되고 강제에 의존하는 체제로 몰고 가는데, 이때 전체주의는 공적인 것을 위한다는 명분을 내세운다.

그런데 정치의 딜레마는 이런 공동적인 것의 문제점과 공적인 것의 위험에도 불구하고 이 두 측면을 모두 고려하지 않을 수 없다는 데 있다. 즉 공동성을 제외시키면 구성원들의 의사를 잘 반영하지 못함으로써 민주주의로부터 멀어지게 되고, 반면 공적인 것을 무시하면 상충하는 개별성들의 충돌이나 갈등을 해결할 근거가 사라지기 때문이다. 따라서 좋은 정치는 한편으로 구성원의 개별성을 존중하면서도 그것을 뛰어넘어 공적인 것을 추구할 수 있는 교묘한 기술을 필요로 한다. 그리고 우리가 말하는 공공(公共)이라는 개념이 바로 이런 뜻을 함의하고 있는 것이다.

오늘날 이런 공공(公共)에 주목한 것이 바로 정부와 시민사회 간의 거버넌스이다. 즉 시민사회의 이해관계로부터 독립되어 존재하는 정부의 공적인 역할과 시민사회의 의견을 모두 모으는 공동적인 것이라는 두 요소를 함께 고려하기 위해서는 정부는 반드시 시민사회와의 거버넌스를 필요로 한다는 것이다. 또한 이는 반대로 시민사회가 정부의 역할을 인정해야 함을 의미한다. 즉 시민사회의 공동성만으로는 진정한 의미의 공공(公共)을 모두 담아낼 수는 없기 때문이다.

따라서 정부가 시민사회와의 거버넌스를 필요로 한다고 해서, 이것이 소위 '국가의 쇠퇴(the decline of the state)'를 의미하는 것은 아니다. 오히려 정부는 "거버넌스를 통해서 '국가의 구조조정 혹은 변형(the restructuring or transformation of the state)'을 하고 있는"[22] 것이다. 예전의 근대적 국가가 '지배 권력'을 국민들에게 일방적으로 행사한 반면, 거버넌스 하에서의 국가는 시민들과의 소통을 통해 자신의 정당성과 정책효율성을 높이는 '협의 권력'을 갖는 것이다. 따라서 국가의 구조조정 과정에서는 정부의 통치능력에 대한 개념이 바뀌어야 한다. 과거와 같이 경직된 상태에서 제도적, 법적 권한(legal, institutional strength)을 갖는 정부가 힘있는 정부로 간주되는 것이 아니라, 맥락적이고 기업가적인 능력(contextual-entrepreneurial capacity)을 갖는 정부가 능력 있는 정부로 인정받도록 변화해야 한다는 것이다. 요컨대 '형식적 권력(formal power)'보다 '정치적 능력(political capacities)'이 정부에게는 더 중요한 요소인 것이다. 따라서 정부는 과거와 같은 강제적 정책 도구나 통치 기술을 사용하기보다는 거버넌스가 가져오는 좋은 결과에 의존해야 한다.

한편 시민사회도 자신의 역할을 정부의 그것과 구별할 필요가 있다. 시민사회가 '견제와 비판'을 위해 정부의 힘과는 다른 대항

---

22 Jon Pierre and B. Guy Peters, *Governance, Politics and the State*(London : Macmillan, 2000), 196.

권력을 갖든지 혹은 거버넌스 속에서 정책결정 과정에 참여하여 발언권과 심의권을 갖든지, 시민사회의 권한은 정부의 권한과는 다르다. 특히 하버마스는 사회의 권력을 '행정적 권력(administrative power)'과 '의사소통적 권력(communicative power)'으로 나누어 전자를 정부의 권한으로 인정하고 후자를 시민사회의 능력으로 간주하면서 그 둘 사이의 차이에 대해 지적한다. 그에 의하면, 시민사회는 공론장에서 토론과 토의를 거쳐 합의된 공동의 의견을 만들어 가는 '의사소통적 권력'을 소유하는 반면, 정부는 그 합의된 내용을 왜곡됨이 없이 잘 시행하는 '행정적 권력'을 소유한다. 그리고 한 사회가 통합되기 위해서는 이 두 권력 사이의 분리(separation)와 균형(balancing)이 잘 이루어져야 한다는 것이다.[23]

그러므로 거버넌스 하에서도 정부는 여전히 가장 중요한 정치 행위자이다. 거버넌스가 정부가 아닌 대안적 통치양식을 의미한다면 누가 거버넌스의 책임 있는 주체가 될 것인가의 문제가 발생한다. 또한 현대사회가 복잡하며 실제 정부를 둘러싼 정책결정 과정이 복잡하다는 것과 정부의 역할이 어떠해야 한다는 것 사이에는 차이가 있다. 그리고 거버넌스를 정부의 주도 하에 두지 않는다면 기존 조직들의 권력관계에 의해 정책이 결정되고 그럼으로써 의도하지 않은 역작용을 낼 수도 있다. 그런 점에서 '정부 없는 거버넌스(governance

23 Jürgen Habermas, *Between Facts and Norms : Contributions to a Discourse Theory of Law and Democracy,* trans. William Rehg(Cambridge : The MIT Press, 1996), 173.

without government)'는 오히려 위험하다고 볼 수 있다.

반면 시민사회와의 파트너십 형성과 거버넌스 체제 수립이 없는 정부는 더 이상 공적인 일을 잘 수행할 수 없을 것이다. 정부가 사적인 이해관계에 얽매이지 않고 공적인 일을 수행하는 이유는 그 구성원인 시민이 잘 살기 위한 것인데, 시민과의 소통과 협력 없이 이 목표가 잘 달성될 리 만무하다. 그런 점에서 정부는 시민사회와의 거버넌스를 꺼려해선 안 된다. 민주주의는 시민사회와 함께하는 정부에서만 가능한 정치체제이기 때문이다.

참고문헌

김동원. 2002. "민-관 파트너십과 행정의 책임성." 『한국행정논집』 제14권 제2호.

김태영. 2002. "정부-NGO 간 파트너십의 정치경제학." 『정부학연구』 제8권 제1호.

서창록 외. 2002. "거버넌스의 개념: 거버넌스의 개념과 쟁점에 관한 소고." 김석준 외. 『거버넌스의 정치학』. 서울: 법문사.

이동수. 2012. 『민관협력과 시민사회발전을 위한 청사진연구』 특임장관실.

_____. 2008. "지구화시대 시민과 시민권: 무페의 논의를 중심으로." 『한국정치학회보』 제42집 제1호.

_____. 2006. "한나 아렌트와 한국정치: 권력정치에서 소통정치로." 『철학과 현실』 제71호.

_____. 2005. "한국의 정부와 시민사회: 거버넌스를 중심으로." 『NGO연구』 제3권 제1호.

_____. 2004. "정치와 정쟁: 근대적 정치관을 넘어서." 『철학과 현실』 제61호.

주성수. 2008. "민주적 거버넌스와 시민사회: 정부와 시민사회 파트너십을 중심으로." 『시민사회와 NGO』 제6권 제1호.

함재학. 2009. "드워킨의 헌법사상: 헌법적 통합성과 파트너십 민주주의." 『법철학연구』 제12권 제1호.

Dworkin, Ronald. 1996. *Freedom's Law : The Moral Reading of the American Constitution*. Oxford: Oxford University Press.

Easton, David. 1953. *The Political System : An Inquiry into the State of Political Science*. New York: Alfred Knopf.

Fung, Archon and Eric Olin Wright, eds. 2003. *Deepening Democracy : Institutional Innovations in Empowered Participatory Governance*.

London : Verso.

Habermas, Jürgen. 1996. *Between Facts and Norms : Contributions to a Discourse Theory of Law and Democracy*. trans. William Rehg. Cambridge : The MIT Press.

Hirst, Paul. 2000. "Democracy and Governance." ed. Jon Pierre. *Debating Governance*. Oxford : Oxford University Press.

Gramsci, Antonio. 1971. *Selections from the Prison Notebooks* Vol.Ⅰ. New York : International Publishers.

Lasswell, Harold D. 1958. *Politics: Who Gets What, When, How?* New York : The World Publishing Co.

Mouffe, Chantal. 1993. *The Return of the Political*. London : Verso.

Peters, B. Guy. 1998. "With a Little Help from Our Friends : Public–Private Partnerships as Institutions and Instruments." ed. Jon Pierre. *Partnership in Urban Governance: European and American Experiences*. New York : Palgrave.

Pierre, Jon and B. Guy Peters. 2000. *Governance, Politics and the State*. London : Macmillan.

Salamon, Lester. M. 1995. *Partners in Public Service*. Baltimore : The Johns Hopkins University Press.

1부

섹터 간 파트너십

2장 시민사회와 정부의 파트너십

김태영

1. 정부와 시민사회의 관계

시민사회의 개념은 17세기 영국에서 처음 사용되기 시작했는데, 국가 즉 지배계급에 대항하는 존재로서 등장하였다. 로크(J. Locke)에 의하면 시민사회(civil society)는 자유롭고 평등한 개인이 사회계약(social contract)에 의해 구성하는 사회라고 한다. 말하자면 국가 또는 정부에 대항하여 개인의 자유, 생명, 재산을 보호하는 일종의 결합체라고 볼 수 있다. 이와 같은 근대 정치철학의 주류 입장에 의하면 정부(government)는 공익(public interest)을 구현하기 위한 도구로서 시민에 의하여 만들어진 피조물로 인식되는 경향이 있다. 20

세기에 들어서면서 정부의 역할은 더욱 명료해지는데, 이는 납세자인 개인에 대한 공공서비스(public service) 제공이라는 임무를 정부가 갖고 있다는 것이다. 말하자면 세금(tax)을 지불하는 납세자로서의 주민 또는 시민에 대하여 특정의 서비스를 제공하는 것을 일차적 목적으로 한다는 것이다. 정부 또는 국가의 역할이 국방 및 치안에 국한되어야 한다는 사조도 있었지만 지난 1~2세기 동안 정부의 가장 중요한 역할은 아무래도 공공서비스의 제공에 있다는 것을 부인하는 이는 많지 않다. 따라서 시민사회의 역할도 과거 수동적인 자유, 생명, 재산 보호에서 탈피하여 보다 적극적으로 정부가 제공하는 서비스의 양과 질에 관심을 보이기 시작하였다. 정부가 적절한 수준의 서비스를 제공하지 못하면 시민사회로부터 견제와 비판을 받게 된다.

정부의 역할을 좀 더 구체적으로 살펴보면 치안, 국방, 복지, 경제개발, 의료, 교육 등과 관련된 서비스를 독점적으로 제공한다는 것인데, 대개의 경우 이들 서비스가 공공재(public goods)에 해당되기 때문에 시장에서 충분히 공급되지 않는 특성이 있다.[1]

시장에서 충분히 공급되지 않는 이러한 공공서비스를 정부가 제공한다는 것인데, 간혹 민간 기업 등과 경쟁하기도 한다. 특정 분

---

1 공공재(public goods)는 비용(cost)과 편익(benefit)이 일치하기 않기 때문에 시장에 맡겨두면 특정 사회가 필요로 하는 적절한 수준의 공공재가 공급되기 어려워진다. 대개의 경우 투자는 명료하지만 편익은 불특정 다수에게 보편적으로 귀속되기 때문에 생산자가 사비에 의하여 공급하는 것을 꺼리며 소비자 역시 적정 가격을 지불하지 않으려는 경향이 있다. 따라서 국가는 강제로 세금 징수를 통하여 공공재 공급 비용을 충당하게 된다.

야에서 민간 기업이 기술개발, 예산효율성 등을 통하여 공공재 공급에 있어서 경쟁력 우위를 점할 수도 있다. 특히 최근에는 비영리민간단체라고 하는 비영리법인과의 경쟁이 자연스러우면서도 간혹 치열하기도 하다. NPO라고 명명된 비영리민간단체는 정부와 마찬가지로 공익 구현을 위해 설립되었고, 공공서비스를 제공한다는 점에서 상당 부분 정부의 역할과 겹치는 부분이 있다. 시민사회와 NPO를 간혹 혼동해서 이해하는 것은 NPO가 시민사회의 현대판이기 때문일 것이다. NGO가 시민사회로 인식되는 것처럼 NPO 역시 시민사회로 인식되고 있는데, 시민사회의 출현이 정부 견제, 개인의 권리 보호를 주 임무로 설정하였던 것처럼 이제는 시민사회의 핵심인 NPO, NGO 등이 정부서비스 점검, 정부와의 협력적 서비스 제공을 주 임무로 설정하였다고 볼 수 있다.[2]

정부(government)와 시민사회(civil society)는 공히 공공서비스를 제공한다는 점에서 공통점이 있지만, 한편으로는 수입기반의 안정성 여부에 따라 구분되기도 하고, 업무를 보완한다는 점에서 동반자의 특성을 공유하기도 한다.[3] 정부와 시민사회가 제공하는 공공서비스는 시민 누구나 공평하게 누려야 하는 기초적인 서비스의 특성

---

2 NGO, NPO 등을 시민사회와 동일시하는 것은 자연스러우며 특히 현대사회에서 시민사회의 모호함을 해소해줄 수 있는 중요한 수단으로 볼 수 있다.

3 정부는 강제권을 부여받고 수입을 확보할 수 있는 반면 시민사회는 강제권이 없다는 점에서 정부의 수입은 안정적이다. 그러나 그들이 추구하는 목표는 공통적으로 공익 구현이다. 시민사회는 정부로부터 예산의 일부를 할애 받아 사업을 추진하기도 하며, 자체조달에 의하여 사업을 추진하기도 한다.

을 지니고 있다. 말하자면 이들 공공서비스는 권리의 영역에 속하는 경우가 대부분이다. 오쿤(A. M. Okun)에 의하면[4] 권리의 영역(domain of right)이란 삶에 필요한 재화와 서비스의 특성이 필수적이어서 구성원 누구나 공평하게 권리로서 제공받아야 하는 재화 및 서비스가 위치하는 영역을 의미한다. 반대로 경쟁의 영역(domain of dollars)이란 시장에서 구성원의 사회경제적 능력에 따라 차등적으로 해당 재화 및 서비스가 제공되어야 하는 영역을 의미한다. 정부와 시민사회 공히 권리의 영역에 존재하는 서비스를 제공하는데 일차적 관심이 있다는 점에서 공통점이 있으며 또한 양자 공히 권리의 영역을 확장하려고 노력을 기울인다. 자유주의 또는 신자유주의 사조가 지배하는 현대 시장사회에서 가급적 보다 많은 서비스가 권리의 영역으로 넘어오기를 바란다는 점에서 정부와 시민사회는 상호 견제보다는 오히려 협력할 가능성이 더 크다고 할 수 있겠다.

NPO는 일견 정부 또는 공공기관과 대비되는 개념으로 인식되고, 시민사회의 출현 당시와 유사하게 초기에는 주로 정부와 대립하고 경쟁하는 것으로 받아들여지기도 했다.[5] 그러나 상기와 같이 권리의 영역을 보호해야 할 임무를 지니고 있다는 점에서 동반자라고 할 수도 있다. 최근 사회 일각에서 협력(collaboration)이 중요시되

---

4 A. M. Okun, *Equality and Efficiency : The Big Tradeoff*(Washington D.C. : The Brookings Institution, 1975).

5 임승빈, "한일 지방정부 정책과정에서 NGO와 파트너십 관계," 한국행정학회 기획세미나 발표논문집(2000).

고 있는데, 이는 파트너십이 중요하다는 점을 강조하는 표현이다[6] 정부와 정부, 정부와 민간, 그리고 민간과 민간이 협력하는 다양한 상황을 경험하게 되는데, 이 글은 특별히 정부와 NPO, 즉 시민사회가 왜 협력을 해야 하는지, 어떻게 협력하는지, 협력의 과실은 어떠한지 등에 관한 논의의 공간을 확보하고자 준비되었다[7] 통상적인 의미에서 민관협력은 정부와 민간이 협력하여 공공의 부가가치를 창출하는 것이다. 이 글은 특별히 정부와 비영리민간단체, 즉 준정부 기관과의 협력을 주제로 삼는다. 비영리민간단체를 준정부 기관이라고 표현한 근거는 비영리민간단체, 즉 NPO가 정부의 역할을 보완하고 있기 때문이다. 흔히 공기업도 일종의 준정부기관으로 명명되기도 하는데, 이는 공기업이 정부의 역할을 대행하기 때문이다.

비영리민간단체와 정부의 협력이 가능한 이유는 첫째, 공익을 추구한다는 점이다. 둘째, 공공서비스를 제공한다는 것이다. 셋째, 정부 역할의 제한으로 인하여 충분한 수준의 공공서비스 제공이 이루어지지 않는다는 점이다. 넷째, 임시적 공공서비스 운영을 통한 탄력적 대응이 가능하다는 점이다. 다섯째, 국가 전체적으로 공익을 구현하는데 소요되는 비용을 절감할 수 있다는 것이다. 비영리민간단체의 역할을 잘 활용할 경우 적은 예산으로 양질의 공공서비스를

---

6 김태영, "정부-NGO 간 파트너십의 정치경제학,"『정부학 연구』제8권 제1호 (2002).

7 시민사회 중 NPO를 중심으로 정부와 시민사회의 협력을 살펴볼 경우 논의의 초점이 명료해질 뿐만 아니라 정부와 시민사회의 협력을 보다 효과적으로 이해하는데 도움이 될 것이기 때문이다.

제공받아 종국에는 국리민복에 도움이 된다는 점이다.

이에 정부는 2000년 1월 12일 법률 제6118호로 '비영리민간단체지원법'을 제정했는데, 비영리민간단체의 자발적인 활동을 보장하고 건전한 민간단체로 성장하도록 지원함으로써 비영리민간단체의 공익활동 증진과 민주사회 발전에 기여하도록 한다는 취지이다. 이 법에 명시된 정부 지원 가능한 비영리민간단체는 다음의 요건을 갖추어야 한다. 첫째, 사업의 수혜자가 불특정 다수일 것, 둘째, 구성원 상호 간에 이익을 분배하지 않을 것, 셋째, 특정 정당 또는 선출직 후보에 대한 지지, 지원이나 특정 종교의 교리전파를 주된 목적으로 설립 운영되지 않을 것, 넷째, 상시 구성원수가 100인 이상일 것, 다섯째, 최근 1년 동안 공익 활동의 실적이 있을 것, 여섯째, 법인이 아닌 단체의 경우 대표자나 관리인이 있어야 할 것 등이다. 국가나 지방자치단체는 비영리민간단체의 고유활동 영역을 존중하고 소요경비를 지원할 수 있으며, 경비 지원과 관련하여 공익사업 선정위원회의 심의를 거친다. 말하자면, 법률에 의거하여 국가 및 지방자치단체는 비영리민간단체와 공동으로 공익 구현을 위한 노력을 함께 해야 한다는 것이며, 그들의 협력이 필요한 근거이기도 하다.

국가와 지방자치단체가 비영리 만간단체를 지원하여 구체적으로 어떤 성과를 거두고 있는지에 관한 평가가 해마다 실시되고 있는데, 이는 주로 지원 부처 또는 지방자치단체별로 진행된다. 또한 비영리민간단체 지원과 관련된 총괄 평가도 백서 작업 위주로 진행되어 객관적인 현황 자료를 제공하고 있는데, '한국 NPO 공동회의'와 '유니세프 한국위원회'가 공동 주관하여 발간하는 정부의 비영리민간단체 지원백서가 그것이다. 동 백서는 해마다 발간되는데, 연도별, 지원기관별로 비영리민간단체지원 현황을 정리하고 있다. 단체명, 사업명, 소요예산, 심사기준, 지원액 등 다양한 정보를 제공한다. 이와 같은 평가와 현황 분석 작업을 통하여 정부 또는 지방자치단체와 비영리민간단체와의 협력의 실효성을 제고하려고 노력하고 있다.

이 글은 정부와 NPO 간의 협력관계에 관한 이론과 사례를 소개하여 향후 보다 바람직한 정부와 시민사회의 협력관계를 모색하고자 한다. 이를 위하여 우선 정부와 NPO 간의 관계를 역사적 맥락에서 확인하면서 경쟁관계가 협력관계로 변모하는 과정을 살펴보고자 한다. 다음으로 정부와 NPO 간 협력의 방식과 유형을 검토하고자 한다. 다음으로 정부와 NPO가 협력하는 이유, 협력 사례를 국내 국외로 구분하여 소개한 후 거버넌스와 공공성이라는 주제를 통하여 그 의의 및 가치를 정리하고자 한다.

2. 정부와 시민사회의 협력 유형

1) 정부와 NPO의 관계 변화

정부(국가, 지방자치단체)와 NPO 간의 관계는 초기에 대립, 경쟁관계였는데, 시간이 지나면서 자연스럽게 협력관계로 변모하고 있다. 공통의 목표인 공익(public interest)을 구현하는데 있어서 정부와

NPO가 선의의 경쟁을 보여준 것이 지난 역사라고 할 수 있다. 1991년 한국에 지방자치제도가 처음 도입되었을 때 적어도 이론적으로는 지방자치제도 도입 자체는 일견 국가와 지방자치단체 간 경쟁 관계를 조성하자는 것이었다. 지방자치제도가 도입되기 전 모든 업무를 국가가 독점적으로 수행했는데, 지역 특성을 고려하는 것이 더 효율적일 수 있다는 근거 하에 지방자치단체는 국가에 대하여 좋은 경쟁자가 된 것으로 볼 수 있다. 오우츠(Wallace Oates)는 "지방분권이 자동적으로 효용을 증진시킨다"는 소위 "분권화의 정리(decentralization theorem)"를 주창했는데, 이는 공공서비스 제공에 있어서 지역별 맞춤형 서비스 제공이 효용(utility)을 증진시킨다는 것이다. 지역별 주민들의 선호도, 소득수준 등이 다르기 때문에 지역별로 특성화된 공공서비스 제공이 국가 전체적으로도 더 효율적일뿐만 아니라 지역주민의 복리도 더 증진시킬 수 있다는 것이다.[8] 한편 티부(C. Tiebout)도 지방분권이 효율성을 증진시킨다는 이론을 오우츠에 선행하여 제시하였는데, 지방자치단체 간 경쟁(competition)을 통하여 자동으로 효율성이 증진된다는 것이다. 그가 소개한 "발에 의한 투표(voting with feet)" 이론에 의하면 주민들은 본인이 속해 있는 지방자치단체를 마치 백화점처럼 간주하고 이웃 자치단체와의 가격(tax) 대비 서비스(public service) 비교를 통하여 이동(moving)하면서 압박한다

8 오우츠의 이론이 중요한 이유는 분권이 자동으로 효율성을 증진시킬 것이라는 일종의 원리를 엄격한 검증을 통하여 제시하였다는 데 있다. W. Oates, *Fiscal Federalism*(New York: Harcourt Brace Jovanovich, 1972).

는 것이다. 결과적으로 지방자치단체는 적은 세금(less tax)과 더 나은 서비스(better service)를 약속하면서 경쟁한다는 이론이다.[9] 이는 훗날 잣대 비교이론(yardstick theory)으로 발전하는데, 주민들이 잣대를 들고 다니면서 지방자치단체를 평가한다는 것이다. 압박받은 지방자치단체는 효율적인 행정 및 재무관리와 유효한 공공서비스를 저렴하게 제공함으로써 지지를 받고자 경쟁한다는 것이다.

요컨대, 지방자치제도 도입은 지방이 국가와의 경쟁을 선포하는 것이나 다름없다. 그 동안 국가가 독점적으로 제공해 온 공공서비스에 대하여 지방자치단체가 더 잘 할 수 있다는 이론 및 연구가 다수 제공되면서 국가는 지방자치단체와의 경쟁을 피할 수 없는 상황이 된 것이다. 서구 선진국에 비하면 상대적으로 지방자치의 역사가 짧은 편이지만 지난 20여 년 동안 국가사무의 지방 이양이 지속적으로 이루어져 왔고, 국가와 지방자치단체 간 소리 없는 경쟁이 목격되어 왔다. 간혹 특정 사무[10]의 경우 국가로 환원되기도 하는 등 경쟁의 역사는 이제 더 본격화되고 있다고 판단된다.

또 하나의 새로운 경쟁이 정부와 비영리민간단체와의 관계에

---

9 C. Tiebout,, "A Pure Theory of Local Expenditure," *Journal of Political Economy* (1956), 64-65.

10 예컨대, 사회복지서비스의 경우 최근 여러 가지 이유로 인하여 다시 국가로 환원되고 있는데, 가장 큰 이유는 재원문제이다. 재원문제 이외에도 이동성(mobility) 문제 등 서구사회가 경험한 예기치 않은 상황 등도 영향을 미치고 있는 것으로 보인다. 머스그레이브(R. Musgrave)의 이론에 따른 엄격한 중앙, 지방사무 구분에 대한 논의가 선행되었어야 했다.

서 사바스(E. S. Savas) 등에 의하여 목격되었는데, 비영리민간단체는 국가 및 지방자치단체를 상대로 서비스경쟁을 시도한 것으로 이해할 수 있다.[11] 정부사업에 대한 비영리민간단체의 다양한 비판과 주장은 사실상 국가와 지방자치단체에 대한 경쟁으로 여겨진다. 지방자치제도 도입 이전부터 비영리민간단체는 국가를 상대로 경쟁을 벌여온 것이 사실이다. 주로 NGO 위주의 견제와 비판 활동이 1980년대부터 활발히 진행되어 왔다. 1991년 지방자치제도 도입 이후 시민사회에 의한 견제는 국가와 지방자치단체를 대상으로 확대되었으며, 특히 NGO의 역할이 더욱 두드러졌는데, 지나친 비판과 부작용 등으로 인하여 2000년대 접어들면서 정치적 역할이 배제된 NPO의 역할이 주목을 받기 시작했다. 2000년 비영리민간단체지원법이 제정되면서 NPO의 역할이 공식화되기 시작했고, NPO는 특별히 지방자치단체에 대한 강력한 경쟁자로 부상했다고 평가된다. 말하자면 국가에 대한 견제는 주로 NGO가 담당하고 지방자치단체에 대한 견제는 NPO가 주로 담당하게 되는 것으로 이해할 수도 있다. 어쨌거나 국가와 지방자치단체가 공히 시민사회로부터 도전을 받게 되었다는 것을 의미하여 특히 국가는 지방자치단체로부터의 견제까지

---

11 E. S. Savas, *Privatization : The Key to Better Government*(New Jersey : Chantham House Publishers, 1987). 사바스는 정부개혁의 수단으로 민간 위탁을 제시했는데, 이때 민간 위탁의 개념은 매우 광범위한 것이다. 중앙정부 업무의 지방에의 이양을 포함하여 중앙정부의 업무와 지방정부의 업무를 대상으로 민간이 경쟁에 참여함으로써 정부 경쟁력이 증진된다는 것이다. 이 경우 비영리민간단체는 정부와의 관계에서 핵심 경쟁자이자 협력자가 된다.

받아야 하는 새로운 국면이 되고 있다.

그러나 2000년 비영리민간단체지원법의 제정을 전후하여 NPO는 지방자치단체와의 관계에 있어서 견제보다는 협력을 더 중시하는 방향으로 전환하게 되었는데, 가장 중요한 이유는 국가 및 지방자치단체가 NPO를 바라보는 시각이 달라졌다는 것이다. NPO가 더 이상 대립과 비판만 하는 대상이 아니라는 것이다. 당시 정부 역할을 보완하거나 정부와 협력하는 파트너로서의 NPO가 본격적으로 등장했다고 볼 수 있다. 말하자면 국가 및 지방자치단체가 예산 및 인력의 제한으로 인하여 불가피하게 비영리민간단체의 도움을 받을 수밖에 없는 상황을 인정하기 시작했다는 것이다.

2) 협력 근거 및 방법

정부와 NPO 간 협력을 설명해 주는 다양한 이론들이 있는데, 이들의 공통점은 협력을 통하여 공통의 이익을 극대화시킬 수 있기 때문이라는 점이다. 예컨대, 정부, 특히 지방자치단체와 NPO 간 협력관계를 설명해주는 이론들은 자원의존이론, 도이치(Deutsch)의 협력이론, 상호작용이론, 민관 파트너십이론 등이 있다고 한다.[12]

첫째, 자원의존이론이란 조직을 환경과 상호작용하는 주체로 보고 상호작용의 대상물인 자원을 효율적으로 관리 통제하는 것이

12 김시영 외, "지방정부와 NPO 간 협력관계 결정요인에 관한 연구," 『한국지방자치학회보』 16-1(2004).

조직의 목표 달성에 필수적이라는 전제 하에 조직의 행위를 분석하고 조직을 설계하고자 한다는 것이다.[13] 말하자면 자원의 효율적 활용과 관련하여 정부와 지방자치단체는 비영리민간단체와의 협력을 모색할 수 있다는 측면에서 조직을 재구성할 수도 있음을 시사한다. 둘째, 도이치의 협력 이론은 개인들의 목표와 연결되어 있는 집단목표를 향해 사람들이 협력을 하고 그들은 인지적인 의사결정의 결과로 협력을 선택한다는 것이다.[14] 말하자면 국가 또는 지방자치단체에 속하여 일하는 사람들이나 비영리민간단체에 속하여 일하는 사람 공히, 개인의 목표와 조직의 목표가 효과적으로 연계되어 궁극적으로 공익을 구현할 수 있다면 기관 간 협력도 가능하다는 것이다. 개인의 바람(desirability)을 통하여 공통분모를 확인할 수 있다는 것이다. 셋째, 상호작용이론이란 경제적 거래도 사회적 관계의 영향 안에서 이루어진다는 사회적 자리매김(social embededness)과 지속적인 상호작용을 통한 쌍방 간 신뢰(trust)의 형성이라는 사회심리적 현상에 기초한다. 말하자면 상호작용을 통하여 얻게 된 일종의 신뢰구축은 사회자본(social capital)으로 발전될 수 있으며, 이 경우 공동체 전체 측면에서 공익을 구현하는데 더 효과적일 수 있다는 것이다. 국가, 지방자치단체 그리고 비영리민간단체 간 협력이 필요한 이유다. 넷째, 민관 파트너십 이론은 사회정치 거버넌스의 특정한 형태이며 협력의 새로운 형태로서 공공 부문과 사영역 부문 내에 실제로 행해

13 김시영 외, "지방정부와 NPO 간 협력관계 결정요인에 관한 연구."

14 김시영 외, "지방정부와 NPO 간 협력관계 결정요인에 관한 연구."

지고 있는 형태라고 한다.[15] 민관협력(PPP)은 지역의 특정 공공서비스(public service)를 생산하고 공급(service delivery)하는데 있어서 공공 부문과 민간 부문이 상호 협력하는 것을 의미한다. 말하자면 국가 또는 지방자치단체는 특정의 공공서비스를 생산, 공급하는데 있어서 민간 부문과 공동으로 협력하는 것이 더 효과적일 수 있다는 것이다. 서비스의 종류에 따라 다를 수 있지만 특정 서비스의 경우 사업 초기부터 협력하는 것이 효과적일 수 있다는 것이다.

정리하면 결국 조직 간 협력을 의미할 수 있는데, 조직 내부 요인에 근거하여 최종적으로 조직 간 협력이 이루어지는 관점이 있을 수 있고, 다음으로 조직 간 관계 측면에서 효용 증진을 위한 협력을 관찰할 수 있고, 마지막으로 환경적 측면에서 협력이 자연스럽게 이루어지는 것으로 이해할 수 있다. 결국 협력(collaboration, cooperation)은 미시적인 측면에서 개인의 이해관계에서 출발하여 기관의 이해관계, 그리고 기관을 둘러싼 환경변화에 조직이 효과적으로 적응해 가는 과정으로 이해될 수 있다.

3) 정부와 NPO 간 협력을 측정할 수 있는 핵심 변수 도출

정부와 NPO 간 협력의 방식과 관련된 논의를 통하여 협력에 영향을 미칠 것으로 추정되는 몇 가지 변수들을 추정할 수 있다. 우선 조직 내부 요인으로 조직의 공식화 정도, 집권 정도, 조직 규모 및 협

15 김시영 외, "지방정부와 NPO 간 협력관계 결정요인에 관한 연구."

력 문화 조성 여부 등을 들 수 있다. 다음으로 조직 간 상호작용 측면으로서 자원 의존 정도, 적극성 여부, 정보 공유 정도, 업무처리 능력, 의사소통 전략 및 개방성 등을 들 수 있다. 환경적 측면으로는 정치적 환경, 사회적 환경, 제도적 환경 등이 중요한 변인이 될 수 있다.[16]

김시영 외(2004)는 지방자치단체와 NPO 간 협력의 수준을 측정하기 위하여 이러한 세 가지 차원에서 세부 변수를 설정한 후, 협력에 소요되는 시간, 협력을 위한 접촉 빈도, 합의 도달 정도 등에 영향을 미치는 정도를 측정하려고 시도하였다. 정부와 NPO 간 협력의 정도를 측정하는 작업이 쉽지는 않다. 협력의 수준 자체를 계량화 하는 일이 쉽지 않기 때문이다. 협력을 위한 노력(접촉 빈도, 반응시간)과 협력의 성과(합의에 도달한 정도)로 구분하여 협력의 수준을 측정하고자 하는 시도는 일단 긍정적으로 평가된다. 다만 본 연구는 정부와 NPO 간 협력에 있어서 정부의 역할이 어느 정도인가를 탐색하고자 시도되었기 때문에 관점을 국가 또는 지방자치단체에 두고자 한다는 점에서 다르다.

2000년 제정된 비영리민간단체지원법에 명시된 비영리민간단체 자격요건을 살펴보면 정부와 NPO 간 협력을 위한 자격요건으로 해석되기도 한다. 예컨대, 기관의 존속기간, 개방성, 적극성, 정보 공유 정도, 전문성, 의사소통 전략, 신뢰성 등 협력의 수준에 영향을 미치는 요인들이 직간접으로 보조금 지원 자격요건에 명시되어 있기 때문이다. 국가 및 지방자치단체는 동법에 근거하여 NPO를 지

16 김시영 외, "지방정부와 NPO 간 협력관계 결정요인에 관한 연구."

원하는데, 지원의 근거는 상당 부분 정부와 NPO 간 협력의 필요성 때문으로 해석된다. NPO는 국가 및 지방자치단체로부터 보조금을 지원받아 공익사업 수행을 위한 일정한 자격을 갖추기 위하여 노력할 것인데, 이러한 노력 자체를 협력의 수준을 제고하기 위한 노력으로 이해해도 무방하다는 것으로 해석할 수 있다.

다만, 이론적으로 보면 비영리민간단체지원법에 명시된 자격요건을 갖추기 위한 노력 자체가 협력의 증진을 위한 노력으로 간주해도 된다는 것인데, 실제 자격요건을 살펴보면 미흡한 부분이 노정된다는 점에서 향후 개선사항으로 판단된다. 현재 운영되고 있는 공익사업선정위원회의 역할이 동법에 명시된 자격 요건 이외의 사항을 충분히 고려하여 심사하고 있다고 판단되기 때문에 큰 문제를 노정하고 있지는 않지만 공익사업선정위원회의 역할에 대한 논란도 제기되고 있는 현실을 감안한다면 협력의 수준 및 질을 제고시킬 만한 사항들을 도출하여 명시할 필요가 있다.

4) 핵심변수에 대한 이해와 협력 촉진 방안

검토된 선행연구들에 의하면 정부와 NPO 간 협력의 수준과 질을 결정할 요인들은 우선 비영리민간단체지원법에 명시된 자격요건에 대한 검토로부터 확인될 수 있다. 비영리민간단체지원법에 명시된 자격요건을 정리하면 다음과 같다.

첫째, 사업의 수혜자가 다수일 것, 둘째, 구성원 상호간에 이익을 분배하지 않을 것, 셋째, 특정 정당 또는 선출직 후보에 대한 지지, 지원이나 특정종교의 교리전파를 주된 목적으로 설립 운영되지 않을 것, 넷째, 상시 구성원 수가 100인 이상일 것, 다섯째, 최근 1년 동안 공익활동의 실적이 있을 것, 여섯째, 법인이 아닌 단체의 경우 대표자나 관리인이 있어야 할 것 등이다. 이를 전술된 정부와 NPO 간 협력의 관점에서 이해하면 다음과 같다. 사업의 수혜자가 다수일 것이라는 점은 공익 또는 공공성을 중시해야 한다는 의미로서 정부의 역할을 대행한다는 의미이다. 사업의 수혜자가 많을수록 협력의 수준이 증진된다는 것이다. 구성원 상호 간에 이익을 분배하지 않는다는 것은 협력의 결과는 전체 국민에게 귀속된다는 의미로서 기관의 이익을 위한 협력이 아니라는 것이다. 정치적 중립, 탈종교를 강조한 부분 역시 협력이 전체 국민을 위한다는 점을 강조한 것으로서 특별히 NPO의 탈정치성, 탈종교성을 중시한다. 탈정치성, 탈종교성이 강화될수록 협력의 수준이 증진될 뿐만 아니라 협력의 결과도 긍정적이며 배가될 것이다. 구성원수를 명시한 이유는 조직의 안정성, 개방성, 소통성 등을 강조한 것으로서 협력의 근거 및 실효성을 제고하자는 것이다. 공익활동 경력을 강조한 것도 협력의 안정성을 염두에 둔 것으로서 비영리민간단체로 하여금 협력 가능성을 배양하라는 신호로 이해할 수 있다. 마지막으로 관리자를 명시한 것은 협력의 주체와 책임성을 강조한 것으로 이해할 수 있다. 관리자 또는 대표자가 모호할 경우 자칫 협력의 책임성을 저해하여 궁극적으로 건전한 협력이 제한될 수 있다.

선행연구에서 검토된 협력이론을 기초로 협력의 수준을 결정할 요인들을 살펴보면 다음과 같다.[17] 조직의 공식성, 조직의 복잡성, 조직의 분권화 정도, 조직의 규모, 조직의 역사, 조직문화, 목표의 명료성, 상호의존성, 신뢰구축, 의사소통 정도, 기타 환경변수 등으로 요약될 수 있다. 환경변수는 정치적 환경, 제도적 환경, 기타 사회적 환경으로 구분되는데, 리더십, 법규, 주민 지지 등을 의미한다. 정부와 NPO 간 협력의 수준에 영향을 미칠 것으로 추정되는 상기의 변수들과 비영리민간단체지원법에 명시된 자격요건을 비교하면 다음과 같은 시사점을 도출할 수 있다.

당초 비영리민간단체지원법이 제정되는 과정에서 협력을 위한 자격요건에 관한 충분한 논의가 있었을 것으로 짐작된다. 논의를 통하여 정리된 요건은 6개 항으로 열거되었다. 다만 명시된 6개 항이 협력을 위한 소극적 조건에 불과한지 여부, 협력의 증진을 위한 적극적 조건인지 여부에 대한 추가적인 논의가 필요하다는 점에서 검토의 가치가 있을 것으로 본다. 우선 조직 내부적 측면에서 보면 100인 이상 상시 구성원, 관리자의 존재 여부만 명시되어 있다. 분권의 정도, 조직의 공식성 여부, 조직의 역사, 협력 문화 조성 여부 등이 협력을 증진하는데 중요한 요소라는 점을 감안하면 법제정이 지나치게 포괄적임을 알 수 있다. 상호작용 측면에서 보면 자원의존정도, 파트너 인정여부, 공익 구현을 위한 적극성, 정보 공유 정도, 활

17 협력의 수준을 결정할 요인들은 향후 사례연구에서 정부와 민간단체가 어떻게 협력할 것인지에 관한 방법을 도출하는데 활용될 것이다. 말하자면 비영리민간단체가 추진하는 공익사업을 평가하는 지표를 구축하는데 활용될 것이며, 이는 결국 협력을 증진시킬 수단으로 작용할 것이라는 점에서 의의가 있다.

발한 의사소통과 개방성 등이 중요한 변수인데 명시된 자격요건에는 공익활동 실적을 제외하면 이들 변수는 거의 확인되지 않는다. 환경적 측면에서 보면 리더의 지지, 리더십, 타 기관과의 관계, 주민의 지지, 관련 법규 등이 중요한 변수로 확인되었다. 그러나 명시된 자격요건에는 관리자의 부재 여부만을 확인하고 있다.

정리하면 비영리민간단체지원법에 명시된 자격요건만으로는 정부와 NPO 간 협력증진을 기대하기 어렵다는 것이다. 따라서 이 글의 목적 중 하나인 정부와 NPO 간 협력증진을 위한 방안을 마련하고자 하는데, 세부적인 방안은 실제 사례연구를 통하여 도출될 것이다. 말하자면 이론적 논의, 법에 명시된 자격요건, 그리고 협력사례를 통하여 공통점을 찾는다면 향후 정부와 NPO 간 더 활발한 협력증진을 기대할 수 있을 것이다.[18]

5) 협력의 유형

정부와 시민사회 간 협력은 시대적 요청이자, 협력증진 요인을 탐색하는 것은 구체적 과제일 것이다. 2000년 비영리민간단체지원법 제정은 정부와 시민사회 간 협력의 새 장을 열어준 것으로 보인

---

18 결국 협력(collaboration) 증진을 촉진시킬 핵심 변수 도출은 향후 정부와 시민사회 간 협력사업의 평가요소로 활용되기도 하며, 협력의 유형을 분류할 경우 유형별 특징을 설명할 변수로 활용되기도 한다. 실제 비영리민간단체지원기본법 하에 지원받은 비영리민간단체 사업에 대한 평가지표 개발에 해당 요인들이 검토되고 활용되었다.

다. 전술된 바와 같이 핵심 내용은 협력을 증진시켜 공익 구현에 앞장서자는 것이다. 그러나 시민사회의 특성, 정부의 성격 등에 따라서 정부와 시민사회 간 협력이 다양하게 나타나는데, 이에 대한 고찰이 필요한 이유는 향후 협력 사례, 협력의 방향을 설정하는데 중요한 시사점을 얻을 수 있기 때문이다.

정부와 시민사회 간 협력의 유형을 구분하는 한 가지 방법은 시민사회 관점에서 재정 자율성 여부, 활동 자율성 여부를 기준으로 분류하는 것이다.[19] 첫째, 재정 자율성이 낮고 활동 자율성도 낮은 경우인데 이는 종속형으로 불린다. 재정 자율성이 낮다는 것은 주로 정부 지원에 의하여 운영된다는 것이다. 활동성이 낮다는 것은 시민사회의 역할이 활발하지 못하다는 것을 의미한다. 이 유형은 주로 정부지원금에 의하여 운영되기 때문에 정부 방침에 종속되어 있을 뿐만 아니라 활동 역시 규모에 비하여 지극히 형식적이다. 관변단체가 주로 이 유형에 속한다. 둘째, 포섭형으로서 재정 자율성은 상대적으로 높지만 활동이 미진한 유형으로서 흔히 민주적 포섭형으로 불리기도 한다. 비영리단체의 존재 자체만으로 정부에 대한 견제와 압박이 가능하다고 믿으며, 적극적으로 정부정책에 반대하거나 대결하지 않는 특성이 있다. 관변단체는 아니지만 정치색을 띠지 않은 NPO 등이 이에 해당된다. 셋째, 협력형으로서 재정 자율성은 낮지만 활동 자율성이 높은 유형이다. 정부 지원을 중심으로 운영

19 박상필은 정부와 시민사회 간 협력의 유형을 종속형, 포섭형, 협력형, 자율형 등으로 정리하고 있다. 박상필, 『NGO와 현대사회』(서울: 아르케, 2006).

되며, 적극적인 활동을 통하여 정부와의 협력적 공공서비스 제공을 담당한다. 정부가 주로 사업을 공지하고 NPO가 지원하는 방식으로 협력이 이루어진다. 최근 우리 사회의 NPO가 주로 이에 해당되며, 특히 비영리민간단체지원법 제정 이후 정부와의 파트너십이 활발해진 근거도 시민사회가 정부 역할을 상당 부분 대체하기 시작하였다는 것을 의미한다. 이에 따라 협력형으로 분류된 NPO에 대한 관심과 분석이 매우 중요해지기 시작하였으며 향후 협력형이 어떤 방식으로 개선되어 보다 효과적인 협력이 가능하게 될 것인지에 대한 논의가 필요한 이유이기도 하다. 넷째, 자율형으로서 정부지원에 크게 의존하지도 않고, 활동은 매우 적극적인 형태로서 선진국에서 주로 발견되는 유형이다. 주로 회원의 회비에 의하여 운영되며 활동 역시 매우 활발하고 적극적이다. NGO가 동 유형에 속한 경우가 많으며 정치적으로도 진보적인 경우가 많다. 일부 NGO의 경우 비정치적이며 정부활동을 보완하는 경우도 있으며, 보이지 않은 협력이 조용히 진행되는 유형이라고 할 수 있다.[20]

협력의 유형별 협력 증진 요인을 살펴보면 자율형의 경우 그동안 논의된 협력 촉진 요인이 가장 긍정적으로 반영되고 있는 것으로 판단된다. 예컨대, 조직 간 소통, 정보공유 정도, 분권화, 협력문화 조성 등이 잘 되어 있는 것으로 나타난다. 협력형의 경우 역시

20 예컨대, 환경운동연합의 경우 회비에 의하여 운영되며 활동 역시 매우 활발하고 적극적이다. 4대강사업, 밀양송전탑 사례 등에 관여하고 있지만 대체로 비정치적이며 환경부 등 정부 부처의 업무를 보완 수행하고 있는 것으로 판단된다.

조직 간 소통, 협력 문화, 정보 공유 정도, 업무처리 능력 등에 좋은 점수를 부여할 수 있지만 협력형에 비하여 상대적으로 집권화 되어 있는 점을 확인할 수 있다. 반면, 종속형의 경우 조직 간 소통, 조직 내 소통, 협력 문화 등이 미흡하며 정보공유 능력, 업무처리 능력 등도 저하되고 있다. 민주적 포섭형의 경우 전문성, 정보공유 능력 등은 높지만 협력 문화, 업무처리 능력, 분권화 등은 낮은 수준이다. 협력형과 자율형은 상대적으로 정부와의 협력 문화가 잘 조성되어 있지만 조직의 특성에 있어서 다소 차이를 보인다. 협력형이 향후 자율형으로 변화하려면 시민의식의 변화, 조직의 유연성과 전문성이 더 확보되어야 할 것이다.[21]

3. 정부와 시민사회 파트너십 사례

1) 협력 사례 선정

국가와 지방자치단체는 비영리민간단체와의 효과적인 협력을

21 시민사회를 정부와의 협력 유형에 따라 분류하고, 그들의 특성을 협력촉진 요인에 의하여 매핑한다면 향후 지향해야 할 협력의 유형이 매우 구체적으로 제시될 수 있을 것이다. 예컨대, 자율형이라고 하더라도 정보공유 능력 정도, 조직의 특성, 협력 문화 조성 등의 정도에 따라 다를 수 있기 때문에 협력의 방향이 선형배치 가능할 것이다.

위하여 공익사업선정위원회를 운영하고 있는데, 공익사업선정위원회는 국가 및 지방자치단체가 NPO와 협력을 할 경우 대상 NPO를 선정하는 것이다. 정부의 역할이 미치지 못한 영역 또는 상대적으로 NPO가 더 잘 할 수 있는 분야에 대하여 정부는 NPO의 역할과 도움이 필요할 것이다. 이때 정부는 사업공고를 발표하고 해당 사업에 관심 있는 NPO는 지원하는 절차를 거치게 된다. 공익사업선정위원회는 공개경쟁 원칙에 따라 심사를 하게 되고, 선정된 NPO는 정부와 협력할 기회를 갖게 된다.

선정 과정에서 중요한 선정 기준은 일단 법에 명시된 6개 자격요건인데, 해당 요건은 지원하는 기관 모두 거의 통과하게 된다. 공익사업선정위원회는 분야별 전문가로 구성되어 일정한 기준과 정성판단에 근거하여 사업자, 즉 NPO를 선정하게 된다. 정부와 NPO 간 협력 증진 여부의 핵심은 바로 선정 기준과 절차가 될 것이다. 왜냐하면 어떠한 기준과 절차에 의하여 협력의 기회를 부여하느냐에 따라 NPO의 특성과 역할이 변경될 수 있기 때문이다. 선정의 기준이 곧 협력의 증진 여부를 결정할 수 있다는 의미이다. 본고는 우선 국민운동지원본부의 국고 지원 사업을 사례로 하여 정부와 NPO 간 효과적인 협력 방안 마련을 위한 상호 관리 및 평가체계에 대하여 살펴보고자 한다. 또한 해외 주요국에서 정부와 NPO 간 협력관계의 역사와 간략한 현황에 대하여 소개하고자 한다.

2) 국내사례: 비영리민간단체 지원(협력) 사업

a) 현황

국가와 지방자치단체는 각각 비영리민간단체를 지원하고 있는데, 그 목적은 공통적으로 국가와 지방자치단체가 인력과 예산부족으로 수행할 수 없는 공익사업에 대한 지원이다. 예컨대, 농림수산식품부의 경우 농어촌발전특별법 등 10여개의 법에 근거하여 다양한 유형의 비영리민간단체를 지원하고 있고, 문화관광부의 경우 문화예술진흥법 등 6개 법에 근거하고, 보건복지가족부의 경우 사회복지사업법 등 2개, 안전행정부의 경우 비영리민간단체지원법에 근거하여 200개 이상의 단체를 지원하고 있다. 중앙정부에 의한 지원 외에 지방자치단체에 의한 재정지원도 다양하게 이루어지는데, 이는 비영리민간단체지원법과 행정안전부의 지침에 의하여 지원되고, 이밖에 정액단체보조금, 임의단체보조금, 개별보조금 등의 형태로 사회단체에 지원이 이루어지고 있으며, 정확한 통계는 파악하기 쉽지 않다.[22]

b) 평가의 필요성: 협력의 실효성 제고

비영리민간단체의 역할이 점점 중요해지고 있는 현실을 감안하면 정부로부터 재정지원을 받는 단체에 대한 평가는 당연한 것이다. 협력형이 주로 이에 속하는데, 협력의 실효성을 증진시키기 위한 수단으로 합리적인 평가 과정이 필요하다. 평가가 필요한 이유를 보다

22 기획재정부, 『정부의 비영리민간단체지원 백서』(서울: 기획재정부, 2011).

구체적으로 살펴보면 다음과 같은데, 이는 결국 평가지표 개발에 대한 단서를 제공할 것이다. 첫째, 비영리민간단체의 수가 증가하고 있고, 한정된 예산으로 모든 단체를 지원하기가 쉽지 않기 때문이다. 정부 역할에 대한 보완 차원에서 예산 지원이 이루어지던 때와 달리 현재 많은 단체들이 정부 역할 수행 관련 경쟁 체제를 형성하고 있다. 경우에 따라서는 동일한 업무를 두고 경쟁하는 양상을 띠고 있다. 평가가 필요한 첫 번째 이유이다. 둘째, 비영리민간단체에 대한 지원 규모가 점차 증가하고 있다는 것이다. 지방자치단체가 지원하는 금액은 제외하고도 2011년 현재 1,000억 원 이상이 중앙정부로부터 지원되고 있다. 본 연구의 사례인 새마을운동중앙회, 바르게살기운동중앙협의회, 한국자유총연맹 등에 대한 중앙정부의 지원 금액만 36억 원에 이른다. 지방자치단체에 의한 지원 금액은 이들 단체가 2012년도에 각각 240억 7100만 원, 99억 100만 원, 70억 5300만 원을 지원받았다. 셋째, 비영리민간단체지원법에 명시된 바에 의하면 중앙정부와 지방자치단체는 공개경쟁을 통하여 지원 사업을 선정하도록 되어 있고(동법 제7조 제2항), 지원 사업 선정기준의 하나로 전년도 사업평가결과를 반영하도록 규정하고 있다(시행령 제8조 제1항). 따라서 해당 단체가 수행하는 사업에 대한 평가는 필수적이다. 넷째, 비영리민간단체가 수행하는 공익사업에 대한 구체적인 정보를 공유하는 것이 구조적으로 쉽지 않은 상황에서 평가는 정부, 해당 단체, 시민 간에 정보공유를 활성화시킬 가능성이 높다. 해당 단체가 수행하는 사업이 공익사업인지에 대한 본질적 논의에서부터 사업을 효과적으로 수행했는지, 사업 결과 공익이 증진되었는지 등에 대한 종합적인 정보를 공유할 기회를 제공한다는 점이다. 다섯째, 평가의 부가적인 목적일 수 있는데, 평가를 통하여 단체의 역량이 강화될 수 있다는 것이다. 평가를 통하여 향후 해당 단체는 업무를 더 잘 수행할 수 있는 기본 역량을 증진시킬 수 있는 교육효과를 기대할 수 있다. 마지막으로 비영리민간단체가 공익사업 수행을 실질적으로 수행하고 있지 않거나 효과적으로 수행하고 있지 않은 경우, 해당 단체를 점진적으로 도태시킬 수 있는 방안 중 하나로서 평가가 유용할 것이라는 점이다. 본 연구에서 사례로 논의하고 있는 3개 단체의 경우 역시 평가 절차를 거치면서 정부 지원 대비 공익사업 수행능력을 검증받게 될 것이다.

c) 재정지원 사업 평가를 위한 지표개발 사례[23]

가. 평가 논리

평가는 사전평가와 사후평가로 나뉠 수 있는데, 흔히 사전평가를 형성평가(formative evaluation)라 하고 사후평가를 총괄평가(summative evaluation)라고도 한다. 또한 평가 주체에 따라 내부평가와 외부평가로 구분할 수 있는데, 내부평가는 자체평가와 자체감사가 대표적이다. 자체평가는 사업을 수행하는 당사자가 수행하는 것이고, 자체감사는 사업 당사자가 아닌 부서 내 전문 평가기구가 수행하는

23 이하는 최창수·김태영, "비영리민간단체 지원 사업 평가모형의 구축과 적용," 『한국행정연구』 14-1(2005)를 참고하여 재구성하였음.

것이다. 외부평가는 감사와 외부 전문가에 의한 평가로 구분되는데, 감사는 전문 감사기관에 의한 평가이고, 전문가 평가는 일반적으로 민간에 의한 평가를 지칭한다. 또한 평가를 과정평가, 영향평가로 구분하기도 하는데, 과정평가는 지침과 계획에 따라 사업이 추진되었는지를 평가하는 것이고, 영향평가는 사업의 목적을 어느 정도 달성했는지에 초점을 맞추어 평가하는 것을 의미한다.

비영리민간단체에 대한 재정지원 사업을 효과적으로 평가하기 위하여 과정(process)에 대한 평가도 중요하지만 영향 또는 성과(performance)에 대한 평가도 중요하다. 그러나 평가의 주체는 내부가 아닌 외부이어야 할 것이다 왜냐하면 내부평가를 적용할 경우, 불가피하게 자체평가에 해당될 것이며, 현재로서는 자체평가가 작동될 가능성이 낮기 때문이다. 자체평가 시스템이 작동되기 위해서는 우선 자체평가 시스템의 구축이 선결되어야 하기 때문인데, 단일 조직인 비영리민간단체에 자체평가 시스템의 구축이 쉽지 않기 때문이다. 자체평가 시스템을 구축해 작동시키기 위해서는 복수의 부서가 존재하여 경쟁 환경이 조성되어야 하며, 부서별 목표설정 등과 관련된 당사자 간 합의 과정이 필수적인데, 대부분의 비영리민간단체의 경우 상기의 요건을 갖추고 있지 않기 때문에 자체평가는 쉽지 않다.

따라서 외부전문가에 의한 평가와 외부감사에 의한 평가가 대안이 될 수 있다. 감사의 경우 인력과 예산의 한계로 인하여 정부부문에 제한될 수밖에 없는 특성을 지니고 있다. 결국 외부전문가에 의한 평가로 추진될 수밖에 없으며, 이는 사전평가와 사후평가를 혼용하는 형태일 것이다. 사전평가는 지원단체 선정 심의과정에서 진행되기 때문에 결국 사후평가에 초점을 맞출 수밖에 없는데, 사후평가의 내용에 포함되어야 할 요소는 사업추진 과정의 합리성 여부, 사업추진 결과의 합목적성 여부일 것이다. 비영리민간단체가 추진하는 사업에 대한 평가는 외국의 경우 과정평가와 영향평가를 기초로 진행된다.[24] 1993년 통과된 미국의 정부성과 평가법(the Government Performance and Result Act)의 기본틀은 체제이론(system theory)에 기초한 과정평가(process evaluation)와 성과평가(performance evaluation)로 구성되어 있다. 따라서 우리의 비영리민간단체에 대한 재정지원 사업 평가도 투입–산출이라는 체제이론 틀에 근거하여 과정과 산출(성과)을 동시에 고려한 평가모형을 구축해야 할 것이다. 산출(output measures)과 성과(performance measures)에 대한 동시 고려는 핵심사항 중 하나이다.

나. 지표구성 논리: 어떻게 평가할 것인가?

그 동안 비영리민간단체에 대한 지원 사업을 평가하기 위하여 활용된 도구는 주로 나열식 점검표였고, 체계적인 평가모형은 활용되지 못하는 실정이었다. 최창수·김태영(2005년)이 개발한 비영리민간단체 지원 사업 평가모형 구축이 유일한 것이었는데, 주로 서울시가 지원하는 사업에 대한 평가도구로 활용되었다. 동 평가모형의 강점은 일단 평가모형 및 지표가 논리모형에 따라 설계되고 조직화되

24 최창수·김태영, "비영리민간단체 지원 사업 평가모형의 구축과 적용."

었다는 것이다. 동 연구에 의하면 국정홍보처가 개발하여 활용하고 있는 지표체계가 상대적으로 우수한 것이었는데, 여전히 나열식 점검표에 불과하였다는 것이다. 예컨대, 평가기준으로 삼고 있는 것이 사업계획, 조직역량, 프로그램, 대상집단, 예산집행, 기대효과, 국정공조이다. 이는 기준이 아니라 평가분야라고 판단된다. 해당 분야별 복수의 질문을 항목으로 정하여 묻는 방식으로 사업에 대한 평가를 수행하였다. 따라서 동 연구는 국정홍보처의 평가모형이 논리모형(logic model)이 아니라고 지적한 후, 평가체계 구성의 논리성을 강조한다.

본 연구 역시 평가기준의 근거, 지표 간 중복 여부, 지표 간 가중치 등을 종합적으로 고려하여 간결하고 논리적인 평가모형을 제시하려 한다. 이를 통하여 현재 문제가 되고 있는 지원 사업의 개선을 위한 근본적인 대안을 제시하려는데 그 목적은 효과적인 협력을 위해서이다. 평가모형을 구축하기 위한 기본방향으로 우선 평가를 통하여 비영리민간단체의 역량이 강화될 수 있어야 할 것이라는 측면에서 평가지표가 구성될 것이다. 둘째, '정부업무 등의 평가에 관한 기본법'에 규정된 바에 따라 각종 여타 평가제도와 유사하게 설계되어야 할 것이다. 셋째, 지표 간 가중치를 반영할 수 있는 방안을 모색해야 할 것이다. 넷째, 지표가 반드시 정량적일 필요는 없다. 공익사업의 특성상 정성 판단이 더 중요할 수 있는 상황을 충분히 감안해야 할 것이다. 다섯째, 단체의 역량에 비하여 상대적으로 더 나은 성과를 창출한 경우에는 가점을 해야 할 것이다. 이는 첫 번째 기준과 일견 배치될 수 있을 것이다. 다만, 평가가 어떤 의미에서 상대적일 수밖에 없다는 점을 감안하면, 동일한 투입(input)에 동일한 성과(outcome)을 창출했다면 단체역량이 더 작은 단체가 더 나은 성과를 도출했다는 것을 의미한다. 따라서 본 연구가 기존 최창수·김태영(2005)의 연구에 비하여 다른 점은 단체가 안고 있는 현실적 상황을 최종평가에 어떤 형태로든 반영하겠다는 것이다. 이 경우 단체의 규모가 더 크고 더 많은 인적 물적 자원을 보유하고 있다면 최종 평가에서는 오히려 불리해질 수 있다는 점을 암시한다.[25]

[표 1] 지표구성(안) : 사례

영 역	구 분	평가항목	평가지표
계획수립 (30%)	계획	사업개발 및 추진방법	
		사업목표설정	
	조직	책임자 지정유무	
		조직구성 및 체계	
	관리	재정관리체계	
		사업관리체계	
집행(30%)	대외	기관활용도	
		사업홍보	
	대내	사업운용	
성과달성 (40%)	실적	사업달성도	
		사회적 기여도	
	수혜자	수혜자 참여도	

25 지표개발은 일견 매우 지엽적인 논의로 인식될 수 있지만 지표 자체는 사실상

이에 대한 평가는 다음과 같다. 우선 단체역량을 평가할 수 있는 지표가 누락되어, 평가 이후 단체역량을 강화시킬 유인 수단이 부재하다. 둘째, 지표 간·항목 간 가중치에 대한 논의가 미흡하다. 셋째, 세부지표의 대표성이 다소 미흡하다. 넷째, 단체의 규모를 반영할만한 지표가 누락되어 있다. 다섯째, 다양한 유형에 공통으로 적용될 일반 지표가 미흡한 수준이다. 이를 구체적으로 설명하면 다음과 같다. 기존 최창수·김태영(2005)의 연구의 의의는 단체역량을 별도로 구분하여 지표화 하였고, 과정과 결과를 중심으로 평가체계를 간결하게 구성했다는 점이다. 이를 [표 2]로 정리하면 다음과 같다.

[표 2] 비영리민간단체 지원 사업 평가지표

평가부문	평가지표	세부지표
단체역량	1. 조직체계	1. 사업담당 책임자 지정여부 2. 적정한 인력의 조직정도
	2. 재정 관리체계	1. 재정관리의 체계성 2. 전체 예산 중 자주재원 비율
	3. 상근직원의 업무추진능력	1. 담당자의 업무 이해도와 책임부여 정도 2. 사업관련 제반 업무자료의 관리 수준

정부와 시민사회 간 협력의 내용과 방향을 설정하는데 중요한 역할을 한다. 지표 간 가중치 역시 중요한 역할을 수행하는데, 단지 NPO와 정부 간 알력으로 이해하는 것은 타당하지 못하다. 지표개발 및 가중치 부여 자체가 NPO와의 논의를 통하여 결정되기 때문이다. 각종 공청회 및 의견청취 과정을 통하여 지표가 상호 공감에 기초하여 결정되기 때문이다. 정부와 시민사회 간 협력이라는 추상적 구호가 현장에서 구체화되는 과정이자 결과이기 때문에 지표개발 과정과 내용을 이해하는 것이 중요하다.

<table>
<tr><td rowspan="6">운용과정</td><td>4. 계획대비 사업 추진도</td><td colspan="2">1. 사업계획서 대비 사업추진 정도
2. 사업추진 일정 및 방법 변경의 타당성</td></tr>
<tr><td>5. 관련기관과의 협조</td><td colspan="2">1. 외부기관의 활용 노력
2. 유사사업 추진 민간단체와의 상호협조 정도</td></tr>
<tr><td>6. 외부 인력의 활용</td><td colspan="2">1. 자원봉사자 활용 정도
2. 전문가의 참여 및 활용 정도</td></tr>
<tr><td>7. 추진방식의 적절성</td><td colspan="2">1. 사업추진방식의 목표와의 연계성
2. 사업대상 집단 확보의 적절성</td></tr>
<tr><td>8. 예산관리의 투명성</td><td colspan="2">1. 사업계획상의 매칭펀드 준수 정도
2. 집행예산의 근거확보 정도</td></tr>
<tr><td>9. 예산관리의 효율성</td><td colspan="2">1. 예산지출내용의 합목적성
2. 예산사용근거의 적절성</td></tr>
<tr><td rowspan="7">사업성과</td><td>10. 사업계획 달성도</td><td colspan="2">1. 사업목표의 완성 정도
2. 지원금액 대비 사업성과의 정도</td></tr>
<tr><td rowspan="4">11. 사업성과의 수준과 범위
(사업내용의 특성에 따라 구분 적용</td><td>서비스제공</td><td>1. 서비스제공의 충실성
2. 사회적 기여도</td></tr>
<tr><td>감시</td><td>1. 사업성과물 내용의 충실성
2. 사회적 기여도</td></tr>
<tr><td>여론 환기</td><td>1. 수혜집단의 참여도 및 반응도
2. 장기적 파급효과</td></tr>
<tr><td>제안</td><td>1. 성과물의 내용적 충실성
2. 성과물의 활용 가능성과 범위</td></tr>
<tr><td>12. 자체평가의 수준</td><td colspan="2">1. 자체평가의 근거와 내용의 타당성
2. 자체평가 결과의 활용방안 도출 수준</td></tr>
<tr><td>13. 파트너십 구축 수준</td><td colspan="2">1. 사업성과와의 연관 보완 정도
2. 관련기관 및 단체와의 파트너십 구축 수준</td></tr>
</table>

다음은 기존 모형을 다소 수정하여 보다 합리적인 모형으로 변형하기 위한 논리이다. 우선 기존 모형은 단체역량, 운용과정, 사업성과 부문으로 구성되어 있는데 비해, 신규모형은 단체역량1, 단체역량2, 운용과정1, 운용과정2, 사업성과1, 사업성과2로 구성되어 있다

는 점에서 다르다. 기존 모형은 기관평가 모형에 기초하여 단체역량 부문, 운용과정 부문, 사업성과 부분으로 간결하게 구분하여 평가지표를 설계하였다. 단체역량 부문에서는 조직체계, 재정관리체계, 직원의 업무추진능력을 세부평가 지표로 설정하였다. 운용과정 부문에서는 계획대비 사업추진도, 관련기관과의 협조, 외부 인력의 활용, 추진방식의 적절성, 예산관리의 투명성, 예산관리의 효율성을 세부평가지표로 설정했다. 마지막으로 사업성과 부문에서는 사업계획 달성도, 사업성과의 수준과 범위, 자체평가의 수준, 파트너십 구축 정도를 세부 평가지표로 설정했다.

기존 점검표 수준의 평가에 비하면 체계적인 평가모형이 제안된 것으로 보인다. 더구나 동 모형은 서울시의 재정지원을 받는 120여개 비영리민간단체의 사업을 대상으로 사례 연구한 결과 도출된 것이기 때문에 더욱 의의가 크다. 단체역량도 우수하고, 운용과정도 합리적이고 투명해야 하며, 사업 결과도 우수해야 좋은 평가를 받을 수 있는 구조이다. 그러나 동 평가체계에서 단체역량이 우수하지 못한 경우, 어떤 과정을 거쳐서 우수하게 될 것인지에 대한 해답은 제시하지 못하고 있다. 말하자면, 좋은 평가를 받기 위해서 단체역량을 강화해야 한다는 정도인데, 상세히 검토해보면 구조적으로 개선 불가능한 경우도 있을 수 있다. 예컨대, 사업의 규모 자체가 작아서 결과적으로 조직 규모가 작을 수밖에 없으며, 이는 예산과 인력의 소규모로 이어진다. 이 경우 특정 단체는 불가피하게 단체역량 부분에서 낮은 점수를 획득할 수밖에 없다. 물론 사업담당 책임자의 지정 등 상대적으로 손쉽게 개선할 수 있는 지표도 있지만 인력규모는 통제 불가 지표일수도 있다.

따라서 단체역량을 2개 부문으로 구분하여 지표화할 필요가 있다. 예컨대, 인력, 예산규모 등은 단체역량1에 속하고, 재정관리의 체계성, 담당자의 업무이해도 등은 단체역량2로 구분하는 것이다. 이 경우 단체역량1에서 높은 점수는 역으로 반영하는 방안을 검토할 필요가 있다. 왜냐하면 좋은 여건에서 더 나은 성과를 창출해야 할 것이기 때문이다. 이 점이 기존 모형과 중요한 차이이다. 둘째, 운용과정 역시 2개 부문으로 구분할 필요가 있다. 계획 대비 추진도, 관련기관과의 협조, 외부 인력의 활용을 운용과정1로 정하고, 추진방식의 적절성, 예산관리의 투명성, 예산관리의 효율성을 운용과정2로 구분하여 설정할 필요가 있다. 상기에 제시된 세부 평가지표가 공히 운용과정을 구성하는 지표임에는 분명하지만 가중치를 적용할 경우, 상대비교가 적절하지 못한 지표가 동일 부문에 속해 있기 때문이다. 적절성, 투명성, 효율성은 함께 비교해야 마땅하지만 외부인력의 활용 정도 등과 비교되는 것은 적절하지 않다. 셋째, 사업성과의 경우도 마찬가지로 사업성과1에 속해야 할 평가지표는 객관적 달성 지표로 구성하고 사업성과2에 속해야 할 지표는 주관적 지표인 자체평가의 수준, 파트너십 구축 수준 등으로 구성해야 할 것이다. 마찬가지로 가중치 산정 과정에서 발생할 오류를 줄이기 위함이다.

정리하면, 단체역량 부문을 구분하는 이유는 규모로부터 발생하는 오류를 줄이기 위해서이고, 운용과정 부문과 사업성과 부문을 구분하는 이유는 가중치 산정 과정의 합리성을 제고하기 위해서이다. 세부지표가 크게 달라지지는 않았지만 일단 지표 적용 방식에 있어서 큰 차이가 있으며, 과거에 비하여 규모가 큰 단체가 자동으로 좋은 평가를 받게 되는 확률이 줄어든다는 점에서 의의가 있다. 또한 세부 지표 간 상대적 중요도가 최종 평가결과에 중요한 영향을 미치는데, 새로운 조합에 의한 가중치 산정은 보다 합리적인 평가를 수행하게 되어 수용성을 더 제고할 것으로 보인다.

[표 3] 비영리민간단체 재정지원 사업 평가지표 (국민 운동 국고지원 사업형)

평가부문	평가지표	세부지표
단체역량1 단체역량2	1. 조직체계	1. 사업담당 책임자 지정여부 2. 적정한 인력의 조직정도 3. **인력규모**
	2. 재정관리체계	1. 재정관리의 체계성 2. 전체 예산 중 자주재원 비율 3. **예산규모**
	3. 상근직원의 업무 추진능력	1. 담당자의 업무 이해도와 책임부여 정도 2. 사업관련 제반 업무자료의 관리 수준 3. 상근직원 수
운용과정1 (추진 및 자원 활용능력)	4. 계획대비 사업 추진도	1. 사업계획서 대비 사업추진 정도 2. 사업추진 일정 및 방법변경의 타당성
	5. 관련기관과의 협조	1. 외부기관의 활용 노력 2. 유사사업 추진 민간단체와의 상호협조 정도
	6. 외부 인력의 활용	1. 자원봉사자 활용 정도 2. 전문가의 참여 및 활용 정도
운용과정2 (관리의 합리성)	7. 추진방식의 적절성	1. 사업추진방식의 목표와의 연계성 2. 사업대상 집단 확보의 적절성
	8. 예산관리의 투명성	1. 사업계획상의 매칭펀드 준수 정도 2. 집행예산의 근거확보 정도
	9. 예산관리의 효율성	1. 예산지출 내용의 합목적성 2. 예산사용 근거의 적절성

<table>
<tr><td rowspan="8">사업성과1
(성과)

사업성과2
(산출)</td><td>10. 사업계획 달성도</td><td colspan="2">1. 사업목표의 완성 정도
2. 지원 금액 대비 사업성과의 정도</td></tr>
<tr><td rowspan="4">11. 사업성과의 수준과 범위 (사업내용의 특성에 따라 구분 적용</td><td>서비스제공</td><td>1. 서비스제공의 충실성
2. 사회적 기여도</td></tr>
<tr><td>감시</td><td>1. 사업성과물 내용의 충실성
2. 사회적 기여도</td></tr>
<tr><td>여론 환기</td><td>1. 수혜집단의 참여도 및 반응도
2. 장기적 파급효과
3. 홍보노력 및 정도</td></tr>
<tr><td>제안</td><td>1. 성과물의 내용적 충실성
2. 성과물의 활용 가능성과 범위</td></tr>
<tr><td>12. 자체평가의 수준</td><td colspan="2">1. 자체평가의 근거와 내용의 타당성
2. 자체평가 결과의 활용방안 도출 수준</td></tr>
<tr><td>13. 파트너십 구축 수준</td><td colspan="2">1. 사업성과와의 연관 보완 정도
2. 관련기관 및 단체와의 파트너십 구축 수준</td></tr>
</table>

위의 [표 3]에 강조해서 표시된 항목들은 새롭게 추가되거나 평가부문을 별도로 구분한 것이다. 예를 들면 단체역량2라고 표시된 것은 단체의 규모를 의미하는 것으로서 큰 단체가 더 유리하다는 것을 전제로 최종 점수 도출 과정에서 (−)로 적용하여 평가의 공정성을 제고하려는 것이다. 운용과정 역시 2개 부문으로 구분한 것은 최종 점수가 도출되는 과정은 세부 지표 간, 평가항목 간, 평가부문 간 상대적 가중치가 적용될 것인데, 이 과정에서 산정의 합리성을 제고하기 위함이다. 운용과정1과 운용과정2를 별도의 그룹으로 구분하여 상대적 중요도를 산출하자는 것이다. 사업성과 역시 2개 부문으로 구분하였는데, 일단 산출지표를 강조해 표시하였다. 성과지표와 구분하여 상대적 중요도를 평가하는 것이 더 적절하며, 최

종적으로 사업성과1(성과지표)과 사업성과2(산출지표) 간의 상대적 중요도가 AHP를 활용하여 도출될 것이다.

기존 연구와 마찬가지로 본 연구도 AHP 기법을 활용하여 지표 간, 항목 간, 부문 간 가중치가 적용될 것이며, 부문 내 상대적 중요도 역시 새롭게 산정될 것이다. 기존 지표와 다른 점은 단체의 절대 규모를 충분히 고려하자는 것이며, 가중치 산정의 합리성을 제고하자는 것이다. 그러나 단체의 유형을 4개로 구분한 점은 여전히 검토의 대상이며, 향후 조정될 가능성도 있다. 본 연구의 사례로 검토된 국민운동 국고지원 사업의 경우 일단 협력형에 속하는 것으로 판단하여 홍보 및 노력 정도, 수혜집단 만족도, 장기적 파급효과를 세부지표로 설정하였는데, 이 부분에 대한 추후 논의 가능성은 여전히 남아 있다.

d) 지표개발 사례와 협력증진

본 연구는 국고지원 사업 사례를 통하여 정부와 시민사회의 협력증진 방안에 대하여 구체적인 논의를 진행하였다. 사례로 활용된 3개 국민 운동 국고지원 사업의 경우 대표적인 협력형으로 분류될 수 있다. 주로 정부지원금에 의하여 운영되고 있으며, 활동 역시 매우 활발하다. 다만, 이들의 활동 방향 등에 대한 평가 역시 수반되어야 하지만 본고에서는 일단 활동 관련 예산사용 내역, 단체역량 정도, 목표 대비 사업의 성과 등만을 중심으로 살펴볼 수 있는 방안을 제시하였다. 세부지표의 핵심 내용은 사업성과 정도이지만 전체적으로는 협력의 정도와 협력을 촉진할 수 있는지 여부와 관련된 내용들이다. 시민사회와의 협력의 역사가 짧지만 최근 정부와 시민사회 공히 많은 노력을 통하여 협력의 실효성 제고, 협력 촉진 방안 등에 대하여 고민하고 있는 것으로 여겨진다.

본고에서 소개된 지표개발 사례는 이미 연구된 내용을 소개하고 있는 수준에 그치고 있지만 지표개발 및 지표개선의 지속성 등을 통하여 시민사회와 정부와의 협력증진이 강화되고 있음을 알 수 있다. 지표에 내포되어 있는 협력촉진 요인들이 점진적으로 정부와 시민사회와의 협력의 수준과 질을 제고시킬 것으로 전망한다. 지표 구성 논리에 포함되어 있는 NPO의 역량을 강화시킬 수 있는 요소를 강조하고, 지표 간 가중치를 달리 적용하여 협력의 방향성을 제시하고, 핵심 역량과 관련된 사업성과를 강조하여 NPO의 존재 이유를 지속적으로 인지시키려 한다. 지표의 구축과 합의에 의한 지속적인 지표개선을 통하여 정부와 시민사회 간 협력을 증진시키고 있다는 것이다.

3) 해외사례

a) 영국

우선 개념과 관련하여 영국에서는 NGO라는 용어 대신 PVO이라는 용어가 더 일반적으로 활용되고 있는데, 이는 NPO가 더 자주 사용되고 있다는 의미로 해석될 수 있다. 주목할 만한 것은 영국에서 NGO는 진보정부 하에서 등장한 것이 아니라는 점이며, 오히려 보수정부의 등장과 함께 활성화되었다는 점이이다. 예컨대, 대처 정부 시절 적어도 사회복지 분야에서 정부의 역할이 제한되었는데, 이는 불가피하게 공익과 형평성을 훼손시킬 가능성을 증가시켰고 결국 자생적으로 소위 비영리민간단체(NPO 또는 NGO) 등이 등장하여 자원봉사 형태로 정부의 역할을 보충한 것으로 이해하면 된다. 영국에서의 정부와 NPO의 협력은 애당초 이와 같이 정부의 역할을 보충하는 형태로 나타났다.

1992년에 발간된 '개인과 공동체'라는 보고서에서 영국 보수정부는 시민사회의 역할을 촉구하였는데, 주요 골자는 자원봉사의 활성화, 기업의 지역사회에의 공헌 등을 유도하는 것이었다. 노동당의 경우 역시 NPO와 NGO의 역할을 강조하고 있는데, 같은 해 발간된 보고서, '노동과 자원영역 간의 다리 놓기(1992)'에서 보다 적극적으로 NGO, NPO와 정부의 파트너십의 정착을 주장하였다. 노동당이 보다 적극적으로 NGO와 정부의 협력관계를 강조하기는 했지만, 애당초 NGO의 역할에 대한 촉구 및 시발은 역설적이게도 보수당 정부가 주도하였다.

다시 말하면, 대처 집권 이후 소위 신보수주의 패러다임에 기반을 둔 작은 정부 기조에서 다양한 측면에서 정부의 역할이 줄었고, 그 공백을 NGO가 메우게 되었다는 것이다. 문제는 정부와 NPO, NGO가 적절히 협력관계를 모색해야 함에도 불구하고 정부와 NGO가 독립적으로 역할을 수행하면서 소위 공공 부문의 시장화 현상이 나타나게 되었다. 노동당 정부가 등장하면서 정부와

NGO의 협력관계가 설정되었는데, 이에 정부는 NGO와 NPO에 대한 재정지원의 확대를 추진하여 시민사회의 경쟁력을 강화시켰다.

그러나 영국의 NGO는 사실상 PVO의 특성, 즉 NPO의 특성을 지니고 있으며, 향후 한국사회가 벤치마킹해야 할 부분으로 판단된다. 참고로 영국 시민사회의 위상은 각종 지표를 통하여 알 수 있는데, GDP 대비 시민사회의 비중이 6.6% 이상이며, 시민사회 고용 비중 역시 6.2%로서 주요국 평균보다 각각 2~3% 높은 수준이다. 시민사회의 수입 구조를 살펴보면, 정부지원금이 47%, 회비 44%, 사적 기부금이 9% 정도로 집계된다. 이는 주요국에 비하여 정부지원 비율이 대략 7% 정도 높은 편이어서 영국의 NGO 또는 NPO를 정부주도 모델이라고 할 수 있다. 말하자면 영국의 시민사회 역시 우리와 역사는 다르지만 상대적으로 협력형으로 간주된다고 할 수 있다.

b) 프랑스

프랑스 역시 1982년, 1983년 지방분권 법률의 도입에 따른 중앙정부의 역할 축소에 따른 다양한 정부서비스 감소로 인하여 부족분을 보충하기 위한 도구로서 NGO와 NPO가 활용된 것으로 알려져 있다. 특히 지방분권은 지방정부로 하여금 다양하고 충분한 역할을 수행하도록 요구하고 있는데, 실상은 그렇지 못하다는 것이 일반적이다. 미테랑 정부로 대변되는 프랑스 역시 신자유주의 기조로부터 큰 영향을 받은 것으로 이해되며, 정부 역할의 축소가 곧 NPO

의 활성화를 촉구하는 것으로 연계된다.

프랑스는 전통적으로 중앙정부의 역할이 매우 강했으며, 비영리민간단체의 설립 등에 대해서도 매우 엄격한 관리가 중앙정부에 의하여 이루어졌다. 영국과 다른 점은 프랑스의 경우 지방분권이 진행됨에 따라 큰 책임을 떠안은 지방정부가 NPO와 협력관계를 구축하여 문제를 해결하려 시도했다는 것이다. 프랑스의 지방정부들은 열악한 재정과 인력 문제를 해결하기 위하여 NPO와 협력관계를 구축하고 마땅히 수행해야 할 공익실현의 문제에 협력적으로 대처하기 시작한 것으로 추정된다.

학자들은 이를 '상호공조' 모델이라고 명명하였으며, 향후 한국사회가 진지하게 고민해야 할 모델로 이해된다. 한국의 경우 역시 1991년 지방자치제도의 도입, 그리고 이후 2000년대에 접어들면서 사회복지 서비스 등 각종 지역문제 등이 증가하면서 지방정부는 NPO의 도움이 절실하게 되었다. 특히 지방정부와 NPO의 협력관계 모색은 유럽사회가 경험한 것처럼 시대적 요청으로 이해되는 측면이 있다. 물론 민주화 운동의 일환으로 한국사회에서의 NGO는 하나의 투쟁도구로서 특정 목적을 위하여 인위적으로 만들어진 측면이 여전히 강하지만, 향후 NPO로서의 역할을 수행해야 할 역사적 맥락을 인지해야 할 것으로 본다.

참고로 프랑스 시민사회의 규모를 살펴보면, GDP 대비 시민사회의 비중은 3.8%로서 주요국의 평균(4.6%)에 미치지 못하고 있으며, 시민사회의 고용 비중은 약 4.9%로서 주요국 평균 수준을 유지하고 있다. 그런데 자원봉사 인력을 포함하여 고용비중을 계산하면 평균

(6.9%)보다 높은 9.6%로서 프랑스 사회에서 자원봉사의 역할이 주목된다. 자원봉사의 역할이 중요하다는 것은 선진국의 공통점인데, 프랑스의 경우 상대적으로 더 중요함을 알 수 있다. 프랑스 NPO의 수입은 정부지원금이 대략 40% 정도이며, 회비 49%, 사적기부가 11% 정도로 집계된다. 그런데 자원봉사자를 고려할 경우 정부지원은 33%로 낮아지고 사적기부는 47%로 증가하는데, 이것 역시 자원봉사자의 역할이 매우 중요하다는 것을 의미한다. 굳이 분류하면 프랑스는 영국, 한국에 비하여 자율형 협력이 더 보편적임을 알 수 있다.

c) 미국

미국은 영국의 영향을 받아 오랫동안 자원봉사의 형태로 NGO가 발전되어 왔는데, 전술한 바와 같이 NPO로 이해하는 것이 적절하다. 1930년대에 이미 사회복지를 강조하던 시절 혼합경제의 중요성이 인식되었고, 결과적으로 정부와 비영리부문 간의 파트너십이 강조되었다. 특히 제3영역(The Third Sector)이라는 용어가 일상화되었는데, 이는 정부와 시장의 영향이 미치지 못한 곳에 대한 관심이 급속히 확산되고 증가했음을 의미한다. 특히 1960년대와 1970년대 '위대한 사회(The Great Society)' 건설이 사회적 관심으로 부상될 때 제3부문의 역할이 급격히 증가하였다.

미국에서의 제3부문은 교육, 건강, 예술, 종교, 보육, 청소년, 위기, 학대, 구조 등 다양한 분야를 포함하고 있으며, 정부를 보조한다는 측면에서 NPO의 역할이 매우 중요하였다. 참고로 미국의 NPO

수입은 정부보조가 30%정도이고, 회비 50%, 사적 기부는 약 20%를 차지하며, 정부지원은 사업별 지원과 공정경쟁을 원칙으로 한다. 미국의 경우 정부와 NPO 간 관계는 매우 다양한 형태를 갖고 있는데, 정부와 NPO가 경쟁하는 유형, 용역형, 협력형, 보충형 등이 그것이다. 이는 NPO의 역할에 따라 다르게 나타난다. 미국의 경우 역시 NGO는 자연발생적으로 등장한 것으로 보이며, 결과적으로 NPO로 명명되고 있는 현상은 매우 적실해 보인다. 프랑스와 유사해 보이지만 비교 대상 국가 중에서 가장 다양한 형태의 정부와 시민사회 간 협력 유형이 목격되고 있는 것으로 보아야 할 것이다. 정부 업무를 보완하는 수준을 넘어서 새로운 공공 업무를 탐색하고 경쟁하는 수준이라고 할 수 있다.

4) 정부와 시민사회의 협력관계 방향

서구 선진국가에서 정부와 NGO 간의 관계는 매우 자연스러운 것으로 이해된다. 정부와 시장이라는 기본틀에서 정부의 역할을 보충해 줄 기제로서의 NPO의 자연스러운 등장은 약간의 차이는 있지만 정부와의 좋은 협력관계를 구축하는데 중요한 요소로 볼 수 있다. 그러나 민주화 운동의 일환으로 권위주의 정부에 대한 저항과 도전으로부터 시작하여 등장한 개발도상국의 NGO는 정부로부터 도전받고, 정부 역시 신뢰를 잃는 등 양자 간의 건전한 협력관계의 모색이 쉽지 않았다. 결국 NGO는 용어에서 나타나듯이 정부를 견제하고 감시하는 역할에 충실하고 있다는 점에서 본질적 한계를 안고 있다. NGO라는 용어가 일반적으로 활용되고 있는 국가에서 NGO 지도자들이 정치체제에 쉽게 충원되고 있는 현실도 이를 대변해 주는 것이다.

선진국의 경우 정부와 NGO 간 분업의 원리가 작동되고 있는 것으로 보이는데, 양자 공히 공익을 달성하기 위한 자생적 조직으로서 운영되고 있는 것으로 이해될 정도로 특별한 정치적 목적이 배제되기 때문에 NPO와 정부의 협력으로 이해하는 것이 합리적이다. 예컨대, 작은 정부를 주창하는 보수정권이 집권할 시기에 NPO, NGO가 더욱 활성화된 것도 이러한 연유에서이다. 후진국에서는 정부의 적극적 역할이 기대되는 진보정권이 집권할 시기에 NGO가 활성화되는 경험을 갖고 있는데, 한국의 경우도 예외는 아니다. 예컨대, 노무현 정부시기에 NGO에 대한 관심이 증대된 경험이 있는 것은 이를 대변한다.

향후 정부와 NPO의 바람직한 협력관계를 설정하는데 있어서 가장 중요한 것은 NPO 역할에 대한 인식의 변화일 것이다. 양자 공히 공익(public interest)을 실현한다는 공통의 목적을 공유하고 있기 때문에 협력관계(partnership)의 구축 자체는 당연한 것이지만, 방향에 있어서 대등하고 공정한 관계를 설정하는 것이 중요하다. 주요 국가의 경험에서 살펴보았듯이 NPO의 재정자립도 등도 중요하지만 정부지원 역시 매우 중요한 요소이며, 무엇보다도 NGO, NPO의 탈정치적 행보는 더 중요하다.

특히 활동유형별, 업무영역별 정부와 NPO 간 협력양상도 다양해져야 할 것이다. 예컨대, 앞서 소개된 정부와 시민사회 간 4가지 협력 유형 이외에 정부와 NPO의 공동 영역에서 선진국에서 활용되고 있는 협력형, 협조형, 경쟁형, 경합형, 대체형, 하청형 등 다양한 방식으로 파트너십을 활용할 경우 보다 효과적인 공익실현을 기대할 수 있을 것이다. 재원조달 측면과 서비스 공급 측면을 구분하여 정부의 지원이 강조되어야 할 경우, NPO의 역할이 강조되어야 할 경우, 협력해야 할 경우 등으로 구분되어 유연하고 다양한 파트너십을 활용한다면 선진국과 같은 효과를 기대할 수 있을 것으로 전망된다.

결국 NGO, NPO의 등장 논리가 국가별로 다르고, 특별히 선진국과 개발도상국에서 다르게 나타난 이유를 정치적 측면에서 이해한다면 NGO, NPO를 보다 넓은 개념으로 받아들일 필요가 있으며, 이는 정치성을 지양하고 정책성을 지향하는 다양한 형태의 공익실현 도구로서의 정부, NGO, NPO, PVO, CSO 등에 대한 수평적 사고를 증진시킬 것이다.

4. 거버넌스와 공공성

윌슨(E. Wilson)은 『지구의 정복자(*The Social Conquest of Earth*)』에서 인류가 지구에서 가장 경쟁력 있는 존재로 남아 있는 이유를 진화론적 관점에서 파악하였는데, 개인의 이기심과 집단의 이타심이 절묘하게 조화를 이루었다는 것이었다. 윌슨은 개인 간 경쟁에서는 이기심이 높을수록 경쟁력이 있지만 조직 간 경쟁에서는 구성원의 이타심이 높을수록 경쟁력이 있다고 주장한다.[26] 국가 공동체의 경쟁력은 구성원의 이타심을 요구한다는 의미이다. 어떤 의미에서 구성원의 이타심이 가장 효과적으로 발휘되는 것을 굿거버넌스(good governance)라고 할 수 있다. 거버넌스는 함께 통치하는 것을 의미한다. 국가 공동체를 구성하는 한에 있어서는 공공의 영역이 존재하며, 공공의 영역은 공공성(publicness)을 핵심 가치로 삼는다. 구성원의 이타심이 절실히 요구되는 공공의 영역에서 거버넌스는 공공성을 극대화시킬 것이며 이는 결국 국가 공동체의 경쟁력을 강화시킬 것이다. 구성원의 행복이 극대화된다는 의미이다.

정부는 법적 권한과 책임을 부여받은 공식적인 도구로서 공익 구현을 임무로 부여받아 역할을 수행하고 있다. 그러나 정부의 역할이 미치지 못하거나, 정부의 경쟁력이 경우에 따라서는 미흡할 수도 있다. NPO는 일차적으로는 정부의 역할이 미치지 못하는 영역에서 정부 역할을 대행한다. 그러나 경우에 따라서는 정부와의 경쟁과 협력을 통하여 정부를 대체하기도 한다. 법적 권한을 부여받은 정부만이 공익 구현을 위하여 노력할 필요는 없다. 공익구현은 국가 공동체 구성원 모두에게 부여된 암묵적 의무이자 책임이다. 보다 많은 구성원이 참여할 때 공동체의 경쟁력이 증진될 수 있다. NPO는 개인으로서 구성원이 공익 구현을 위하여 참여할 수 있는 효과적인

26 E. Wilson, *The Social Conquest of Earth*(New York: Liveright Publishing Corporation, 2010).

도구이다.

정부와 시민사회, 즉 NPO가 효과적으로 협력할 수 있다면 공동체의 경쟁력을 증진시키는데 최상의 방안이 될 수 있다. 왜냐하면 국가구성원의 이타심이 극대화될 수 있는 여건이 조성되기 때문이다. 정부와 NPO가 협력해야 하는 이유, 협력하는 방식에 대한 논의를 시작으로 하여 정부와 NPO가 어떤 방식으로 협력하는지에 대한 국내외 사례를 살펴보았다. 한국의 경우 2000년 비영리민간단체지원법을 마련하여 다양한 분야에서 국가 및 지방자치단체가 NPO와 협력하는 모습을 보여왔다. 체계적인 평가와 모니터링을 통하여 협력의 실효성을 제고하려는 노력 또한 확인되었다. 선진국의 경우 역시 정부의 역할을 대행하는 또 하나의 정부로서의 역할을 NPO가 수행해온 것으로 검토되었다. 특정인 또는 특정 기관이 통치하는 시대는 종식되었다. 구성원 모두가 통치하는 시대를 맞이하고 있으며, 어느 공동체가 보다 효과적으로 구성원의 역량을 극대화시킬 것인가가 우리 시대의 과제일 것이다. 개인, 시민사회, 정부 등이 보다 잘 협력(collaboration)할 수 있는 시스템의 구축은 구체적 과제이다. 이해관계자 간 갈등의 조정과 협력, 주어진 자원으로 보다 효과적인 업무처리 등은 더 구체적인 실천과제이다. 시민사회와 정부 간 협력은 가장 중요한 거버넌스다. 국민 개개인의 권리와 책임, 자유와 평등, 그리고 행복이 가장 효과적으로 보장될 수 있는 공공성의 확대는 좋은 거버넌스의 구축에 의하여 가능할 것이다. 로크(J. Locke)가 언급한 시민정부 구성은 더 자유롭고 행복해지기 위한 지혜인 셈이다.[27]

개인 간 경쟁에서의 승리에만 관심을 갖는다면 종국에는 큰 패배라는 결과를 초래하게 될 것이다. 왜냐하면 인간은 공동체 생활을 하는 존재이기 때문이다. 개인 간 경쟁보다 더 중요한 것은 공동체 간 경쟁일지도 모른다. 공동체 생활을 영위하는 인간에게 있어서 공공성은 행복 증진에 필수적이기 때문이다. 안전한 사회, 건전한 사회, 풍족한 사회는 개인 차원에서 달성될 수 없는 가치이다. 이는 정부와 시민사회 간 협력이 왜 절실한지, 그리고 공공성의 가치가 왜 소중한지에 관한 이유일 것이다.

27 Mark Goldie, "Introduction," *The Reception of Locke's Politics* Vol. 6(London: Pickering & Chatto, 1999).

참고문헌

김광웅. 2000. "NGO와 정부의 정책파트너십." 한국행정학회 기획세미나 발표논문집.

김수현 외. 2000. 『서울시와 NGO의 파트너십 구축을 위한 사례연구』. 서울시정개발연구원.

김시영 외. 2004. "지방정부와 NPO 간 협력관계 결정요인에 관한 연구." 『한국지방자치학회보』 16-1.

김태영. 2002. "정부-NGO 간 파트너십의 정치경제학." 『정부학연구』 제8권 제1호.

박상필. 2006. 『NGO와 현대사회』. 서울: 아르케.

보건복지부. 2013. 『비영리민간단체 등록현황』.

부패방지위원회. 2005. 『부패방지를 위한 지역단위 민관협력모델 개발』.

서울시. 2013. 『비영리민간단체 등록현황』.

안전행정부. 『비영리민간단체 등록현황』.

________. 『비영리민간단체 지원백서』.

________. 2013. 『2013년 비영리민간단체 공익활동 지원 사업 집행지침』.

임승빈. 2000. "한일 지방정부 정책과정에서 NGO와 파트너십 관계." 한국행정학회 기획세미나 발표논문집.

이관률 외. 2012. "비영리민간단체의 협력네트워크 구조분석-충청남도 사례." 『한국지방자치학회보』 24-4.

최창수·김태영. 2005. "비영리민간단체 지원 사업 평가모형의 구축과 적용." 『한국행정연구』 14-1.

한국NPO공동회의. 2010. 『2010 정부의 비영리민간단체지원백서』.

한국지방행정연구원. 2008. 『시군구 유형별 민관협력체계 실태 및 발전모형에 관한 연구』

한국법제연구원. 2011. 『민관협력 활성화를 위한 법제개선 연구』.

Clarke, J. 1998. "NGOs and Politics in the Developing World." *Political Studies* 16.

Kooiman, J. 1993. ed. *Modern Governance : New Government–Society Interactions.* London : Sage Publication.

Locke, John and Mark Goldie. 1993. *Two Treatise of Government.* Tuttle Publishing.

Musgrave, R. A. 1959. *The Theory of Public Finance : A Study in Public Economy.* New York : McGraw-Hill.

Oates, Wallace. 1972. *Fiscal Federalism.* New York : Harcourt Brace Jovanovich.

Okun, Arthur M. 1975. *Equality and Efficiency : The Big Tradeoff.* Washington D. C. : The Brookings Institution.

Rhodes, R. A. W. 1997. *Understanding Governance.* New York : Open University Press.

Salamon, Lester M. and H. K. Anheier. 1996. eds. *The Emerging Nonprofit Sector : An Overview.* Baltimore : Johns Hopkins University Press.

Savas, E. S. 1987. *Privatization : The Key to Better Government.* New Jersey : Chantham House Publishers.

Tiebout, C. 1956. "A Pure Theory of Local Expenditure." *Journal of Political Economy.*

Wilson, Edward. O. 2010. *The Social Conquest of Earth.* New York : Liveright Publishing Corporation.

3장 시민사회와 기업의 파트너십[1]

김운호

1. 기업과 시민사회의 관계

우리 사회는 다양한 성격을 가지는 시민으로 구성되어 있다. 시민이란 단순하게 생각할 때 '민주주의 정체 하에서 체제의 실질적인 주권을 소유한 구성원 개개인'을 지칭한다고 볼 수 있다.[2] 이들

1 이 글은 필자가 경희대 NGO대학원의 'NGO로의 초대'라는 과목의 강의안과 2013년 한국비영리학회 추계심포지엄에서 발표했던 "기업과 NGO/NPO의 파트너십을 위한 커뮤니케이션과 신뢰구축"이라는 제목의 논문 내용을 바탕으로 하고 있음을 밝힌다.

2 백종국, 『민주 시민의 교양』(서울: 예영 커뮤니케이션, 2009).

은 민주사회의 구성원으로 스스로 판단하고 행동을 선택하거나 결정하며, 나아가 그 결과에 책임질 수 있는 성숙한 각 개인을 의미한다. 우리 시민사회[3]의 조직화된 행동주체는 다양하지만 그 대표적인 예가 NGO/NPO[4]라 할 수 있다. 그러므로 당연히 이들 단체에게도 민주성, 행동 과정에 대한 자기 선택, 그리고 그 결과에 대한 책임성으로부터 자유로울 수 없다.[5]

더욱이 거버넌스 과정에 참여하고 있으며, 사회문제가 있는 곳에 NGO가 존재할 정도로 NGO의 영향력이 증대된 오늘날에는 더욱 그러하다고 하겠다.[6] 시민사회의 실체로서 NPO도 기업과 비슷하게 다양한 이해관계자들(stakeholders)과 관계를 맺고 있는 복합적 조직이며, 그 활동분야와 범위, 행동방식과 역할, 규모 등에 따라 매우 상이한 성격을 지니고 있다.

---

3 이 글에서 시민사회라 함은 개별 시민들로 구성되어 있는 영역, 시민사회영역을 의미하며, 주요 행위자인 비정부단체(NGO), 비영리단체(NPO)가 활동하는 영역을 포괄적으로 의미한다. 그리고 이를 나타내는 용어로 비영리영역(섹터), 시민사회영역(섹터)을 구분하지 않지만 단체를 언급할 때에는 성격에 따라 NGO와 NPO를 혼용하고 있음을 밝힌다.

4 비정부단체(NGO : Non-governmental Organization)/비영리단체(NPO : Non-profit Organization)의 개념에 대해서는 여기서 별도로 다루지 않기로 한다.

5 기업에 대한 불만, 사회적 책임이 요구되는 것과 같은 이치에서 그 행동에 대한 과정과 절차에 대한 민주성과 투명성, 재정운용에 대한 보고 및 설명 책임(accountability)이 사회적으로 요구되고 있다. 그러나 2010년 제정된 ISO26000은 모든 종류의 조직에게 사회적 책임 기준을 제시하고 있다.

6 주성수 편, 『새천년 한국 시민사회의 비전』(서울: 한양대학교 제3섹터연구소, 1999).

시민사회의 주요행위자인 이들 비영리단체는 도대체 무엇을 위해 활동하며, 궁극적으로 지향하는 세계는 무엇일까? 정부영역이나 시장영역이 지향하는 세상과는 어떠한 관계에 있는 것일까를 생각해 볼 필요가 있다. 이들 3개 영역이 추구하는 세상이 본질적으로 얼마나 상이하고, 또 어느 정도 유사성을 가지고 있는가는 매우 관심을 끄는 주제가 된다. 기업에게 있어서는 이윤 추구가 기본적인 존재 이유요, 모든 의사결정의 기준이 된다. 그렇다고 해도 기업이 생산한 재화와 서비스를 구입해 사용하는 소비자, 즉 좋은 품질의 제품을 낮은 가격으로 구입하기를 원하는 시민의 욕구와 기대, 그들이 처해 있는 상황적 요인을 무시하고 활동할 수는 없다. 이런 점에서 기업과 시민은 이해가 서로 상반되는 점이 있기는 하지만 다른 한편으로는 협력해야 할 당위성도 존재한다.

기업의 활동에 직간접적인 영향을 받게 되는 다양한 이해관계자들도 본질적으로 기업과의 관계성만을 가지고 있는 것은 아니다. 이들은 명확하게 구분된 영역에 별개로 존재하며 활동하는 독립적 개체가 아니다. 오히려 개별적 시민이라 하더라도 그들은 각 영역과 관련하여 다양하고 복합적 성격을 가지고 있다. 즉, 시민이라도 개념상으로만 존재하거나 구분 가능한 3개 영역과 관련하여 동시에 서로 다른 중복적 정체성(identity)을 가지고 활동하고 있다.

이를 구체적으로 살펴보면 오늘 사회에서 시민은 정부 입장에서 볼 때는 납세자요, 공공서비스의 수혜자일 뿐만 아니라 권리와 의무의 주체이며, 정치적으로 볼 때에는 선거권을 행사하는 유권자이다. 또한 기업 입장에서 볼 때 이들은 기업이 함께 해야 할 근로자인 동시에 투자자요, 그들이 바로 제품과 서비스를 사용하는 소비자이며 지역사회 주민을 포함한 다양한 이해관계자가 된다. 그들은 동시에 시민단체에게는 자원봉사자, 회원, 기부자나 후원자, 나아가 서비스 수혜자 등의 성격을 지니게 된다.

이를 그림으로 표현하면 다음과 같다.

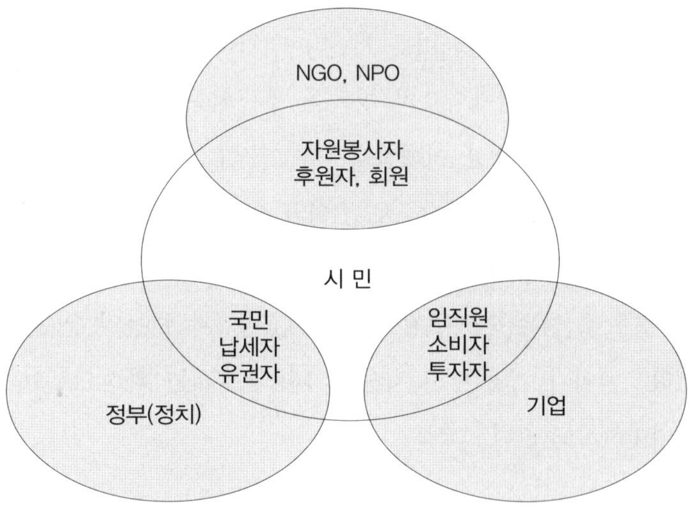

현대사회에서 시민의 정체성은 자기의 직업이나 활동 분야에 국한되는 것이 아니다. 우리의 삶의 과정과 역할에 따라 그때그때 상이하게 규정된다. 이렇게 볼 때 정부, 시장, 시민사회의 3개 영역의 존재 의미와 활동 방식에는 차이가 있겠지만 모두 동일한 시민을 대상으로 한다는 점에서 밀접하게 연계되어 있고, 나아가 그들이 지향하는 세상에도 공통적인 요소가 있으며, 함께 추구해야 할 가치가 존재할 수 있음도 분명하게 알 수 있다. 이런 의미에서 오늘날 민관협력(PPP: public private partnership)에도 많은 관심과 노력이 이뤄지고 있는 것이 사실이다.

먼저 기업과 시민사회의 관계에 대해 좀 더 알아보고자 한다. 현대인이라면 누구나 다 직간접적으로 기업과 연관을 맺고 있다.[7] 그러나 기업을 무엇으로, 어떻게 이해하고 있는가는 앞으로의 논의의 출발을 위해 중요한 의미를 지닌다. 기업이란 본질적으로 재화와 서비스를 생산, 판매함으로써 이윤을 추구하는 영리조직(for-profit organization)이다. 다양한 이해관계자를 가지고 있는 제도화된 조직이며 국가와 사회의 하위제도로 권리와 의무의 주체인 법인(法人, legal person)이다. 소유와 경영의 문제나 경영활동의 책임 소재를 명확히 할 경우, 기업은 인적주체로서의 최고경영자와 동일시되는 경우도 있다.[8] 나아가 기업은 그 활동분야와 운영되는 과정으로서의 경영을 의미하기도 한다.[9]

---

7 현대인이 일상적으로 사용하는 모든 재화와 서비스는 거의 대부분 기업이라는 형태의 조직으로부터 유상으로 구입된 것이라 할 수 있다. 이 점에서 모든 사람은 기업과 밀접한 관련성을 가지고 있다고 말할 수 있다.

8 일반인들이 기업이라 할 때 시장영역의 활동 주체나 산업별, 기업규모별, 때로는 지역별로 구분하기도 하며, 그룹, 개별 기업, 나아가 사업부나 각 단위부서, 혹은 기업의 구성원인 개인에 이르기까지 다양한 차원에서 이해하며 복합적 시각을 가지고 있는 경향이 있다.

9 기업의 활동을 수평적 차원과 수직적 차원으로 나누어 볼 때, 수평적 차원에서는 생산, 마케팅, 인사, 재무, 회계 등으로 분야로 구분되며, 수직적 차원에서

근대 이후 기업 활동이 활성화되면서 그 영향력이 비약적으로 증대되었다. 세계적으로 100대 다국적기업이 전 세계 해외자본의 20%를 좌우하고 있으며, 세계에서 규모가 가장 큰 100대 경제주체 가운데 51개가 대기업이고, 나머지 49개가 국가라는 사실에서 기업의 영향력이 이미 국가를 넘어서고 있다고 볼 수도 있다.[10] 이전의 정치 중심의 사회체제로부터 경제가 정치와 사회, 문화에 심대한 영향을 주는 사회로 변화하게 되었다.[11] 교환의 제도화로 탄생된 기업은 단순히 일정한 지역사회 내에 국한해서 활동하며 이윤을 추구하는 활동체라는 전통적 인식과 그에 따른 제한된 사회적 영향력을 넘어, 오늘날에는 공동으로 국가를 운영할 뿐만 아니라 세계적인 사안에 대해서도 영향을 미칠 수 있는 거버넌스의 주체로 역할을 수행해오고 있다.

이윤 추구가 목적인 기업은 다른 어떤 조직보다 사회의 필요와 인간의 욕구를 적극적으로 파악하여 이를 제품과 서비스로 변환시켜 판매함으로써 소비자의 욕구를 충족시켜가는 매우 역동적인 존재이다. 기업은 일반적으로 국가운영에 소요되는 재정을 담보하는 중요한 세원(tax resource)이 되고 있으며, 국가의 부와 경쟁력 창출의 주체만이 아니라 고용의 주체로서 국가와 사회 안정과 발전에도 기

는 계획, 실행, 평가(통제)라는 과정으로 구분해 설명되기도 한다.

10 노리나 허츠, 조영희 옮김, 『소리 없는 정복』(파주: 푸른숲, 2003).

11 이를 일부 학자들은 공공영역 중심의 사회에 시장영역의 급격한 확대라는 측면에서 경제돌출사회로 표현하기도 한다. 島田 恒, 1999. 참조.

여하고 있다. 이러한 고용의 결과는 일반 가계의 가장 주된 소득원이 되고 있음은 물론이다.[12]

반면 기업의 활동 과정에서 파생되는 문제와 결과는 그대로 시민에게 직간접적으로 영향을 미치고 있다. 기업의 활동은 약육강식이라는 정글의 법칙(law of jungle)이 지배하는 시장에서 생존과 발전을 위해 치열한 경쟁을 하고 있으며 그 밑바탕에는 효율성(efficiency)의 원리가 적용되고 있다.[13] 이런 점에서 지속적인 생존과 발전을 추구하는 기업(계속기업: going concern)은 우리 사회에서 효율성을 가장 중시하는 운영체라 할 수 있다.[14]

또한 기업은 다양한 내외적 환경에 영향을 받을 수밖에 없는 존재이다.[15] 경제/기술적 환경, 정치/법률적 환경, 사회/문화적 환경,

---

12 기업이 망해 도산하게 될 때 발생되는 문제는 단순한 경제적 성과의 부재만이 아니라 사회적 파장을 수반하게 된다. 우선 실업문제가 발생할 뿐만 아니라 가계소득의 감소는 가정의 불안정과 사회의 불안정을 초래할 수 있다. 부실채권으로 금융권의 불안정, 협력 및 하도급 업체에 연쇄적인 악영향을 미치게 됨은 우리 사회가 이미 다양한 경험을 하고 있는 사실이다.

13 기업은 치열한 경쟁에서 살아남기 위해 이윤추구에 집중함으로써 시장에서 불공정 경쟁과 거래를 비롯해 근로자들에 대한 부당대우 등 다양한 문제를 노정해 왔으며, 이를 통해 건전한 시장 질서를 파괴해왔다고 비판을 받아왔다.

14 그러므로 NGO들이 조직운영의 효율성을 기하기 위해서는 기업의 경영기법에 대해 관심을 가질 필요가 있다고 하겠다. 이 점에서 양자간 인적교류를 위한 협력의 필요성을 제기할 수도 있을 것이다. 물론 효율성만이 기업을 판단하는 중요한 기준은 아니다.

15 기업의 환경과 대내외 이해관계자에 대해서는 이미 잘 알려져 있는 사항이므로 여기에서 자세한 논의는 생략한다.

자연/생태적 환경은 기업으로서는 통제 불가능한 일반 환경으로 기업의 활동을 제한하거나 규정짓는 여건이 된다. 이에 반해 과업환경을 구성하는 주주, 노동조합, 소비자, 협력기업, 지역사회, 금융기관, 미디어, 정부 등 이해관계자들은 기업과 특수한 상황에서 서로 영향을 주고받는 상대적인 관계를 가지게 된다. 재화와 서비스를 기획하고 생산하여 판매하는 과정에서 기업은 주어진 환경의 제약 내에서 과업환경과 내부환경의 모든 요인들을 면밀하게 조사하고 분석함으로써 활동방향과 전략을 수립해 나가야 하는 동태적 존재가 된다.

오늘날 기업에 대한 사회의 인식은 부정적 측면과 긍정적 측면이 공존하고 있다. 긍정적 측면은 소비자가 필요로 하는 재화와 서비스를 제품화하여 제공함으로써 삶을 편리하고 풍요하게 하는데 기여했다는 점이다. 그러나 기업의 영향력 증대에 따른 사회적 책임 문제, 이해관계자들과의 관계 수립 및 문제 해결 방식과 과정, 자원 소모와 변형을 통한 환경오염 및 기업의 지배구조, 회계의 투명성, 건전한 시장질서의 왜곡을 비롯한 다양한 문제들은 후자에 속한다고 하겠다.[16] 그러므로 기업에 대한 시민의 기대 변화는 기업이 앞으

16 그동안 정부주도의 급격한 산업화 과정에서 정부나 정치권과의 결탁, 탈세와 회계 등 기업의 부정과 부패, 독단적이고 가부장적인 경영관습, 노동착취, 환경오염 등 부정적인 측면이 언론에 주로 부각되었기 때문에 시민의 기업에 대한 부정적 인식에 크게 영향을 미쳤다고 생각된다. 이러한 측면에서 최근 활발하게 논의되거나 진행되고 있는 기업의 사회적 책임활동이나 기업의 사회공헌활동을 위한 변화 역시 소비자나 시민의 입장에서 볼 때에는 이윤을 추구하기 위한 기업의 경영활동의 일부로 인식될 가능성이 있다. 이러한 측면에서 기업에 대한 부정적 인식을 일소하기는 어려워 보인다.

로 취해야 할 행동방향을 예측할 수 있는 지표가 될 수 있다.

따라서 기업 차원에서 이러한 사회적, 윤리적 문제의 본질을 파악하여 합리적이고 윤리적으로 대응해 나가야 한다. 단순히 발생되는 문제를 수동적 입장에서 파악하고, 그 해결을 위한 대안 모색이라는 경영적 의사결정의 틀에 국한시켜서는 안 될 것이다. 기업의 활동과정과 결과가 사회에 지대한 영향을 주고 있다는 사실을 보다 근본적으로 심각하게 인식하고, 발생되거나 발생될 문제를 자발적으로 파악하고 대처해야 한다. 즉, 전략적 차원에서 보다 적극적으로 대처해 나가야 한다. 소극적인 법 준수를 넘어 윤리적 차원에서 접근할 것을 요구하고 있고 이미 우리나라 많은 기업들이 그렇게 인식하고 있다.[17] 이러한 기업의 적극적 대응이야말로 기업의 이해관계자인 시민들의 기대에 부응하는 행위가 될 것이고, 결과적으로 기업의 이미지 제고에도 기여하게 된다. 나아가 계속기업으로 성장 발전해 가는 기반으로 작용하게 될 것이기 때문이다.

기업의 이해관계자라는 의미는 기업의 활동에 따라 직, 간접적인 영향을 받거나 상호작용하는 개인이나 집단을 의미한다고 볼 수 있다.[18] 이들을 소유권을 기준으로 살펴볼 때 경영자, 대주주 및 일반주주로 구분될 수 있다. 그러나 권리라는 측면에서는 근로자와 노동조합, 소비자, 채권자 및 협력업체가 이에 속한다. 이와는 다른 측면이지만 일반적인 이해관계라는 차원에서는 정부, 금융기관, 경쟁기

17 전국경제인연합회, 『기업·기업재단 사회공헌백서』(2002, 2003).

18 신유근, 『사회중시경영: 기업과 사회』(서울: 경문사, 2001).

업, 언론, 지역사회, 특수이해집단 등으로 나누어 볼 수 있다.

기업은 이윤 확보라는 조건을 위해서 성장성이 중요하게 되나 권리관계로 맺어진 경우에는 공정성(equity)을 바탕으로 행위가 이뤄져야 한다. 그 외의 이해관계의 경우에는 협동성을 중시해야 할 것으로 보여진다.[19] 어떠한 경우에도 그 바탕을 이루는 기준은 기업의 민주성과 투명성, 그리고 인간중심적 운영이 전제되어야 함은 물론이다.

이에 반해 시민들로 구성되는 NPO는 단체의 비전과 사명을 중심으로 공익 문제나 이슈를 찾아내고 그 해결책을 모색함으로써 보다 나은 세상을 구현하기 위해 노력한다. 그들의 활동분야와 방식, 범위가 매우 다양하므로 그들이 추구하는 사회를 한마디로 정의하기는 쉽지 않다. NPO는 시민들의 개별적 혹은 집단적인 선한 의지(goodwill)를 모아 오늘보다 더 나은 세상(a better world)을 구현하고자 한다. 일반적으로 시민의 개별적 힘은 약하나 그들의 의지가 모여 집단화나 제도화될 때 그 힘은 강해진다. 나아가 그것이 보편적 가치를 지닐 때 더욱 큰 영향력을 발휘하며 우리 사회에 변화를 이끌어가는 추동력으로서 작용하기도 한다.[20]

시민사회가 추구하는 세상을 간단하게 규정하기는 어렵지만

---

19 신유근, 『사회중시경영: 기업과 사회』.

20 실제로 토지공개념, 금융실명제, 동강댐 반대 운동, 총선시민연대 활동 등의 예를 들지 않더라도 1990년대 이래 수많은 NGO 활동들을 통해 시민의 힘이 얼마나 클 수 있는지에 대해 경험한 바 있다.

적어도 당위적으로 추구해야 할 몇 가지 기준을 기업과 관련해서 살펴보자.[21]

첫째, 민주주의를 수호한다. NGO/NPO의 존재기반은 민주주의라고 말할 수 있다.[22] 실제로 비정부단체인 NGO가 공조직 이외의 단체나 사유제산제를 인정하지 않는 공산주의나 사회주의 하에서는 존재할 수 없다. NGO는 다양성과 다원성이 인정되고, 이를 바탕으로 다양한 가치가 공존할 수 있는 민주주의 토양에서만 탄생될 수 있고 잘 자랄 수 있다. 이러한 의미에서 NGO는 자신의 태생적 기반이 되는 민주적 정체성을 유지하고 발전시키는 방향에서 활동해야 할 것이고, 그 활동은 결과적으로 우리 사회의 모든 영역에서 보편적인 민주주의 원리의 구현에 기여하게 될 것이다.

둘째, 사회 각 분야의 성장과 경쟁력을 추구하도록 도와야 한다. 국가의 발전은 다양한 주체들의 거버넌스의 소산이라 할 수 있다. 실제로 국가의 발전은 작지만 강력한 정부, 재정이 튼튼한 정부, 효율적으로 움직이는 정부가 전제되어야 한다. 이는 국가의 주요 세원이 되는 기업 활동의 활성화와 이로 인한 경제발전 과정을 통해 이루어진다. 기업은 경쟁력 확보를 전제조건으로 지속적으로 성장하고 발전할 수 있다. 이 점을 NGO가 인정한다면 기업의 활동공간이

21 이 부분은 필자가 NGO 관련 회의의 발표와 토론, NGO 지도자, 실무자들과의 대화를 통해 정리한 내용이다.

22 주성수, 『기업시민정신과 NPO』(서울: 아르케, 2001); 박상필, 『NGO와 현대사회』(서울: 아르케, 2001).

되는 자유시장의 기능을 인정하되 그 안에서 발생되는 각종 문제들을 예방하거나 그 해결책을 함께 모색해야 할 것이다.

셋째, 자유시장주의를 보장하면서도 그 안에서 파생되는 각종 문제들을 민주적으로 해결하기 위한 기준과 원칙을 제시해야 한다. 특히 사회적 형평과 분배 문제에 대해 그렇다. 경쟁을 바탕으로 하는 자유민주주의 체제 하에서 발생할 수밖에 없는 사회적 약자나 낙오자들에 대하여 인권보장 차원에서, 시민사회의 일원으로 공동체적 삶을 영위할 수 있도록 해야 한다. 이러한 문제들은 복지 차원에서 접근될 수도 있겠지만 문제 해결을 위해 어떠한 이념적 가치가 적용되어야 하며, 어떤 기준과 절차를 바탕으로 실천해야 할 지에 대해 우리 사회에 적용 가능한 논리를 제시할 필요가 있다.

넷째, 시민사회의 지속가능발전(sustainable development) 추구이다. 이는 우리가 물려받은 문화적 유산만이 아니라 천연자원의 보존과 효율적 이용을 통해 미래세대도 인간다운 삶, 지속적인 발전이 가능하도록 해야 한다. 상황을 악화시키지 않으면서도 현 세대의 필요를 충족시킬 수 있는 삶의 방식을 추구해야 한다는 의미이다. 우리가 향유하는 현대문명과 유산은 모두 선조들의 노력과 땀의 결과이다. 인류가 살아가야 할 삶의 터전으로 하나밖에 없는 지구는 존속되어야 한다. 이를 보장할 수 있는 환경을 조성해 후손에게 물려주어야 한다는 의미에서 지속가능한 사회의 실현은 필수적이다. 자원의 무분별한 개발과 과소비를 억제하고, 지구의 수명을 연장시키기 위해 UN 및 각종 NGO들의 노력이 경주되고 있다.[23] 이를 위한 기준과 지침을 제시하고, 이들이 지속적으로 실천될 수 있도록 해야 한다. 특별히 풍요한 삶과 발전이라는 명목 하에 무분별하게 자원을 낭비하고 과소비를 조장하는 것으로 비쳐지는 기업 활동에 대해 현실적으로는 대립되는 입장을 취하고 있다. 그러나 이 부분에 대해 서로의 입장을 개진하고 소통의 과정을 통해 지속가능성을 담보하기 위한 양자 간의 이해와 협력이 요구된다.

다섯째, NGO들이 서로의 차이점과 다양성을 인정하고 활동해야 한다. 즉, NGO는 그 활동분야와 활동방식이 상이함에도 불구하고 공유할 수 있는 공동체적 가치를 추구해야 한다. 민주주의적 가치를 바탕으로 발생해서 발전되어 온 NGO들이 일정 이슈에 대해 모두 한 목소리를 내야만 한다고 주장하는 것은 본질적 태생 기반을 부정하는 행위라 생각된다. NGO들이 추구하는 다양한 가치가 서로 상충될 경우 상대를 비난하며 배척하기보다는 자신들이 주장하는 가치 우월성을 합리적으로 설명하고, 시민들을 설득함으로써 사회적 후원(social support)을 동원하기 위해 힘써야 한다. 그렇게 될 때 NGO들은 자신들의 비전과 존재 이유에 대해 시민들로부터 정당성을 인정받게 되는 것이다. 다양한 의견의 자유로운 표출과 이

23 1992년 리우환경회의에서 Agenda 21이 발표된 후 이와 관련한 국내외 시민단체의 노력이 지속되고 있으며, 2002년 요하네스버그에서 개최된 리우+10회의에서 이 부분의 진행성과를 점검했다. 또한 UN도 2000년에 새천년개발목표(Millenium Development Goals)를 발표하여 2015년까지 세계의 빈곤을 반으로 줄이기 위한 8가지 목표를 제시했으며, 기업의 사회책임 관련 글로벌 컴팩트(Global Caompact)를 발표하였다. 또한 지속가능한 개발을 위한 목표(Sustainable Development Goals)를 발표하고 2004년 UN NGO/DPI 총회의 주제가 된 바 있다.

에 대한 활발한 토론이 보장되지 못하는 사회는 그 자체로서 한계를 지닐 수밖에 없으며, 이는 또 다른 사회문제를 배태할 가능성을 내포하고 있기 때문이다.

NGO도 오늘날 국가, 기업, 시민사회가 국가경영에 대한 책임을 공유하는 거버넌스의 구조 속에서 정책에 참여하고 있다. 단순히 정책을 제안하는 것만이 아니라 결정 과정, 시행과 평가에 관여하고 있는 것이 현실이다. 이는 NGO가 전통적으로 담당해 왔던 다른 영역에 대한 감시와 비판만이 아니라 그들과 상호 의존적 관계가 구축됨으로써 협력을 통해 이해와 책임을 공유할 수 있는 자세가 필요하게 됨을 의미한다.

그러므로 타 영역에 대해 부분적으로 대립과 갈등 관계에 있지만 또 다른 측면에서는 협력 필요성이 절실하게 요청되는 것이다. 이러한 협력관계가 든든하게 구축되기 위해서는 각 영역이 서로에 대한 접촉과 교류를 증대하고 이해의 폭을 넓혀가는 과정이 필요하다.[24]

---

24 기업과 시민사회의 협력적 노력은 다양한 형태로 나타나고 있다. 일부는 기업의 사회적 책임 구현 차원에서 이루어지는 사회공헌활동을 통해서 볼 수 있다. 경희대 NGO대학원은 기업과 시민사회의 의사소통을 강화하기 위해 2007년 봄학기부터 투명사회실천협의회와 공동으로 교육프로그램을 개발해 세 차례 시행한 적이 있다.

2. 기업과 시민사회의 협력

오늘날 '정부는 공공재를 제공하고, 기업은 부를 창출하며, 비영리단체는 이타주의를 전달한다'는 전통적인 역할들이 근본적으로 재조정되고 있다.[25] 복잡한 구조로 이루어진 현대사회에서 발생되는 다양한 문제를 해결하기 위해 정부, 기업, 시민사회 영역의 역할에 대한 새로운 패러다임이 등장하게 되었고, 어느 한 영역의 힘만으로 이러한 문제들을 풀기 어려워지면서 섹터 간의 협력이라는 새로운 시스템을 필요로 하고 있다.[26] 사회의 구성원인 시민으로 구성된 비정부와 비영리단체인 NGO/NPO는 오늘날 단순히 권리와 의무의 주체로만 활동하는 것이 아니라 이미 국가와 사회를 정부와 함께 관리하고 운영해 가는 거버넌스(governance)의 중요한 요소로 등장했다.[27] 시민사회 영역의 대표적 행위자인 NGO도 이제는 공공자원을 권위적으로 정의하고, 그 배분, 관리 및 평가에 참여하는 것이 다양한 방식을 통해 제도적으로 구현되고 있다.[28] 이러한 사실은 이

---

25 S. Folster, "Report on a Dialogue on the New Economy and It's Impact on the Changing Roles, Changing Relationships among Business, Nonprofit Organizations, and Government," Washington D. C., Independent Sector(2000).

26 Kanji Tanimoto, "Changes in the Market Society and Corporate Social Responsibility," *Asian Business & Management* Vol. 3(2) (2004).

27 김석준 외, 『거버넌스의 이해』(서울: 대영문화사, 2002); 주성수, 『글로벌 거버넌스와 NGO』(서울: 아르케, 2001).

28 APPC, Conference Background Papers on Governance, *Organizational Effec-*

제 NGO가 거버넌스의 참여주체로서의 권리와 의무만이 아니라 그 결과에 대한 책임도 공유해야 한다는 점을 나타내주고 있다.

이러한 섹터 간 협력은 우리 시대의 키워드가 되었다고 보아야 할 것이다. 따라서 정부나 기업에 대한 감시와 견제, 비판과 같은 일반적으로 인정되어 온 NGO의 역할도 중요하지만 거버넌스 과정에 참여한다는 사실은 오늘보다 나은 내일을 위해 타 영역의 주체들과도 긴밀히 협력해야 할 당위성이 존재함을 의미한다. 자원과 기술 등을 바탕으로 정부와 기업, 정부와 NPO, 나아가 기업과 NPO 등 양자 간 혹은 세 섹터 간의 새로운 관계 형성은 세계적인 현상이 되고 있으며, 장기적으로는 섹터 간 상호이익을 산출하는 파트너십(partnership)으로 발전하고 있다.[29] 또한 성공적인 기업의 사회적 책임[30](Corporate Social Responsibility: CSR) 수행을 위해 이 주제를 경영의 핵심전략으로 인식하고 효율적 결과를 위한 타 영역과의 파트너십 구축과 리더십 등이 중요한 요소로 고려되고 있다(Aron Cramer, 2007). 근래에 들어 기업의 사회적 책임이라는 용어가 유행처럼 인구(人口)에 회자되고 있으며 그 중요성이 매우 강조되고 있다. 그러나 기업의 사회적 책임이란 신개념은 아니다. 법인격을 가진 조직인

tiveness and the Nonprofit Sector(2003).

29 Richard Steckel and Jack Boyson, *Creating Social Enterprises Through Strategic Alliances*(International Youth Foundation, 2003).

30 기업의 사회적 책임 개념과 활동에 대해서는 다양한 문헌과 논문이 있다. 여기에서는 일반적으로 인정되고 있는 내용을 중심으로 그 개념과 의미를 소개하는 것으로 한정하고자 한다.

기업이 사회체계 내에서 그 의무를 다하는 것이 당연하지만 기업의 사회적 영향력이 증대되면서 그에 따른 책임을 요구받게 되었고, 기업의 사회적 책임 완수는 성공적인 기업이 당연하게 져야 하는 것으로 인식되고 있다.

시민사회의 존재를 전제하지 않고는 시장영역의 정상적인 작동을 논할 수 없다. 시장이라는 개념적 공간에의 기업 활동은 시민사회라는 실체적 공간에서 이루어진다는 점에서 두 영역은 불가분의 관계에 있으며, 상호 영향을 주고받는 밀접한 관계에 놓여 있다. 기업과 시민사회는 이미 공동운명체의 성격마저 지니고 있다고 할 수 있다. 이런 관점에서 양 영역의 관심과 이해(interests)가 서로 충돌함으로 발생되는 상호 대립적 관계를 슬기롭게 극복하고 물리적 공존을 넘어 공영을 위한 협력의 당위성이 존재하게 된다.

기업에 대한 비판이 대두하게 된 배경은 다양하나 대규모 기업 출현으로 사회적 영향력이 증대된 측면, 공급과잉 시대가 되면서 치열한 경쟁 속에서 기업행동의 변화,[31] 무분별한 개발과 생산에 따른 환경문제의 발생, 이해관계자들의 다양한 요구의 수용 문제, 시장의 실패로 인한 정부 개입 및 시민단체 활성화 등을 들 수 있겠다.[32]

사회 전반에 걸쳐 진행되어 온 민주화와 경제성장에 따라 시

31 이윤을 추구하는 기업이 제품 생산원가 절감 노력, 제품의 가치를 높이기 위한 제품개발 및 품질향상, 판매 및 유통 과정에서의 과장허위 광고 등 각 분야와 과정에서 문제가 발생할 수 있다.

32 Archie B. Carroll and Ann K. Buchholtz, *Business & Society : Ethics and Stakeholder Management,* 5th ed.(Cincinnati : Thomson Learning, 2003).

민들의 욕구도 매우 다양하고 다층화 되었으며, 그 변화속도도 점점 빨라지고 있다. 재화와 서비스를 제공하는 기업 활동의 결과로 물질적으로 풍요로운 사회가 이루어졌고, 근로자의 소득증대는 일반 시민의 교육기회 확대의 계기가 됨으로써 시민들의 사회 환경에 대한 인식을 제고하는 기회를 제공하게 되었다. 또한 기업의 사회에 대한 영향력이 증대하면서 자연스럽게 그에 상응하는 책임이 요구되었다. 이 과정에는 사회공기(社會公器)로서의 매스컴의 기업 감시 및 비판적 보도 역할도 커졌다. 이를 통해 시민들의 기업에 대한 관심과 인식이 제고되었고, 단순한 시민으로서만이 아니라 기업과 직접적인 관계를 갖는 소비자로서, 또한 다양한 이해관계자로서의 자격의식(entitlement mentality)을 갖게 되고 나아가 권리 운동(rights movement)이 활성화된 것이다.[33]

결국 기업에 대한 다양한 사회적 기대는 증대되었으나 실제 현장에서는 이를 충족시킬만한 실천이 수반되지 못하면서 시민들의 피해의식도 증가하게 된 것이다. 이러한 과정에서 시민사회가 기업의 영향력 확대에 따른 권력남용, 비윤리적인 행위에 대한 비판이 높아지면서 규제할 필요성이 제기되었고, 공론화 과정을 거쳐 법과 제도가 만들어짐에 따라 정부의 개입이 초래되었다. 이러한 총체적인 결과로 기업은 기업의 의사와는 상관없이 외부로부터 사회적 책

---

33 Joseph Nolan, "Business Beware: Early Warning Signs for the Eighties," *Public Opinion*(April/May 1981); John Leo, "A Man's Got a Right to Rights," U.S. New & World Report 4(Aug 1997).

임 수행을 요구받는 입장에 놓이게 된 것이다.

기업의 사회적 책임 구현을 위해 시민사회가 할 수 있는 역할은 무엇일까? 기업의 사회적 책임은 그 개념 구성과 과정적 측면에서 매우 복합적인 내용을 담고 있다.[34] 기업의 사회적 책임이란 법인격을 가진 기업의 준법 활동을 넘어 선량한 시민으로서 기업에 요구되거나 기대되는 것이란 측면에서 보다 넓게는 기업시민정신(corporate citizenship)으로 인식되기도 한다.[35] 이 개념 속에는 기업의 운영의 민주성, 활동과정의 투명성, 결과에 대한 책임성과 이해관계자에 대한 인간중심성이 근간을 이루고 있다고 볼 수 있다.

기업의 사회적 책임을 개념적으로 구분할 때 경제적 책임, 법적 책임, 윤리적 책임과 자선적 책임으로 구분된다.[36]

경제적 책임(economic responsibility)은 기업이 이윤 획득을 위한 재화(goods)와 서비스를 생산하고 판매하는 활동 자체이며, 1차적 책임이자 역할이다. 즉, 기업의 가장 본질적 활동을 적절하게 수행함을 의미한다. 이는 가장 중요한 기업의 존재 이유이다. 물론 경제적 책임을 수행함에 있어서도 그 기준은 이윤 획득 가능성임은 말할

---

34 Archie B. Carroll, "A Three-Dimensional Conceptual Model of Corporate Social Performance," *Academy of Management Review* Vol. 4, No. 4 (1979); "The Pyramid of Corporate Social Responsibility: Toward the Model management of Organizational Stakeholders," *Business and Society Review* Vol. 100-101 (1998).

35 주성수, 『기업시민정신과 NGO』(서울: 아르케, 2003).

36 Archie B. Carroll and Ann K. Buchholtz, *Business & Society : Ethics and Stakeholder Management,* 5th ed.

나위가 없다.

둘째, 법적 책임(legal responsibility)이다. 이 부분은 권리와 의무의 주체인 법인으로서의 기업이 그 활동과 관련된 각종 법률을 준수할 책임을 의미한다. 따라서 법은 기업의 활동을 규율하는 기준으로 기업이 변경시킬 수 없는 외적환경이 되므로 기업이 반드시 지켜야 할 의무를 지니고 있는 부분이다.

셋째는 윤리적 책임(ethical responsibility)으로, 사회적 가치기준이나 도덕적 양심에 비추어 지켜야할 것으로 요구되는 책임을 말한다. 그러므로 선량한 사회의 일원인 기업에게 응당 그러할 것으로 기대되는 행동과 활동을 의미한다. 그러므로 윤리적 책임에서는 법이나 제도로 규정되지는 않았지만 보편적 윤리나 도덕적 차원에서 지켜야 할 도리이며, 법정신으로 미루어 판단 가능한 문제가 된다.[37]

마지막으로 자선적 책임(philanthropic responsibility)은 의무(obligation)가 아니라 기업의 의지나 선택에 따라 수행하게 되는 활동들이다.[38] 여기에는 다양한 사회적 기부행위(재정, 물품, 인력 등), 기업의 사명과 관련하여 사회문제를 해결하는 각종 프로그램 개발 및 제공, 보육시설 지원, 임직원의 자원봉사 등 지역사회 공헌활동이 이에 속한다고 하겠다.

---

37 실제로 기업의 사회적 책임의 중심을 이루는 부분이 바로 윤리적 책임이며, 이를 바탕으로 한 기업 활동을 윤리경영이라 부르고 있다.

38 이 부분의 책임이 근래에 들어 기업의 사회공헌활동(corporate philanthropy)으로 불리며 현재 우리나라에서는 대기업을 중심으로 활발하게 이루어지고 있다.

개념적 차원만이 아니라 기업이 사회적 책임을 수행해가는 과정적 측면을 의미하는 기업의 사회적 반응(corporate social responsiveness)은 기업의 활동과 관련하여 발생되는 문제에 대한 기업의 행동적 측면을 다루고 있다.[39] 여기에는 법의 준수, 문제에 대한 인식 및 접근 자세, 해결 절차와 방식 등이 있다. 다양한 과정적 단계를 통해 사회적 책임을 파악할 수 있는데, 수동적 입장으로는 무지, 거부, 인식, 능동적 입장으로는 참여, 적응 및 실천으로 구분된다.[40]

기업이 사회적 책임을 실천할 때 NGO가 어떤 역할을 할 수 있는지를 살펴봄으로써 기업과의 협력 가능성도 예측할 수 있다. 기업의 단계별 사회적 책임에서 NPO가 담당할 수 있는 역할과 기업이 선택할 수 있는 전략적 사회공헌활동을 살펴보고자 한다.

먼저 기업의 경제적 책임과 관련해서 NGO가 어떤 시각을 가지고 있는지에 대해 생각해 볼 필요가 있다. 기업의 입장에서는 지속적인 성장과 발전과 투자자의 보호를 위해 이윤이 높을수록 바람

---

39 Edwin M. Epstein, "The Corporate Social Responsibility and Corporate Social Responsiveness," *California Management Review* Vol. XXIX No. 3 (1987)

40 기업의 사회적 책임의 발전과정을 조세, 보건과 안전, 노동자 권리, 소비자 권리, 환경 규제 등과 관련된 법의 준수단계, 자선적 기부, 단기적 위기관리, 산업기준 준수 등의 비전략적 기업책임 단계, 지속가능경영, 지속가능 회계 및 보고, 이해관계자와의 대화, 사회적 투자 등의 전략적 책임단계, 다양한 이해관계자 기준과 파트너십, 제도 구축, 권익보호와 공공정책 지향의 책임, 국가경쟁력 제고 등을 추구하는 경쟁적 책임단계로 나누어 구분하기도 한다. Simon Zadek, *The Civil Corporation : The New Economy of Corporate Citizenship*(London: Earthscan, 2001).

직할 것이지만, 이해관계자 모형을 중심으로 생각할 때에는 기업의 적정이윤에 대한 인식을 제공하거나 지침을 제시할 수 있는가도 중요한 문제이다.

기업은 소비자가 원하는 양질의 재화와 서비스를 적정한 가격으로 적시에 제공함으로써 이윤을 확보할 수 있다. 재화와 서비스의 생산과 판매라는 기업의 본질적인 활동을 통해 계속기업으로 발전해야 하는 것이다. 우리 사회의 경쟁력 확보와 성장을 전제하는 입장에서 기업은 당연하게 앞에서 언급했던 생존부등식에 의거하여 행동할 수밖에 없고, 이를 바탕으로 다양한 방식을 통해 효율성과 창조성 제고를 위한 노력이 이루어지게 된다.

이런 측면에서 NGO는 기업의 1차적 존재 이유인 경제적 책임을 인정하고 이를 바르게 구현할 수 있는 여건 조성에 기여해야 한다. 그러므로 시민사회는 기업 고유의 활동이 정치에 의해 영향을 받지 않고 합리적인 시장질서가 유지될 수 있도록 감시와 견제 역할을 해야 할 뿐만 아니라 합리적인 제도와 시스템 마련에도 관심을 가져야 한다.[41] 이것은 단순히 기업만을 위한 것이 아니라 투명하고

41 근래에는 국제적으로 사회적 책임을 다하는 기업, 공익 활동을 적극적으로 수행하는 기업에 투자를 한정하는 사회책임투자(SRI: socially responsible investment) 자금이 지속적으로 확대되고 있는 추세에 있다. 전 세계적으로 이미 SRI 자금이 2,500조 원에 달하고 있으며 미국의 경우 2,200조 원의 SRI 자금에 230여개에 달하는 SRI 뮤추얼펀드가 기업의 윤리경영, 책임경영을 중요한 투자지표로 사용한다고 한다. 우리나라도 2009년 말 기준으로 63개 펀드에 3조 5,821억 원 규모로 설정되어 있다(이보인, 『기업은 저절로 착해지지 않는다』 (서울: 청년정신, 2012) 참조). 이러한 움직임은 앞으로 기업의 자금조달 환경

보다 나은 밝은 사회 구현을 위해서도 절실히 요구되는 사항이다.

법적 책임은 법인으로서 기업이 응당 준수해야 할 의무를 규정하는 것이다. 그러므로 이 문제는 정부만이 아니라 시민사회의 감시의 대상이 된다고 하겠다. 다만 NGO들이 기업이 불법을 찾아내고, 문제를 제기할 수 있으나 이에 대한 최종적인 판단은 역시 사법부가 내려야 할 사항이라 생각된다. 지금까지 대부분 NGO의 기업에 대한 활동은 법적 책임과 윤리적 책임의 구현과 관련되었다고 볼 수 있다.[42] 그러기에 기업과 NGO는 협력적인 면보다는 서로가 대립적이고, 배타적인 입장에서 활동해 온 것이 사실이다.

그러나 국가의 발전과 성장을 위한 기업의 경쟁력 제고가 필요하다면 기업을 규제하는 법만이 아니라 어떻게 하면 기업하기 좋은 나라가 될 수 있는가에도 관심을 가져야 한다고 본다. 즉, 각종 불필요한 기업관련 규제를 완화하고 기업경영 환경 개선을 통해 기업가 정신(entrepreneurship)을 고양함으로써 기업 활동의 활성화를 도모하

변화를 의미하며 기업의 사회적 책임을 제고시킬 수 있는 예라 할 수 있다.

42 기업의 환경오염, 지배구조의 문제, 불법적인 부의 세습, 시장질서 파괴, 과장광고, 노사문제 등 대부분은 법과 관련된 것이라 볼 수 있다. NGO는 이러한 문제들을 제기하거나 고발하지만 최종적으로 법적으로 판단되어야 하므로 실제로는 기업과 정부, 더 구체적으로 기업과 사법부 간의 문제가 되며, 시민은 그 최종 판단에 의해 기업에 대한 자신의 행동을 결정하는 것이 바람직하다고 생각된다. 다만 우리나라에서는 일반 시민들이 아직도 기업과 정부 간의 유착관계에 대한 의구심을 가지고 있으므로 이 부분이 명확히 될 수 있도록 감시하고 견제하는 활동은 여전히 의미 있는 일이라 하겠다.

는 것까지 포함해서 말이다.[43]

윤리적 책임에 대해서 NGO는 이해관계자들과 함께 기업 활동을 감시하고 비판함으로써 문제를 예방하거나 경보(警報) 역할을 감당하고, 이를 통해 사회적 관심을 제고함으로써 이슈화할 수 있다. 선량한 기업시민(good corporate citizen)이 응당 지켜야 할 윤리차원의 문제, 특히 국내에서는 아직 법제화되지 않았으나 윤리적으로 문제를 발생시킬 소지가 있는 이슈에 대해 주위를 환기시켜야 한다. 법제화를 추진함으로써 이러한 문제들이 법적 책임이 되도록 하는 역할을 담당해야 할 필요가 있다. 나아가 법정신의 연장선상에 있는 모든 문제들도 포괄할 수 있는 가이드라인을 제시하고 이에 대해 기업의 준수를 촉구할 수 있어야 한다.

이러한 활동은 NGO들이 관련 정보를 수집하고 분석이 가능하도록 인적, 물적 토대의 구축과 관련 분야의 전문성 확보가 전제되어야 수행 가능하게 될 것이다. NGO의 이러한 활동이 기업 측에서는 경영활동에 단기적으로 부담을 주는 것이므로 부정적 인식을 가질 수 있겠다. 그러나 이러한 제도를 통하여 장래에 발생할 수

43 좋은 기업에 대한 정의와 기준도 필요하지만 기업하기 좋은 나라의 조건도 마련되어야 한다. NGO는 시장영역에 정치논리의 개입을 차단함으로서 정경유착을 막고, 투명한 사회가 될 수 있도록 각종 제도와 인프라 구축을 추진함으로써 기업환경의 개선을 유도할 수 있다. 나아가 선한 기업(good company)과 그렇지 못한 기업에 대한 기준 및 이에 대한 차별적 대우, 건전하고 투명한 과정을 통한 부의 축적에 대한 인정 및 존경 풍토 조성, 불필요한 규제 개혁을 통한 수월한 창업 및 외자유치, 기업 활동 활성화를 위한 사회간접자본 확충 및 지원활동 등에 대해서도 NGO들의 관심이 필요하다고 본다.

있는 윤리적인 문제를 사전에 피함으로써 장기적으로 기업의 이미지 제고에 기여하고, 나아가 국제 경쟁력 제고에 도움이 될 수도 있을 것이다. 따라서 기업도 이와 같은 NGO의 활동에 대해 부정적으로만 인식하지 말고 긍정적 시각과 함께 보다 적극적 대응이 필요한 것이다.

사회공헌활동(corporate philanthropy)으로 불리는 자선적 책임은 엄밀한 의미에서 기업의 의무라고 볼 수는 없다. 오히려 기업이 스스로 필요하다고 판단하거나 선택할 수 있는 자발적 책임으로 시민사회가 기업에게 기대하거나 해 주기를 바라는 일들로 구성된다. 단순히 기업 이윤의 사회적 환원이라는 명분보다 본질적으로 이해관계자들의 의사를 존중하고 배려하는 사회공헌활동은 단기적으로 볼 때 기업 수익에 무관하거나 부담을 줄 수도 있다. 그러나 이러한 활동은 이해관계자들과의 직접적인 접촉을 통해 기업의 이미지나 명성을 제고하고 장기적인 관점에서 기여하게 된다.[44]

초기 기업의 사회공헌활동은 수동적 입장에서 단순한 금전적 기부를 중심으로 한 자선활동의 성격을 보였다. 그러나 기업의 사회

44 기업의 사회적 책임 수행이나 윤리경영이 단기적으로 기업의 가치에 미치는 긍정적 영향에 대해서는 확실한 근거가 없다. 그러나 중장기적 측면에서 기업의 재무가치를 증대시키고 이윤 증대에도 기여한다는 점은 일반적으로 인정되고 있다. (Chong-Yeong Lee, "Profit-an Integral Part of Corporate Social Responsibility for Sustainable Growth," 『기업윤리연구』 제9집 (2005); 김운호·위평량, "윤리경영과 기업가치 간의 관계에 관한 실증분석," 『국제지역연구』 제10권 제1호 (2006)).

적 책임 개념이 강조되기 시작하면서 보다 능동적 입장에서 기업은 사회공헌활동에 분명한 목표를 설정하고 실행하면서 이러한 활동이 사회적 투자 측면으로 받아들여졌다. 최근에는 기업과 사회 모두에게 이익이 될 수 있도록 다른 영역, 특히 시민사회의 NGO나 NPO와의 협력이나 파트너십을 통해 실행함으로써 전략적으로 사회적 성과를 창출하기 위해 노력하고 있다.

실제로 2012년도 주요 기업 225개의 사회공헌 지출은 2011년에 비해 전체적으로 5.2% 상승한 3조 2,500억 원으로, 평균 144억 4,200만원으로 조사되어 그 금액이 지속적으로 증가하고 있는 것으로 나타났다. 이러한 수준은 세전이익 대비 사회공헌 비중이 한국이 3.58%로 일본의 1.171%의 2배에 달하며, 매출액 기준 대비로 봐도 한국이 0.22%로 일본의 0.08%보다 2.8배 높게 나타났다.[45] 현금 및 현물 직접 지원이 높은 비중을 차지하고 있다. 동시에 임직원들의 사회봉사활동 부분의 증가폭도 높게 나타남으로써 기업 임직원들의 근로생활의 질 향상과 가치 중심의 삶에 관심을 가지고 사회와 연계된 직접 활동에 투자를 늘리고 있는 것으로 조사되었다.[46] 다만 이들 임직원들의 봉사활동을 영역별로 구분해 살펴보면 80% 이상이 사회복지 분야에서 이루어지고 있으며 환경 11%, 문화예술 3.43%, 학술 2.86%, 응급재난 1.39% 등으로 나타나 분야가 매우 한정되어 있는 것으로 나타났다.

---

45 전국경제인연합회, 『월간 전경련』, 12월호 (2013).

46 전국경제인연합회, 『기업·기업재단 사회공헌백서』 (2005, 2010).

이미 기업의 사회공헌은 세계적인 추세로 나타나고 있으며 한국에서도 대기업을 중심으로 다양한 자원을 동원하여 참여를 증대시키고 있는 것이 사실이다. 그러나 앞으로는 중소기업으로 확산될 수 있도록 노력할 필요가 있으며 임직원의 참여프로그램도 그들의 전문분야나 재능과 연관된 다양한 프로그램으로 확대되어야 할 것이다.[47] 이를 위해서 정부의 제도적 지원뿐만이 아니라 기업과 임직원, NGO들의 관심과 협력이 요구된다고 보여진다.

기업은 NGO에 비해 풍부한 재원과 산업 분야에 대한 전문지식, 치열한 경쟁을 통해 쌓아올린 조직운영의 효율성 제고능력과 다양한 인적 자원을 보유하고 있다. 이에 반해 시민단체들은 시민들의 사회적 욕구와 필요성에 민감하여 사회적 이슈를 찾아내는 능력이 탁월하고, 이에 대한 전문성을 담보하고 있다. 나아가 이러한 일들을 수행하고 조직화할 수 있는 경험과 능력이 있을 뿐만 아니라 많은 자원봉사자를 참여시킴으로써 낮은 비용으로 사업을 진행할 수 있다. 여기에 사회적 홍보효과 가능성이 더해질 때 어느 일방이 추진하는 것보다 더욱 큰 시너지 효과(synergy effect)를 낼 수 있을 것이다.

다만 이런 방식의 사회공헌활동은 기업의 사회적 책임의 핵심요소 중 하나에 지나지 않는다. 사회공헌활동은 다양한 프로그램으로 기업이 직·간접적으로 이해관계자들을 만날 수 있고 가장 구체

47 이강현, "기업 사회공헌 활동의 현황과 과제," 한국기자협회 공동주최 세미나 발표문, 한국비영리학회 (2006).

적으로 활동을 측정할 수 있다는 점에서 홍보효과도 상대적으로 크다고 볼 수 있다. 그러나 이러한 활동은 실제로 앞에 언급한 기업의 다양한 책임의 완수를 전제로 한다는 점을 인식해야 한다.

기업과 비영리단체가 보유하고 있는 자원을 비교해 보면 [표 1]에서 보는 바와 같이 상호보완적이거나 협력할 수 있는 부분을 쉽게 발견할 수 있다.

[표 1] 기업과 비영리조직의 자원 비교

기업의 자원	비영리조직의 자원
■ 재정적 자원 – 기업의 후원금, 직원들의 기부금 모금 ■ 물적 자원 – 현물, 시설, 설비, 장소 ■ 인적자원 – 직원 자원봉사, 지도력 ■ 조직 경영 및 관리 경험/지식 ■ 전문적 기술 ■ 인적 네트워크 – 잠재적 자금제공자 소개, 기업의 타 인사들과 연결 ■ 정보와 경험 및 지식 ■ 마케팅 기회 – 공익마케팅, 소비자 대상 마케팅	■ 사회적 대의와 사명 ■ 신용, 평판, 대중적 이미지 ■ 단체 이름, 단체 로고 ■ 지도자의 명망, 지도력 ■ 인적 네트워크 – 지역 지도자나 영향력 있는 사람들과의 관계 ■ 특정 소비자 집단으로의 접근 – 단체 회원, 자원봉사자, 잠재적 지지자들 ■ 서비스 기획능력과 운영기술 ■ 지역사회를 위한 프로그램과 프로젝트 ■ 자원봉사, 후원 기회 ■ 행사를 통한 대중과의 접촉기회 ■ 물적 자원 – 시설, 설비, 장소

*출처: 김준기, 2002를 수정한 이명신, 2003에서 재인용

기업의 사회적 책임과 관련한 문제에 대해 어떻게 반응하는가는 기업에 따라 매우 상이하게 나타낼 수 있을 것으로 생각된다. 실제로 앞에서 언급한 사회적 책임에 대해 개념 중심의 선언적 측면

보다 기업의 반응은 실천적 측면이라는 점에서 다른 의미를 가진다. 실제로 이러한 과정에서 기업과 NGO간의 접촉점이 마련되고, 이를 통해 서로에 대한 인식을 심화해서 신뢰나 협력관계를 형성할 수도 있고, 반대로 불신의 관계가 만들어질 수도 있게 된다.

문제가 발생할 경우 이에 대한 기업의 행동 유형은 수동적 반응, 방어, 포용, 적극적 대처 등으로 구분할 수 있다. 물론 이러한 과정에서 철수, 홍보 접근, 법적 접근, 협상 등의 방식을 통해 해결을 시도할 수 있을 것이다.[48] 물론 기업은 문제의 상황이 진행되는 과정에 따라 상황 적응적으로 반응하거나 상대의 행동 방식에 적절하게 대처하는 상호 행동적 입장을 취할 수도 있다. 기업 입장에서 문제를 인식하는 동시에 적극적으로 대처하는 형태를 띨 수도 있을 것이다.

사회적 책임과 관련된 문제에 대한 반응 과정에서 기업이 접하는 이해관계자들에게 기업의 입장을 투명하게 공개하고 상대의 이해를 구하거나 협력을 통해 그 문제를 해결해가는 것이 바람직하다. 기업과 시민사회가 사회적 책임에 대해 인식을 공유하는 것도 의미가 있지만 실제로는 문제 해결 과정이 더욱 중요할 때가 많다. NGO는 문제와 관련된 이해관계자들의 의사를 결집하고 이를 반영하는데 중요한 역할을 수행하며, 이러한 과정에서 NGO와 기업은 서로에 대해 이해하고 인식의 폭을 넓혀갈 수 있게 된다.

---

48 Edwin M. Epstein, "The Corporate Social Responsibility and Corporate Social Responsiveness."

다만 기업의 사회적 책임을 선언적으로 규정하고 체제도 잘 갖추고 있으나 실제로 발생된 문제에 반응하는 과정에서 그 기업의 사회적 책임에 대한 진정성이 확인되는 경우가 많다. 이러한 점은 NGO의 관찰과 감시의 대상이 되어야 하며 홍보를 위한 형식적 활동을 넘어서게 될 때 진정한 기업의 사회적 책임이 이해관계자들로부터 인정받게 될 것이다.

3. 기업과 시민사회의 파트너십

시민사회는 기업의 사회적 책임 제고를 위해 다양한 역할을 수행할 수 있다. 먼저 NGO가 추구하는 세계에 대한 기준을 바르게 제시하고, 이를 구현하기 위한 과정에서 기업의 의무로서 사회적 책임이 제대로 이루어지는지에 대해 균형 있는 시각으로 감시하고 비판해야 할 것이다. 나아가 기업이 이미 선언하거나 실천하고 있는 사항을 평가하고 그 수정이나 보완을 제안하거나 요구할 수 있을 것이다.

또한 선량한 기업시민으로서 기대되는 기업의 사회적 공헌이나 자선적 활동에 대해 시민사회는 신뢰를 바탕으로 협력하거나 파트너십을 형성함으로써 사회적 성과를 이뤄내고 그 결과를 함께 향유할 수 있어야 할 것이다. 나아가 사회적 책임을 수행하는 과정에 대한 감시, 평가만이 아니라 사회적 책임의 결과에 따라 잘한 기업을 선정해 시상하는 등 이를 시민사회에 홍보함으로써 기업과 시민사회가 상생 가능한 관계를 만들어 갈 수 있을 것이다.[49]

기업과 비영리섹터간의 파트너십은 각 섹터 간 기관의 사명, 동기, 목적 등이 상이하기 때문에 독특한 협력이라고 볼 수 있다. 『협력의 도전』(The Collaboration Challenge, 2000) 저자인 제임스 오스틴(James Austin)은 각기 상이한 특징을 지닌 양 섹터 간의 파트너십을 'Cross-Sectoral Partnership'이라고 칭한 것으로 보면 전혀 다른 성격을 지닌 두 섹터 간의 파트너십을 통해 보다 나은 결과를 만들어 내기 위해 상호 간의 노력이 필요하다.

1) 파트너십 이유

이미 기업과 비영리영역의 협력과 파트너십은 필요성 차원을 넘어 문헌이나 연구논문을 통해서 그 당위성이 언급되었고, 실무현장에서도 폭넓게 진행되고 있는 것이 사실이다.[50]

기업과 비영리영역 간의 협력관계는 다양한 용어로 표현되고

---

49 경실련의 경제정의연구소에서는 투명경영과 윤리경영에 성공적인 기업을 선정하여 경제정의 기업상을 수여하고 있다. 그 주요 기준은 기업의 건전성과 공정성, 기업의 경제발전 기여도와 사회적 책임 관련 기준이 주를 이루고 있다. 구체적인 사항에 대해서는 경실련 경제정의연구소 편, 『윤리경영이 경쟁력이다』(서울: 예영 커뮤니케이션, 2002a) 참조.

50 여기에서는 이미 일반화된 논의를 일일이 열거하지 않는다. 이에 관한 정보는 전국경제인연합회에서 발간한 년간 『기업/기업재단 사회공헌백서』를 참고하면 쉽게 확인할 수 있다.

있다.[51] 여기서 파트너십의 의미는 한편에서 주고 다른 한편에서 받거나 다른 한편을 통제하는 일방적 과정이 아니라 상호성이 작용하는 교환관계를 전제로 양방향 의사소통을 통해 새로운 가치를 창출하고 공유하는 동시에 서로 상생(win-win)하는 방법을 모색하는 것이다. 그러므로 하나의 조직이나 하나의 섹터가 독자적으로 이루기 어려운 점을 기존의 조직이나 영역을 넘어 상호 간의 이익과 성과를 위해 기회를 제공하고, 소통하며, 협력하는 관계라 할 수 있다[52]

연구조사[53]를 통해 양 섹터 간의 파트너십의 이유로, 기업이 가장 중요하게 생각하는 것은 사회공헌 사업을 진행함에 있어 예산(돈)을 가장 윤리적으로 잘 사용할 수 있는 단체가 NPO이기 때문이었으며, NPO의 이유는 프로그램 운영에 필요한 재정의 확보였다.

---

51 협력관계를 나타낼 때 다양한 용어들이 사용되고 있는데, 제휴(alliance), 전략적 제휴(strategic alliance), 벤처(venture), 조인트 벤처(joint venture), 연합(federation), 코디네이션(coordination), 통합(back-room consolidation), 리스트럭처링(restructuring), 협동(cooperation), 상호협력(collaboration), 합병(merger) 등이다. 특히 여기에서 상호협력이라고 했을 때에는 파트너십(partnership), 협력적 합의(cooperative agreement) 혹은 코디네이션 활동(coordination activity) 등으로 사용되고 있다(Feeney, 2001, 이명신 2003에서 재인용). 또한 두 영역 간의 협력관계는 파트너십, 제휴, 상호협력과 같은 용어로 사용되고 있다(Austin, 2000).

52 이명신, "기업과 비영리조직의 파트너십에 있어 신뢰와 성과," 경희대학교 NGO 대학원 석사학위 논문(2003).

53 본고에서 언급하는 현장의 목소리는 2013년 한국비영리학회에서 진행한 기업과 비영리단체에서 업무를 직접 담당하는 실무자들과의 3차례 FGI(Focus Group Interview)와 2회의 워크샵을 통해 수집된 정보를 바탕으로 정리된 내용으로 저자의 2013년 한국비영리학회 추계학술대회 발표논문 내용 참조.

뿐만 아니라 기업의 사회공헌 사업의 궁극적인 목적이 좀 더 나은 세상을 위한 것인데 NPO가 바로 그런 가치를 추구하는 조직이기 때문이고, 어느 한 영역의 주체의 힘만으로는 다양한 사회문제 해결할 수 없으므로 일정한 역할을 분담하기 위한 것이며, 기업으로서는 사회 내에서 신뢰도가 높은 NPO를 통해 소비자와 시민으로부터 신뢰와 지지를 얻는 기회가 필요하기 때문에 협력하는 것으로 밝혀졌다.

결국 우리 사회에 존재하는 복잡하고도 다양한 문제들을 기업이나 시민사회 어느 한 섹터만이 주체가 되어서는 효과적으로 해결하기 어렵다는 사실을 양 섹터가 공통으로 인식하고 있다. 그러므로 기업은 그들의 강점이 되는 재원과 기술, 관련 인력의 제공을 통해 NPO와의 협력을 도모하게 되었고, 이를 통해 문제들을 해결해 나아가는 것이 더 효과적이고, 효율적이므로 파트너십이 필수적[54]이라는 점에 대해서 공감하고 있었다.

또한 이러한 현상은 사회뿐만 아니라 범세계적으로 제기되는 다양한 이슈에 대하여 혁신적이고도 지속가능한 해결을 위해 각 섹터의 핵심적 강점인 재정, 기술과 인력, 효율성, 그리고 이슈 개발능력, 전문성, 효과성을 결합시켜 제 문제 해결의 새로운 패러다임[55]을

54 Corinne Damlamian, "Corporate–NPO Partnerships for Sustainable Development," paper submitted to the Philosophy, Politics, and Economics Program at the University of Pennsylvania(2006).

55 Susan Rae Ross, *Developing Effective Partnership Between Non–Governmental Organizations and Corporations*(Denver: SR International, 2010).

만들어 가는 것으로 볼 수 있겠다.

좀 더 구체적으로 보면 이윤을 추구하는 과정에서 창의적이면서도 효율적인 생산 활동을 수행하는 주체는 기업이고, 공익에 바탕을 둔 사회적 가치 중심의 활동을 통해 수혜자의 요구에 부응하면서도 강력한 권익옹호(advocacy) 활동을 수행하는 행위자는 비영리단체이므로 자신들의 강점을 최대한 살리면서 함께 협력할 필요성이 높아졌다는 것이다. 또한 해결해야 할 이슈를 중심으로 공통적이면서도 상호보완적 목표를 보다 효과적이고도 지속가능하게 달성하는 것이 가능하기 때문에 양 섹터 간 협력한다고 볼 수 있다.[56] 다만 양자 간의 협력의 의미가 '무조건적' 협력이 아닌 사회공헌 프로그램 특성에 따라 차이를 두어야 한다는 점도 유의해야 할 필요가 있다.[57]

2) 기업 및 단체 선정기준

기업 입장에서 협력하거나 함께 사업을 운영할 NPO를 선정할

---

56 Ros Tennyson, *The Partnering Tool Book : An Essential Guide to Cross–Sector Partnering*(London : The Partnering Initiative, 2011).

57 결국 양 섹터 간의 협력이라고 할 때에는 그 사업의 성격에 맞도록 진행해야 더 바람직한 성과를 낼 수 있게 된다. 그러므로 파트너십으로 진행된다고 해도 사업의 성격에 따라 자선적 교환(philanthropic exchange), 마케팅 교환(marketing exchange), 경영적 교환(operational exchange) 등 상이한 협력 형태를 고려할 수 있을 것이다(이 점에 대해서는 셜리 샤가와 · 엘리 시갈, 이형진 옮김, 『아름다운 제휴, 기업과 시민단체가 만났을 때』(서울: 아르케, 2001)).

경우 그 기준으로 순수성과 열정, 전문성, 친기업성, 반기업성 등이 거론되었다. 특히 단체의 전문성을 우선적으로 고려하였고 나아가 단체의 신뢰성과 객관성도 중요하게 고려하는 것으로 나타났다.

여기서 단체의 객관성이라는 부분은 기업의 사회공헌 활동의 진정성을 잘 나타낼 수 있는 홍보능력 등을 의미하는 것으로 이해되었다. 물론 기업 입장에서는 사회공헌 활동에도 홍보가 필요하다는 점이 언급되었다. 다만 NPO 측이 비판하는 '기업홍보만을 위한 사업'을 진행하는 것이 아니라 수혜자, 업계, 이해관계자 모두에게 사회공헌 활동에 대해 좋은 평판을 줄 수 있을 만큼 진정성을 가지고 진행해야 하고, 이에 대한 홍보가 이루어지는 것이 바람직하다는 점에 대해서는 기업 측에서도 인정했다. 홍보의 이유로는 기업 사회공헌활동이 기업의 브랜드 명성과 이미지 제고로 이어지고, 이것은 결국 기업의 지속가능성과도 연결되기 때문이라고 대답하였다. 하지만 기업의 홍보 노력에 대해서는 상당수의 NPO들이 기업의 사회공헌 활동이나 협력사업의 진정성과 관련하여 예민하게 반응하고 있다는 점 또한 기업에서 인식할 필요가 있다.

또한 한 기업의 최고경영자의 철학에 따라 사회공헌 사업의 방향과 분야가 달라지기 때문에 기업의 실무자 입장에서 때로는 사업 분야 및 단체의 선정이 그의 철학에 따라 좌우되는 경우도 있다는 것이었다.

'전문성'이라는 기준에 대한 각 섹터의 인식이나 입장에도 차이가 있었다. 기업이 언급하고 있는 비영리단체의 전문성은 이슈에 관한 전문성, 프로그램을 진행해 본 경험의 정도, 이슈 해결을 위한 혁신적인 틀의 존재 여부, 단체 자체가 갖고 있는 네트워크 확장성, 지속적이고 일관성 있게 사업을 진행하는가 등이다. 그 중에서도 기업은 이슈에 정통하고, 그 해결을 위한 혁신적인 틀을 가지고 있는지, 그리고 어느 정도 안정적이고 일관성 있게 사업을 진행할 수 있는 능력을 가지고 있는지를 중심으로 단체의 전문성 여부를 측정했다.

반면에 재정지원을 받아야 하는 입장의 NPO는 기업을 선정하는 구체적인 기준을 가지고 있지 않은 경우가 많았으나 NPO의 사명이나 활동분야와 기업의 경영방침이나 운영목표가 협력하려는 프로그램 성격에 합치하는지를 고려하는 편이었다.

결국 양 섹터가 각자의 파트너를 선정할 때 자신들이 파트너로부터 얻을 수 있는 부분에 대해 최대로 고려하게 되는데, 시민사회가 기업으로부터 배울 수 있는 것은 더 높은 성과를 올릴 수 있는 경쟁력(competitive), 서비스 대상자의 요구를 충족시키는 고객지향성(customer-driven), 산출에 초점을 맞추는 결과중심성(result-oriented), 기업가정신(enterprising)과 시장중심성(market-oriented)을 들 수 있으며,[58] 이외에도 단체의 신뢰도 및 인지도 제고, 단체 운영의 효율성과 직원의 전문성 향상, 기업의 욕구에 부합하는 새로운 사업개발[59]

58 David Osborne and Ted Gaebler, *Reinventing Government : How the Entrepreneurial Spirit is Transforming the Public Sector*(New York : Plume, 1992).

59 곽대석, "NPO-기업 파트너십 활성화 방안," NPO-기업 파트너십 활성화 방안 토론회 발표논문(2013).

등의 이점(benefit)이 존재한다.

또한 기업은 시민사회영역으로부터 돈이 아니라 사명에 근거하여 결정을 내리는 사명지향성(mission-driven), 이사회의 선도(board-led), 직원들이 더 헌신할 수 있도록 사람의 마음을 끄는 사용자(attractive employer), 다양한 이해관계자들을 배려하거나 지역사회 관심사에 신속하게 대응하는 방법 등[60]을 배울 수 있으며, 기업의 이미지 제고와 이로 인한 경쟁업체보다 유리한 입지 확보, 단체의 전문성 활용을 통한 비용 절감 및 NPO의 네트워크 공유, 고급 인력 모집 및 임직원의 충성도 제고[61] 등의 이점이 있다.

테니슨(Tennyson)은 기업과 비영리단체간의 협력을 추진함에 있어 고려해야 할 기준을 사회적 문제 해결을 위한 혁신적 접근, 각 기관의 강점을 최대한 공유하도록 해 문제 해결 방법의 범위가 더 넓어지고 효과적이면서도 지속가능한 점, 더 많은 자원으로 접근할 수 있는지의 여부(기술, 사람, 지식, 실물, 재정 자원), 각 섹터에게 새로운 네트워크 제공 가능성, 각 섹터만의 가치와 공헌을 서로 더 잘 이해할 수 있는 점 등으로 정리하고 있다.[62]

---

60 Peter F. Drucker, "What Business Can Learn from Nonprofits," *Harvard Business Review* 67, No. 4(1989); David Bills, "What Can Non-Profits and Business learn from Each Other?" *Nonprofit Organizations in a Market Economy: Understanding New Roles, Issues and Trends*, eds. David Hammack & Dennis Young(San Francisco: Jossey-Bass, 1993).

61 곽대석, "NPO-기업 파트너십 활성화 방안."

62 Ros Tennyson, *The Partnering Tool Book: An Essential Guide to Cross-Sector Partnering.*

한국 기업의 경우 NPO 내에 이슈 관련 전문성과 그 해결을 위해 보다 나은 혁신적인 틀의 존재 여부에 깊은 관심을 가지고 있으나 현실에서는 국내 NPO들이 상대적으로 전문성이 부족하다고 인식하는 경우가 많았다. 그러므로 NPO들이 기업과 파트너십을 통한 협력 사업을 활성화하기 위해서는 단체의 활동 분야에서 기업이 인정할 수 있는 전문성과 프로그램 수행 역량을 키우려는 노력도 필요하겠다.

3) 양 섹터 간 갈등의 이유와 해결방법

기업과 NPO 간 파트너십의 장애요인들은 조직의 태생적 특성이 다르기 때문이기도 하지만 상호 간 이해의 부족으로 나타나는 경우도 많다. 구체적으로는 양자 간 조직문화의 차이와 그로 인한 의사소통문제, 지식과 경험의 부족, 파트너십 추진에 있어서 전략적 시각의 부재, 시각차로 인한 문제인식과 해결방법의 차이, 기대수준의 차이, 이해관계자의 영향 등이 일반적으로 제시되고 있다.[63] 비슷하지만 기업과 비영리단체 사이에서 언어의 차이, 문화의 차이, 지위의 차이, 가치관의 차이, 최종 목표의 차이로 인하여 장애가 발생한

63 L. C. P. M. Meijs and J. M. van der Voort. "Corporate Volunteering: From Charity to Profit-nonprofit Partnerships," *Australian Journal on Volunteering* Vol. 9 (2004).

다고 보기도 한다.[64]

기업의 입장에서는 NPO측이 파트너십을 진행시키는데 있어 의사결정이나 사업의 속도가 기업보다 느리고, 어떤 NPO들은 단순한 재정적 지원만 바라는 부분, 기업이 NPO 영역까지 자신들의 비즈니스를 확장하는 경우 등을 갈등의 이유로 인식하고 있다.

NPO 측에서는 기업사회공헌의 진정성 부족, 재정문제나 단체 상황의 어려움으로 인한 협력업무 진척도가 미미할 경우 비영리 단체의 피로도로 인하여 사회공헌 담당자들이 예민해지는 부분, 사회공헌의 책임의식 부재 등을 갈등의 이유들로 들고 있다.

특히 NPO의 입장에서 갈등의 이유 중 하나인 기업의 진정성 부족을 느끼게 하는 요소로는 기업이 사회공헌 사업을 진행하면서 NPO에게 '다른 기업이 하지 않는 독특한 사업을 하게 해달라'고 요구하는 경우도 포함되어 있었다. 그러나 기업 측은 기업의 문제에 대해 NPO가 지적해 줘야 하며, 나아가 책임지고 기업을 교육시킬 의무가 있으며, 협력사업의 성공을 위해 기업의 생태적 특성을 인정하고 NPO가 이해해 줘야 할 필요가 있다고 하였다.

그럼에도 양 섹터가 공통적으로 인정하는 것은, 기업과 NPO 상호 인식부족, 가치와 과정을 중시하는 NPO와 속도와 결과를 중시하는 기업의 조직문화의 차이, 상호 간 보다 밀접하고 개방적인

---

64 이종수, "복지사회 발전을 위한 시민사회의 역할 및 파트너십 성공과 과제," 한국비영리학회 춘계학술대회 '기업-시민사회-정부 영역 간 파트너십의 성과와 과제' 발표 논문 (2008).

커뮤니케이션 부족, 갑-을 관계, 상호 간 발생되는 문제를 중재하거나 해결할 수 있는 중간단체의 부재, 나아가 양 섹터 간 지속적인 교류기회의 부재 등이었다.[65]

특히 갑-을 관계의 이유는 기업이 '갑'의 역할을 하지 않았음에도 불구하고 NPO가 기업이 재원을 지원해 준다는 이유만으로 스스로 자세를 낮춰 자연스럽게 갑-을 관계가 형성되기도 한다는 점, 기업과 NPO를 협약서 내에 '갑-을 관계'라 지칭하는 점, 기업의 NPO에 대한 일방적 비판 등이 있었다.

여러 갈등의 이유들을 두 가지로 요약하면, 각 섹터 서로 간의 조직적 특성과 태생 배경에 따른 관점의 차이와 신뢰부족이라 하겠다.

첫 번째 갈등의 이유는 양 섹터 간의 조직의 성립배경과 조직적 특성에 기인한다는 사실이다. 우선 기업은 상품과 서비스를 개발, 제공함으로써 이윤을 추구한다. 또한 경쟁적 환경을 상정하며 투입에 대한 산출을 극대화하려는 효율성을 추구하는 조직이다. 이에 반해 NPO는 경쟁보다는 공동체적 가치를 중시하고, 공익적 가치를 바탕으로 한 비전과 사명을 실현하기 위해 탄생되었으므로 효과성이 더 강조된다는 점에서 근본적인 차이를 나타내고 있다.

이러한 점은 프로그램의 '성과'를 바라보는 시각에서도 차이를

---

65 이 점은 2007년에 진행된 FGI에서 나타난 결과(예종석, 『예종석 교수의 희망경영』(서울: 마젤란, 2007 참조)와 비교해 보면 양측이 서로 상대에 대한 이해의 정도가 많이 개선되었다는 점을 발견할 수 있다.

나타냈다. 기업은 상대적으로 '단기적이며 구체적인 성과'에 집중하는 반면 NPO는 '과정/가치 등 장기적 성과' 측면을 더 중시한다는 데서 그 차이를 알 수 있었다.

두 번째 이유인 양 섹터 간 '신뢰 부족'은 역사적으로 NPO와 기업 간의 관계 자체가 대립적 관계로부터 출발하였기 때문이다. 그 예로 과거 NPO는 기업의 경제활동을 감시, 비판, 견제하며 관례적으로 인정되던 부분에 대해서까지 부정적 시각을 갖고 있어 기업과 파트너십 맺는 것을 꺼려하였던 사실을 들 수 있다. 따라서 이 두 섹터 간의 원활한 파트너십을 위해 양자 간의 '신뢰구축'은 필수적이며,[66] 미국에서 수백 명의 기업임원들을 면담한 결과에서 나타난 파트너십의 가장 중요한 조건도 역시 신뢰로 나타났다.[67]

파트너로서 긴밀한 관계로 발전하려면, 파트너십의 성과, 윈-윈 전략, 공통의 비전, 결과에 대한 책임의 공유, 효과적인 커뮤니케이션과 정보의 공개, 상호신뢰, 자원과 보상의 공유 등이 필요하지만,[68] 파트너십에 있어서 역시 가장 중요한 것은 섹터 간 신뢰이다.

신뢰란 단순히 '믿고 의지함'이라는 사전적 의미를 넘어서 어떤 사람이나 사물의 정직함, 언행일치, 약속 이행, 거짓이나 위선이 아

---

66 Ros Tennyson, *The Partnering Tool Book : An Essential Guide to Cross–Sector Partnering.*

67 셜리 사가와·엘리 시갈, 이형진 옮김, 『아름다운 제휴, 기업과 시민단체가 만났을 때』.

68 Richard Steckel and Jack Boyson, *Creating Social Enterprises Through Strategic Alliances.*

닐 것이라는 기대, 어떤 일 또는 역할을 제대로 수행할 수 있으리라는 기대를 말한다. 나아가 불완전한 지식으로도 인간이 활동할 수 있게 하는 질서와 규칙을 가진 세계에 대한 믿음을 가리킨다. 신뢰에 대한 개념은 다양하지만 단순히 현상적 측면만이 아니라 내용적 측면에서 상대방의 윤리성에 대한 믿음을 핵심으로 간주하고 있다는 공통점이 있다. 그러므로 신뢰의 개념에는 선의적 행동, 정보의 정직한 공개, 상대방의 복지에 대한 배려, 그리고 자신의 과도한 이기적 이익추구의 절제 등이 내재되어 있는 것이므로 매우 복합적인 의미를 가지고 있다고 볼 수 있다.[69]

그러므로 신뢰는 문서화된 계약서 이상의 의미를 지니면서 잠재적 파트너에 대한 구체적인 정보와 협력의 의무사항 달성 준수를 조사하기 위한 비용을 줄일 수 있으며, 나아가 상대방의 선한 의지와 도덕적 믿음에 대한 심리적인 확신이라 할 수 있다. 뿐만 아니라 섹터 간 신뢰에 기반을 둔 윤리적 경영은 상호 간 성과에 영향을 미치는 결정적인 요소[70]가 된다.

앞에서 언급한 것처럼 오늘날 우리 사회가 직면한 여러 국제적, 국가적, 지역적 문제들을 해결하기 위해 상이한 양 섹터 간의 협력은 필수적이다. 앞에 언급한 갈등요인을 고려할 때 쉽지 않겠지만 협력의 당위성이 인정되면 될수록 이 요인들을 해결하는 것이 필수

69 이명신, "기업과 비영리조직의 파트너십에 있어 신뢰와 성과."

70 신동엽, "윤리적 경영과 전략적 제휴의 성과," 기업윤리 심포지엄 발표논문 (2005).

적일 수밖에 없다. 오스틴(Austin)은 파트너십의 성공요인으로 비전, 전략, 가치관의 일치, 신뢰 구축, 감정적인 연결과 프렌드십, 지속적인 가치창조, 명확한 사업목적과 확실한 기대치, 의사소통과 그 과정에 주의를 기울일 것 등을 제시한 바 있다.[71] 사가와와 시걸은 기업과 시민단체 간 장기적이고 생산성 높은 관계를 이뤄가는 새로운 파트너십을 결정하는 요인으로 커뮤니케이션, 기회(opportunity), 상호의존성, 다층성(multiple levels), 개방성(open-endedness), 신 가치(new value)를 제시하고 있다.[72]

갈등의 해결방법은 조사를 통해 다음과 같이 정리할 수 있다. 먼저 기업이 생각하는 갈등의 해결방법으로 양 단체를 이해하고 설득하는 중간 혹은 매개기관의 필요성, 미디어에서 협력 사업을 홍보할 경우 양측의 역할을 함께 취급할 필요, 상호 섹터를 이해하는 교육의 필요성 등이 제기되었다.

중간기관 혹은 매개기관은 양 섹터에 대한 전문적 식견을 가지고 있으며, 그 권위와 설득력을 갖춘 가치중립적인 조직을 의미한다. 또한 교육의 필요성은 기업과 비영리영역의 올바른 파트너십이 맺어지고 지속적으로 유지되기 위해서 각 섹터의 조직적 특성과 역할, 가능성과 한계에 대해 명확하게 이해할 수 있는 교육 프로그램이나

71 James E. Austin, *The Collaboration Challenge : How Non–Profits and Business Succeed through Strategic Alliances*(San Francisco : JosseyBass Publishers, 2000)

72 셜리 사가와·엘리 시걸, 이영진 옮김, 『아름다운 제휴, 기업과 시민단체가 만났을 때』.

교육의 장이 마련되어야 한다는 의미이다. 나아가 상대방에 대한 정확한 정보를 입수할 수 있을 때 진정한 파트너십이 이루어질 수 있다는 의미로 해석할 수 있겠다.

NPO의 입장에서는 협약서 작성 시에 '갑과 을'이라는 용어보단 각 기관의 명칭으로 작성할 필요성, 각 섹터 간의 장점을 최대한 살려 윈-윈 할 수 있도록 하는 선순환적 프로그램 운영방식의 필요성, 기업이 백화점식 공헌사업을 하는 것보다 자신의 기업문화나 가치에 맞게 사업들을 진행할 필요성 등이 제기되었다.

그러나 두 섹터는 파트너십 자체를 공통의 과제로 인식하여 각 섹터의 다름을 서로 인정하고 존중하는 방법, 기업과 시민사회의 소통의 장 혹은 정보교류의 장(communication platform)을 마련하는 방법, 사업의 시작 단계부터 소통을 많이 해서 서로 간의 시각차를 줄이는 방법 등의 필요성을 공통적으로 인식하고 있었다.

결국 기업과 비영리섹터 간의 협력을 위해 가장 필요한 것은 양 섹터 간의 '소통의 장'이라고 볼 수 있다. 왜냐하면 양 섹터 간의 주기적이고 체계적인 소통이 이루어 질 때, 비로소 각 섹터가 어떻게 다르고, 어떻게 운영되고 있는지 서로의 유사점과 차이점을 보다 잘 파악할 수 있으며, 이해의 폭이 넓어지게 되기 때문이다. 이런 방식으로 점진적인 관계 개선 과정에서 신뢰가 구축되고, 협력 사업이 더 나은 성과를 얻을 수 있기 때문이다.

국제비즈니스포럼(International Business Leaders Forum : IBLF)의 선임고문 테니슨이 작성한 파트너링 가이드북(Partnering Tool Book)에 따르면 좋은 파트너십을 위한 실행에 있어 "대화는 파트너 간의 투명성을 제고하고 그에 따라 신뢰를 구축할 수 있는 가장 강력한 도구 중 하나(Conversations are one of the most powerful tools for building transparency and subsequently confidence among partners.)"라고 표현한 바 있다. 그만큼 파트너 간의 대화는 서로의 신뢰를 강화한다는 면에서 성공적인 파트너십의 전제로 다루어야 할 중요한 부분이다.

NGO 측면에서 볼 때 이와 같은 기업과 파트너십을 통한 활동이 확대될수록 우리 사회에 질서, 규범, 믿음, 신뢰, 사랑 등과 같은 사회적 자본이 확대될 것이고, 이는 결과적으로 건전한 사회, 더 나은 사회구현에 기여하게 될 것이다.

이미 기업의 전략적 경영의 대상이 되었으며, 생존조건이 된 사회적 책임을 다하기 위해서는 단순히 사회공헌활동을 위한 재원이나 사업을 확대하는 것만이 아니라 이를 위한 CEO의 리더십, 조직의 분명한 철학을 바탕으로 전략적으로 실천에 옮겨야 한다.[73] 이는 단순한 구호가 아니라 기업의 다양한 자원을 선택과 집중을 통해 효율적으로 배분할 수 있는 정책과 체제를 갖춤으로써 그 목적 달성이 가능해진다. NGO가 기업에 대해 요구하는 윤리경영이나 환경경영만이 아니라 기업의 민주성과 투명성을 실천하기 위한 자발적인 노력이 전제됨으로써 기업의 경영목적과 사회적 책임을 동시에 수행

73 여기서 전략적이라는 의미는 사회적 책임 구현활동이 기업의 홍보, 수익이나 경제적 효과를 얻어내기 위한 전략적 접근이 아니다. 오히려 기업이 사회적 책임 수행의 과정으로 진행되는 다양한 사회공헌활동이 기업의 핵심가치를 구현함으로써 사회적 가치를 창출에 기여하고, 그 결과로 기업의 지속가능한 성장이 가능할 수 있도록 본래의 취지와 목표에 맞게 이루어져야 함을 의미한다.

할 수 있게 되는 것이다.

구체적인 실천을 위해 기업은 자사의 산업분야 및 제품, 기업의 이미지와 관련해 공익적 가치를 가지는 이슈를 사회공헌활동의 대상으로 해야 하며, 회사가 위치한 지역의 필요와 관심사를 중심으로 지역사회 투자(corporate community investment)를 통해 NGO와 전략적으로 협력해 나갈 때 비용절감만이 아니라 홍보효과도 높일 수 있게 된다.

기업의 사회적 책임 완수가 외부적으로는 기업의 이미지 제고, 소비자의 신뢰도 향상을 통한 기업의 가치 증대로 이어지며, 내부적으로 기업 구성원들의 윤리 및 책임의식의 고양, 자부심과 조직몰입도(organizational involvement)를 제고함으로써 생산성 향상으로 이어질 것이다. 이는 결국 기업의 장기적 존속과 발전에 기여할 것이라는 점에서 경영 전략적 차원에서 매우 중요한 의미를 가지게 되었다.[74]

---

74 경영적 의미에서 살펴볼 때, 기업의 사회적 성과는 첫째, 근로자 관계의 개선이다. 이는 기업의 근로자를 모집 선발하며, 이들을 유지하고 조직몰입도를 높일 뿐만 아니라 동기부여 및 생산성에 기여하게 된다. 둘째, 고객의 기업 충성도를 제고하며, 구매 결정자에 영향을 미칠 뿐만 아니가 브랜드 이미지를 제고함으로써 고객관계가 개선된다는 점이다. 셋째, 이러한 결과로 수익에 긍정적 영향을 미치고, 경쟁력을 높여 기업 성과를 향상시키게 된다. 마지막으로 긍정적 기업 이미지를 창조하고, 기업의 명성을 제고함으로써 대정부/대시민단체 관계를 개선함으로써 신뢰를 증진하고 협력적 관계를 수립하는데 기여한다.

4. 사회적 책임과 공공성

우리 사회에서 공익적 가치를 중심으로 활동하고 있는 시민사회의 NGO/NPO는 비정부, 비영리성만이 아니라 조직적으로 사적, 자발적, 독립적 특성을 가지고 있다.[75] 매우 다양한 모습으로 활동하고 있는 이들의 역할을 간단하게 구분하기는 쉽지 않지만 일반적으로 인정되고 있는 것은 권력에 대한 비판 및 감시 기능, 약자 및 소외자를 위한 권익옹호(advocacy) 활동, 사회복지 및 인도적 서비스 제공, 시민 교육 및 시민과 정부, 기업 사이의 통로 역할 등이다.

이와 같은 시민사회 영역의 역할은 이윤 동기나 권력 동기에서 발생하는 것이 아니라 우리 사회가 보다 살기 좋은 사회, 민주적이고 투명한 사회가 될 수 있도록 하는 공익적 활동과 연계되어 있다. 그렇기 때문에 NGO의 활동에 대해 시민들이 거는 기대와 신뢰가 정부나 기업보다 훨씬 높으며,[76] 그 활동의 결과로 이 사회에 신뢰(trust)나 규범(norm), 질서와 공동체 의식과 같은 사회자본(social capital)과 인도적 자본(humane capital)을 생성하고 있다는 점에서 높이 평가받아 마땅하다. 실제로 이와 같은 사회적 자본이 더욱 풍성하게 형성될 경우 우리 사회의 전반적인 거래비용(transaction cost)을 낮추

75 레스터 살라몬, 이형진 역, 『NPO란 무엇인가』(서울: 아르케, 2000); 박상필, 『NGO와 현대사회』.

76 주성수, 『기업시민정신과 NGO』.

게 된다는 점에서 사회의 효율성을 제고하는데 기여할 수 있다.[77] 이렇게 볼 때 NGO는 기업이 담당할 수 없는 분야에서 활동함으로써 우리 사회가 성숙하고 발전하는데 공헌하기 때문에 그 의미가 매우 크다고 할 수 있다.

이미 언급한 바와 같이 현대사회에서 시민사회와 기업은 서로 상대를 인정하지 않고서는 존재할 수 없는 공동운명체에 가까운 긴밀한 관계에 놓여 있다. 특히 다양성과 다원성을 바탕으로 하는 민주주의와 자유시장경제의 토양 위에서 이루어지는 기업의 활동은 국가발전의 중요한 전제가 되고 있으며, 그 결과를 국가와 시민들이 향유한다는 점에서 더욱 그렇다고 하겠다.

이러한 측면에서 본고에서는 새롭게 인식되어야 할 기업의 의미와 역할을 소개하고, 기업의 이해관계자이기도 한 시민사회의 역할과 함께 기업과 관련해 NGO가 추구하는 세계의 기준을 살펴봄으로써 양자의 이해의 폭을 넓히고자 했다.

그리고 기업의 사회적 책임의 개념을 간략하게 살펴보고 기업의 사회적 책임 제고를 위한 NGO의 역할이 어떻게 이루어져야 할 것인가 하는 점을 살펴보았다. 특히 지금까지 기업을 비판과 감시의 대상으로 바라보고 활동해 온 시민사회의 NPO/NGO들이 기업을 함께 존재하며 성장해 가야할 운명적 공존의 대상으로 인식해야 할

---

77 사회자본에 대한 다양한 논의는 2002년도 한국NGO학회 춘계학술대회, 'NGO의 활동현황과 발전과제: NGO의 영역확장과 사회자본'에 발표된 논문들, 홍영란, 2007 등 참조.

필요성을 제기하고, 가능하면 기업이 본연의 활동을 효율적으로 수행할 수 있는 환경조성을 위해서도 노력해야 한다고 강조했다.

이러한 시각에서 기업도 국제적 동향이나 사회적 압력에 밀려 수동적으로 대처하거나 홍보를 위한 형식과 성과 위주의 사회적 책임 활동을 넘어 시민사회와 공존해야 할 필요성을 인식하고, 능동적으로 사회적 책임을 구현하기 위해 경영 전략적 접근이 필요함을 지적했다. 나아가 국내외적인 흐름을 바탕으로 기업과 시민사회의 파트너십의 구축의 당위성과 이를 수행함에 있어 발생되는 문제와 그 해결책을 조사결과를 통해 분석해 보았다. 양자 간 파트너십은 부분적으로 상대 파트너가 다른 관점, 목적과 전략 등을 가지고 있을 때 어렵지만, NPO와의 파트너십이 당위적으로 요청되는 상황에서는 철저한 상호 간의 신뢰를 기반으로 한 효율적인 커뮤니케이션이 바탕이 되어야 성공할 수 있다. 그리고 사업과 파트너십에 대해 분명한 목표와 목적을 설정하고, 각 섹터가 명확한 역할과 책임감을 가질 때에만 가능하다는 점을 양 섹터가 인지하고 나아가야 할 것이다.[78] 따라서 양 섹터가 서로의 특성을 이해하고, 사업의 진정성도 인정하는 등의 신뢰구축을 위한 상호배려가 필요하다.

나아가 기업들이 성실하게 사회적 책임을 다할 수 있게 하기 위해 NGO와 교류와 협력이 필요하며, 양측의 강점을 효과적으로 결합하여 추진함으로써 최선의 결과를 낳을 수 있게 될 것이다. 지

78 Ros Tennyson, *The Partnering Tool Book : An Essential Guide to Cross–Sector Partnering.*

속적인 교류와 소통을 통해 서로에 대한 이해도를 높이고 신뢰를 구축하면 비로소 진정한 협력과 파트너십이 가능해 질 것이다. 이렇게 될 때 시민사회가 추구하는 세상을 구현하고, 기업도 장기적으로 성장과 발전을 담보할 수 있게 될 것이다.

당위적으로 요구되는 협력을 넘어 이를 가능하게 할 실천방안들이 더 구체적으로 마련되어야 함은 물론이다. 나아가 정부도 제도적 지원 또는 인프라의 제공을 통해 이를 뒷받침해 줄 때 기업과 시민사회의 파트너십의 긍정적인 결과를 낳게 될 것이고, 우리 사회는 보다 풍요롭고 보람 있는 사회가 될 것이다.

마지막으로 기업의 사회적 책임활동의 산출(output)은 구체적인 사회적 성과(corporate social performance, outcome)로 나타나야 한다. 이는 기업의 사회적 책임 활동 자체가 우리 사회에 공익을 증진하고, 더 나은 사회를 구현하는데 어떻게 기여했는가와 관련되는 통합적 개념이다. 이 개념 속에는 기업의 사회적 책임의 철학적 배경을 반영하는 원칙과 함께 문제 발생 시 취하는 행동적 측면, 나아가 조직적 관점을 반영하는 사회적 이슈 경영, 이해관계자 중심으로 이루어지는 기업의 사회공헌활동을 통해 실천한 결과로서의 사회적 성과를 의미한다.[79]

이와 관련하여 NPO/NGO들은 기업의 사회적 책임활동이 지역사회의 문제를 어떻게 해결하거나 개선하였으며, 그 의미가 무엇인

---

79 D. Wood, "Corporate Social Performance Revisited," *Academy of Management Review* Vol. 16 (1991), 경실련 경제정의연구소 편, 2003b에서 재인용.

지에 대해 평가기준을 개발하고, 기업과 소통하며 객관적으로 평가할 수 있어야 할 것이다.[80] 다만 기업의 사회적 책임 구현은 기업이나 NGO의 노력에 더해 이를 뒷받침할 수 있는 법제도가 마련되어야 하며 동시에 다양한 이해관계자들의 이러한 문제에 대한 인식을 바탕으로 관심과 참여가 함께 수반되어야 할 것이다.[81]

결국 기업의 사회적 책임은 기업이 전반적인 경영활동을 통해

---

80 2005년 5월에는 환경운동연합 기업사회 책임위원회가 기업의 지속가능경영 지수와 이를 위한 가이드라인을 발표했다. 이 가이드라인은 환경경영 및 윤리경영체제, 정보공개, 인권보호, 노동권보호, 소비자보호, 환경보호, 에너지 및 자원절약, 뇌물 및 부패방지, 공정경쟁, 납세 및 사회공헌 등 10개 항목에 30개 세부평가 문항으로 구성되어 있다. 이 외에도 함께하는 시민행동은 기업의 사회적 책임법안을 제시한 바 있으며 경실련, 기업책임연대 등 여러 단체들이 활동하고 있다.

81 1997년부터 세계적으로 적용할 수 있는 지속가능한 보고지침을 발전시키고 보급하기 위해 GRI(Global Reporting Initiative)가 활동하고 있으며, 이들은 기업의 사회적 책임에 대한 국제적 표준화 작업을 추진하고 있으며 이미 400여 기업에 민간인증을 부여하고 있다. 또한 UN은 기업, 노조, NGO들과 함께 인권, 환경, 노동 등의 영역에서 다국적기업의 사회적 책임을 강화하기 위한 글로벌 협약(Global Compact)을 출범시켰으며 보고시스템과 관련하여 GRI와 협력하고 있다. 국제표준화기구(International Organization for Standardization)는 지배구조, 인권, 노동, 환경, 공정운영, 소비자, 커뮤니티 참여 및 개발 등 7대 주제와 관련하여 사회적 책임 국제표준 ISO26000을 2010년 11월에 제정 발표했다. 또한 1997년 OECD의 국제상거래 뇌물방지 협약 채택을 비롯해 EU 등도 기업의 사회적 책임을 요구하는 일련의 조치들을 제도화하고 있다. 이들 국제기준의 주요 내용은 법령준수, 인권, 고용, 제품 및 서비스의 질, 안전, 정보, 환경보전 및 사회공헌 등을 포함하는 투명경영, 윤리경영, 인권/노동/환경에 대한 책임경영 등 포괄적인 내용을 담고 있다. 이에 관해서는 UNGC, 2001 ; OECD, 1999, 2001 ; EU, 1999 ; 노한균, 2012 ; 김운호 2013b 등 참조.

핵심가치 구현에 집중하고 사회에 보다 개방적이며 기업시민으로 옳고 바른 일을 수행(doing right things)하기 위해 체제를 구축하고 실천하는 것이다. 이런 의미에서 사회적 책임을 지는 기업이란 경제적 책임을 다하고 관련법을 지키며, 동시에 다양한 이해관계와의 관계 수립 및 운용에 있어 윤리적이고, 나아가 성실한 기업시민으로서의 책무를 다하는 기업이라 하겠다. 그리고 공익적 가치를 증진하기 위해 활동하는 시민단체들이 기업과 진정한 파트너십을 통해 그 비전과 사명을 중심으로 효과성을 극대화함으로써 우리 사회에 신뢰와 규범 등의 공공성이 확대되는 결과로 이어지게 될 것이다.

참고문헌

경실련 경제정의연구소 편. 2002a. 『윤리경영이 경쟁력이다』. 서울: 예영 커뮤니케이션.

______________________. 2002b. 『새로운 경쟁력, 기업의 사회적 성과』. 서울: 예영 커뮤니케이션.

곽대석. 2013. "NPO-기업 파트너십 활성화 방안." 2013 NPO-기업 파트너십 활성화 방안 토론회 발표논문.

김석준 외. 2002. 『거버넌스의 이해』. 서울: 대영문화사.

김운호. 2013a. "기업과 NGO/NPO의 파트너십을 위한 커뮤니케이션과 신뢰구축." 2013년 한국비영리학회 추계학술심포지엄 발표논문.

_____. 2013b. "기업과 공공성: 일본 중소기업의 사회적 책임." 『21세기 글로벌 사회 공공성』. 이동수 편. 고양: 인간사랑.

김운호, 위평량. 2006. "윤리경영과 기업가치 간의 관계에 관한 실증분석." 『국제지역연구』 제10권 제1호.

김준기. 2002. "기업-NPO의 협력의 단계적 접근." 기빙코리아 2002 발표논문.

노한균. 2012. 『ISO26000을 통해 사회책임 살펴보기』. 서울: 박영사.

드러커, 피터. 2002. 고병국 옮김. 『미래의 기업』. 한국경제신문사.

박상필. 2001. 『NGO와 현대사회』. 서울: 아르케.

백종국. 1999. 『민주 시민의 교양』. 서울: 예영 커뮤니케이션.

사가와, 셜리. 시갈, 엘리. 2001. 이형진 옮김. 『아름다운 제휴, 기업과 시민단체가 만났을 때』. 서울: 아르케.

살라몬, 레스터. 2000. 이형진 역. 『NPO란 무엇인가』. 서울: 아르케.

신동엽. 2005. "윤리적 경영과 전략적 제휴의 성과." 기업윤리 심포지엄 발표논문.

신유근. 2001. 『사회중시경영: 기업과 사회』. 서울: 경문사.

예종석. 2007. 『예종석 교수의 희망 경영』 서울: 마젤란.
이강현. 2006. "기업 사회공헌 활동의 현황과 과제." 한국기자협회 공동주최 세미나 발표문. 한국비영리학회.
이명신. 2003. "기업과 비영리조직의 파트너십에 있어 신뢰와 성과." 경희대학교 NGO대학원 석사학위 논문.
이보인. 2012. 『기업은 저절로 착해지지 않는다』 서울: 청년정신.
이상민, 최인철. 2002. 『재인식되는 기업의 사회적 책임』. 삼성경제연구소.
이종수. 2008. "복지사회 발전을 위한 시민사회의 역할 및 파트너십 성공과 과제." 한국비영리학회 춘계학술대회 '기업-시민사회-정부 영역간 파트너십의 성과와 과제' 발표 논문.
전국경제인연합회. 2003. 『기업·기업재단 사회공헌백서』.
_______________. 2005. 『기업·기업재단 사회공헌백서』.
_______________. 2010. 『기업·기업재단 사회공헌백서』.
_______________. 2013. 『월간 전경련』. 12월호.
주성수. 2001. 『기업시민정신과 NPO』. 서울: 아르케.
_____. 2001. 『글로벌 거버넌스와 NGO』. 서울: 아르케.
_____. 2003. 『기업시민정신과 NGO』. 서울: 아르케.
주성수 편. 1999. 『새천년 한국 시민사회의 비전』. 한양대학교 제3섹터연구소.
한동우·하연찬·문순영. 2003. 『사회공헌활동이 기업에 미치는 영향』. 사회복지공동모금회.
허츠, 노리나. 2003. 조영희 옮김. 『소리 없는 정복』. 경기: 푸른숲.
홍영란. 2007. 『사회적 자본 지표 개발 및 측정에 관한 연구』. 한국교육개발원.
島田 恒, 非營利組織의 マネジメント, 東洋經濟, 1999.
APPC. 2003. Conference Background Papers on *Governance, Organizational Effectiveness and the Nonprofit Sector.*
Austin, James E. 2000. *The Collaboration Challenge : How Non-Profits and*

Business Succeed through Strategic Alliances. San Francisco : Jossey-Bass.

Bills, David. 1993. "What Can Non-Profits and Business learn from Each Other?" *Nonprofit Organizations in a Market Economy : Understanding New Roles, Issues and Trends*, eds. David Hammack & Dennis Young. San Francisco : Jossey-Bass.

Carroll, Archie B. & Ann K. Buchholtz. 2003. *Business & Society : Ethics and Stakeholder Management*(5th ed). Cincinnati : Thomson Learning.

Carroll, Archie B. 1998. "The Pyramid of Corporate Social Responsibility : Toward the Model management of Organizational Stakeholders," *Business and Society Review* Vol. 100-101.

________________. 1979. "A Three-Dimensional Conceptual Model of Corporate Social Performance," *Academy of Management Review* Vol. 4, No. 4.

Cramer, Aron. 2007. "Global CSR Trends and Approach Status of Multinational Corporations," paper presented at International Conference on Corporate Social Responsibility, Seoul, Korea.

Damlamian, Corinne. 2006. "Corporate-NPO Partnerships for Sustainable Development." paper submitted to the Philosophy, Politics, and Economics Program at the University of Pennsylvania.

Drucker, Peter F. 1989. "What Business Can Learn from Nonprofits." *Harvard Business Review* 67, No. 4.

Epstein, Edwin M. 1987. "The Corporate Social Responsibility and Corporate Social Responsiveness." *California Management Review* Vol. XXIX, No. 3.

Folster, S. 2000. "Report on a Dialogue on the New Economy and

Its Impact on the Changing Roles, Changing Relationships among Business, Nonprofit Organizations, and Government." Washington D. C., Independent Sector.

Lee, Chong-Yeong. 2005. "Profit-an Integral Part of Corporate Social Responsibility for Sustainable Growth." 『기업윤리연구』 제9집.

Leo, John. 4. Aug. 1997. "A Man's Got a Right to Rights," U. S. News & World Report.

Meijs, L. C. P. M. and J. M. van der Voort. 2004. "Corporate Volunteering : From Charity to Profit-nonprofit Partnerships." *Australian Journal on Volunteering* Vol. 9.

Nolan, Joseph. 1981. "Business Beware : Early Warning Signs for the Eighties," *Public Opinion* April/May.

OECD. 1999. "Social Responsibility of Multinational Corporations." (www.oecd.org).

Osborne, David and Ted Gaebler. 1992. *Reinventing Government : How the Entrepreneurial Spirit is Transforming the Public Sector.* New York : Plume.

Ross, Susan Rae. 2010. *Developing Effective Partnership Between Non-Governmental Organizations and Corporations.* Denver : SR International.

Sagawa, Shirley and Eli Segal. 2000. *Common Interest Common Good.* Massachusetts : Harvard Business School Press.

Stecke, Richard and Jack Boyson. 2003. *Creating Social Enterprises Through Strategic Alliances.* International Youth Foundation.

Tanimoto, Kanji. 2004. "Changes in the Market Society and Corporate Social Responsibility." *Asian Business & Management* Vol. 3(2).

Tennyson, Ros. 2011. *The Partnering Tool Book : An Essential Guide to Cross-*

Sector Partnering. London : The Partnering Initiative.

UNGC(United Nations Global Compact). 2001. "The Global Compact." (www.unglobalcompact.org).

Wood, D.. 1991. "Corporate Social Performance Revisited," *Academy of Management Review,* Vol.16.

Zadek, Simon. 2001. *The Civil Corporation : The New Economy of Corporate Citizenship.* London : Earthscan.

4장 시민사회 내부 파트너십

송경재

1. 시민사회 내부 협력 가능성

'21세기는 NGO의 시대'란 코피 아난(Kofi Annan) 전(前) UN 사무총장의 선언이 발표된 지도 14년이 지났다. 그동안 비정부 기구로서 NGO는 코피 아난의 지적대로 20세기 국민국가(nation-state)가 주도했던 세계질서에서 중요한 행위자로 부각되었다. 이런 NGO/NPO의 정치사회적 위상 격상으로 이제는 시장과 국가가 NGO/NPO와의 협력을 요구하고 있는 이른바 거버넌스(governance) 혹은 협치(協治)의 시대가 왔다. 20세기 NGO/NPO가 단순히 국가의 통치의 대상이었다면, 21세기에는 NGO/NPO가 행위자가 되어 국가 및 시장과 더불어 주요한 의사결정에 참여할 수 있는 시대가 온 것이다.

일반적으로 NGO라는 용어는 NPO와 혼재되어 사용되어왔다.[1] NPO가 비영리기구(non-profit organization)로서 시장기제와는 다른 영역을 지칭하듯이 NGO는 비정부기구(non-governmental organization)로서 정부기제와는 다른 영역을 지칭한다. 통상적으로 NGO라는 용어가 사용된 것은 1945년부터이다. UN이 창설되면서 NGO라는 용어는 사용되었다. 초기 NGO/NPO는 국제사회에서 가장 유력한 행위자였던 국민국가나 시장이 아닌 민간인 참여자들을 지칭하는 용어로 사용되었으며, 국가나 시장이 하지 못하는 일을 하거나 보조하는 일을 수행하는 단체로 의미가 규정되었다. 하지만 오늘날 NGO/NPO라는 용어는 그 의미가 시민단체 또는 시민사회로 광범위하게 해석되면서 중요한 사회정치적 역할을 수행하고 있다.

이렇듯 시민사회의 위상 강화로 인해 많은 사람들의 관심도 NGO/NPO로 모이고 있다. 그리고 이러한 관심은 필연적으로 양적·질적 발전으로 이어지고 있다. 양적인 측면만 보아도 『한국시민사회연감 2012』에 따르면, 한국의 등록 NGO/NPO는 7,923개이다. 물론 등록된 NGO/NPO만을 집계한 것으로서, 등록되지 않은

---

1 본 장의 시민사회 내부 파트너십을 언급함에 있어서 NGO와 NPO를 혼용해서 NGO/NPO로 사용하도록 하겠다. 이에 대한 보다 자세한 논의는 이동수·김기태·송경재·신두철·이성훈·주성수·채진원, 『민관협력과 시민사회 발전을 위한 청사진』(서울: 특임장관실, 2012)을 참조.

NGO/NPO를 모두 포괄한다면 25,000여개가 넘을 것으로 추산되고 있다.

미등록을 포함한 NGO/NPO 수는 2000년도에 7,600여개에 불과했던 점을 감안하면 NGO/NPO 증가 속도가 매우 빠름을 확인할 수 있다. 약 10년 동안 NGO/NPO(미등록 포함)는 240.61%나 증가했다. 과거의 증가 속도와 비교해도 놀라운 수치라고 할 수 있다. 2003년 18,180개에서 2006년 23,017개로 증가하여 2만개를 넘어섰다. 그리고 이후에도 증가세는 완만해졌지만 꾸준히 증가하고 있는 것으로 나타났다.[2] 이렇듯 한국 NGO/NPO는 2000년 이후에 양적으로 비약적인 성장을 하고 있다. 이 수치는 2000년 이전의 증가와 비교하면 더욱 극명하게 나타난다. 무엇보다, 2000년을 기점으로 등록 NGO/NPO 중의 55.762%인 2,390개가 새롭게 설립되었다. 이는 1990년대의 26.721%나 1980년대의 9.636%에 비해 월등한 증가를 보인 것이다. 역시 2000년을 기점으로 한국 시민운동의 양적인 증가를 잘 보여준다고 할 수 있다. 앞서 21세기 NGO/NPO의 시대를 예견한 코피 아난의 선견이 한국에도 그대로 적용된 것이라 할 수 있다.

2 (사)시민운동정보센터, 『한국시민사회연감 2012』(서울: (사)시민운동정보센터, 2011).

[그림 1] 2000년 이후 NGO/NPO 증가

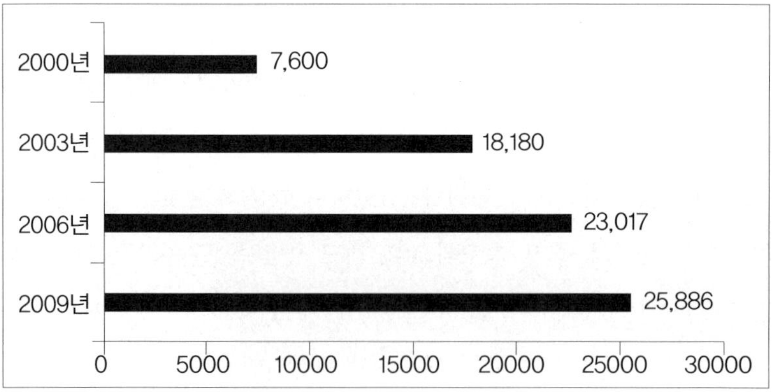

* 출처 : (사)시민운동정보센터(2011, 847)

그리고 1990년대 이후 NGO/NPO의 양적팽창은 질적인 측면의 성장으로 이어진다. 한국이 해방된 이후 1990년까지는 상대적으로 NGO/NPO에 대한 관심과 사회적 역할에 대한 인식이 낮은 수준이었지만, 민주화 이후 시민사회에 대한 이해가 증진되고 많은 시민들의 관심이 집중되면서 NGO/NPO가 급격히 증가하고 있는 것으로 해석될 수 있다. 이는 민주화 이후에 등장한 시민교육의 등장, 민주적 질서에 대한 이해, 체계적인 시민의식의 성숙 등과 결합되면서 시민사회가 서서히 뿌리를 내리는 과정이라고 할 수 있다.

[표 1] 해방이후 NGO/NPO의 양적 팽창

년도	1945년 이전	1945~69년	1970~79년	1980~89년	1990~99년	2000년 이후
개수	17	136	99	413	1,231	2,390
%	0.396%	3.173%	2.309%	9.636%	26.721%	55.762%

* 출처 : (사)시민운동정보센터(2011, 840)에서 재인용.

한편, 양적 팽창으로 오늘날 NGO/NPO가 수행하는 사회정치적 기능은 매우 폭넓고 다양하다. 최근 NGO/NPO에 대한 관심이 고조되면서 학계에서도 NGO/NPO의 역할과 사회정치적 기능, 그리고 시민사회에 대한 다양한 연구가 진행 중이다. 초기에는 NGO/NPO의 등장과 발전전망을 다룬 연구가 많았다면, 최근에는 거버넌스와 NGO/NPO의 역할에 주목하면서, 전 세계적으로 NGO/NPO 연구가 활발하게 진행되고 있다. 하지만 NGO/NPO 관련연구는 진행되고 있지만 NGO/NPO 간의 관계, 시민사회 내부 파트너십 또는 협력에 대한 분석은 그리 많지 않다. 발견된 연구들도 대부분 연대 활동 또는 주요한 사건과 정치적 국면에서 나타난 연대조직에 관한 연구가 대부분이다. 이 장에서 다루고자 하는 시민사회 내부의 협력과 파트너십과 관련된 이론적·경험적 연구는 상당히 제한적이고 연구가 활발하지 않은 것이 사실이다.

시민사회 내부 파트너십 또는 협력이라는 용어는 시민사회 현장에는 주로 '연대운동(solidarity movement)'이란 용어로 많이 사용된다.[3] 즉 직접행동 또는 목적을 수행하기 위한 운동 차원에서 시민사회 간의 연계를 의미한다. 실제 초기 시민사회 내부 파트너십은 연대운동과 동일시되었다. 하지만 이러한 초기적인 인식을 벗어나 최근에는 새로운 차원에서 시민사회 내부의 협력과 파트너십에 대한

3 본 연구에서는 어드보커시(주의 주창형) 운동 용어인 연대 또는 연대운동보다 NGO간의 협력과 교류를 의미하는 용어로 통일성을 기하기 위해 NGO 간 협력 또는 파트너십이라 표현할 것이다.

접근이 발견된다. 예를 들면, 기존의 일시적인 이슈에 따라 공동의 이해관계를 가진 어드보커시형 운동방식의 연대와는 달리 장기적인 목표를 실현하기 위해 일상적이고 안정적인 협력과 파트너십에 대한 고민도 높아지고 있다. 본 연구는 이러한 시민사회 내부 파트너십에 주목하여 한국에서의 현황과 사례를 중심으로 바람직한 시민사회 내부 협력의 의미와 그것이 시민사회의 공공성 강화를 위해 어떤 긍정적인 함의가 있는지를 추출하고자 한다.

2. 시민사회 내부 협력의 유형

전통적 행위자인 국가와 시장의 쇠퇴와 함께 새롭게 부각되고 있는 행위자가 있으니 바로 시민사회 또는 NGO/NPO이다. 시민사회의 역할은 이미 19세기 미국의 초기 민주주의를 연구한 프랑스의 토크빌(Tocqueville)이 강조하듯이, 결사체 또는 공동체의 적극적이고 자발적인 역동성이야말로 민주주의의 원동력이라는 극찬을 받았다. 이는 초기 시민사회 논의에서 중요한 획을 긋고, 이후 다원주의적인 시민사회론의 형성에 영향을 주게 된다.

오늘날 NGO/NPO는 산업시대에 등장한 전통적인 국가 중심 통치방식의 변화 과정에서 정부실패(government failure)와 시장실패(market failure) 해결 대안으로 부각하고 있다. 현대에 와서 시대적 상황에 조응하여 시민사회, NGO/NPO 역할론은 힘을 얻고 있으며 변화된 역학관계에 조응하여 국가와 시장 주도적인 지배구조가 변화되고 있다.[4] 이러한 변화의 시작에 NGO/NPO가 존재하고 있는 것이다. 하지만 앞서 지적한 바와 같이 시민사회 내부 협력 또는 파트너십에 관한 체계적인 연구는 극히 일부에 불과하다. 이러한 한계 속에서도 몇몇 국내외에서 관련 연구가 수행되어 왔다.

초기 논의는 주로 전투적인 시민사회 내부 파트너십인 연대운동에 관한 연구들이 있다. 이들의 연구는 시민사회 내부 협력이나 파트너십이란 구체적인 언급은 없지만 권위주의 정부나 시장에 대항하기 위한 수단으로 NGO/NPO 파트너십(협력 또는 연대)를 강조한다. 헌팅턴(Huntington)은 민주화 과정에서 나타난 제3의 물결은 구(舊) 사회주의권뿐만 아니라 권위주의 체제에서 이에 저항하는 시민사회의 목소리를 높여주었다고 지적한 바 있다.[5] 이러한 변화들은 결국 권위주의 체제에 저항하는 동일한 목소리로 결집되었고 시민사회 연대는 반정부적인 성격을 가지게 되었다.

이는 한국에도 유사하게 나타난다. 민주화 이전까지 한국에 등장한 각종 NGO 협력은 주로 어드보커시형 연대운동의 틀을 유지하고 있다. 이러한 틀은 해방 후 권위주의 체제에 이르러 극대화되어 독재적인 권위주의 정권에 대항하는 시민사회가 형성되면서 이른

---

4 송경재, "한국의 정치적 기회구조 변동과 시민주도 거버넌스에 관한 소고," 『민주사회와 정책연구』 통권 12호 (2007).

5 Samuel Huntington, *The Third Wave : Democratization in the Late Twentieth Century*(University of Oklahoma Press, 2012).

바 연대를 바탕으로 한 재야운동으로 활동하기도 했다. 그리고 박정희 정권 이후 등장한 전두환 정권은 초기 권위주의적인 독재를 유지하기 위해 민주화 운동세력을 탄압했고, 이에 대한 반대급부로 형성된 NGO들은 민주화와 정치지향성을 보이며 협력을 넘어 연대투쟁을 위한 운동 공간이 되었다. 당시 등장한 연대운동을 간략히 정리해 보아도 1983년의 민주화운동청년연합, 1984년의 민중민주운동협의회와 민주통일국민회의, 1985년의 민주통일민중운동연합, 1987년의 민주헌법쟁취국민운동본부, 1988년의 전국민족민주운동연합, 1990년대의 민주주의와 민족통일을 위한 전국연합 등이 있었다.

두 번째 논의의 흐름은 2000년 이후 공동의 이해관계 또는 이슈를 공유하는 시민사회 내부 협력 또는 파트너십에 대한 연구가 개시되었다. 본격적인 차원에서의 내부 파트너십의 구축 측면에서 이러한 연구흐름은 주목할 만하다. 이 연구흐름은 주로 지역연구에서 활발하게 등장했다. 반지와 엥겔(van Zee and Engel)은 시민사회 내부 연대인 네트워킹이 가능하게 되는 요인에 대한 연구를 시도했다. 그들은 시민사회 네트워킹이 가능한 세 가지 요인을 규정했다. 첫째, 시민사회 행위자들은 그들의 활동을 가로막는 결정적 요소인 관련 지식들을 이용하기 어렵다고 인식할 때 협력 활동을 통해서 그들의 성취를 향상시키고자 한다. 즉 정보자원의 한계가 있을 때 파트너십이 형성되기 쉽다는 것이다. 둘째, 분석과 활동의 측면에서 시민사회는 힘을 합쳐 공동조사를 통해서 복잡한 환경을 이해하고 이에 개입하는 새로운 방향을 찾으려고 한다. 이들은 지방, 지역, 국가 단위의 지식을 이용하여 지구적 문제에까지 관심을 가질 수 있으며 전략을 공유하고 인식의 심화를 가능하게 한다. 이는 활동과정에서 공동의 대안을 모색하기 위한 파트너십을 강조한다. 셋째, 시민사회는 보다 높은 정책차원의 활동을 위해 정부의 정책결정 과정에 참여하려는 경향이 강한데, 이에 대한 효과적인 영향력을 행사하기 위한 수단으로 협력이 가능하다는 것이다.[6]

이러한 시민사회 내부 협력을 네트워크의 구축으로 분석한 일군의 학자들은 네트워크의 형성을 위한 요인이 무엇이며 각각의 네트워크의 특성이 무엇인지를 규명하고자 집중했다. 이러한 형태로 등장한 것이 바로 국내에 동일한 이해관계를 가지는 협력활동으로서의 엄브렐러(umbrella) 파트너십이 등장하고 있다. 현실에서는 이미 엄브렐러 방식의 시민사회 내부 파트너십은 활성화되었다. 하지만 이에 대한 구체적인 연구는 부재하는 것이 사실이다. 먼저, 정민수는 한국 시민사회단체의 연대 활동을 네트워크 분석을 통해서 최근 나타난 시민사회 내부 협력 또는 파트너십에 대한 함의를 제공한다. 그는 시민사회 내부 협력과 파트너십에 대한 연구는 아니지만 한국의 시민사회단체 간의 네트워크적인 접근을 통해서 환경, 지역 활동, 여성단체들의 중심성이 강하다는 것을 규명했다.[7] 정민수의 연구

---

6 Sarah van Zee and Paul Engel, "Networking for Learning: What can Participants do?" (Zeist: European Centre for Development Policy Management, 2004), 6; 황병덕·정영태·최대석·배진수 외, 『동북아 지역내 NGO 교류협력 활성화 및 인프라 구축방안』(서울: 통일연구원, 2006), 9에서 재인용.

7 정민수, "한국시민사회단체의 연대활동에 대한 네트워크적 접근," 『시민사회와 NGO』 제6권 제2호 (2008), 135-173.

결과를 유추해 보면, 이는 실제적으로 환경운동연합이나 한국여성단체연합, 여성민우회 등의 엄브렐러형 파트너십이 그 동안 존재했기 때문일 것이다.

한편, 동북아시아 지역을 대상으로 하는 글로벌 차원의 시민사회 협력 또는 파트너십에 대한 연구도 존재한다. 황병덕 등은 시민사회 파트너십을 네트워크로 인식하고 동북아시아 지역에서의 NGO/NPO 네트워크의 가능성을 다양한 시각에서 제시한 바 있다. 이들은 지역의 공동의 이해관계를 가지는 국제 NGO/NPO들의 협력이 가능함을 사례를 통해서 분석한 바 있다. 예컨대, 한국을 중심으로 하는 일본 위안부 문제 해결을 위한 국제적 시민사회 내부 파트너십 연구나, 대북 인도적 지원기구 네트워크에 대한 협력 연구 등이 다양하게 시도되었다.[8]

셋째, 정보화·세계화로 인한 이른바 국제적인 NGO/NPO 협력의 가능성에 대한 연구도 증가하고 있다. 이는 주로 지구적 이슈(global issue)에 대한 시민사회의 대응에서 구축된 것이라 할 수 있다. 인류 보편적 가치인 인권, 평화, 평등, 빈곤, 반전, 환경 등의 이슈는 지구적인 차원에서의 정부만이 아니라 NGO/NPO 차원에서의 대응도 요구된다. 이러한 국제적인 NGO/NPO 파트너십을 가능하게 한 것은 정보화·세계화의 영향이 크다고 하겠다.

대표적으로 송경재의 연구는 시민사회의 국제적인 협력에 주

8 황병덕·정영태·최대석·배진수 외, 『동북아 지역 내 NGO 교류협력 활성화 및 인프라 구축방안』(서울: 통일연구원, 2006).

목했다. 그는 인터넷이 전 세계적으로 보급되기 시작한 1994년 사파티스타 민족 해방군(Ejército Zapatista de Liberación Nacional, EZLN)의 저항운동을 사례로 분석했다. 이 연구에서는 사파티스타 민족 해방군이 봉기한 이유와 그들의 신자유주의에 반대하는 이유 그리고 멕시코 정부의 반농민적인 정책 등이 세계에 알려지면서 이들은 전 세계 NGO/NPO들로부터 지지를 이끌어냈음에 주목하고, 그 결과 국제적인 시민사회 네트워크가 형성되면서 평화적인 해결 방법을 모색하는 과정을 규명했다. 이는 단순히 국내 문제만이 아니라 지구적 차원에서의 시민사회 내부 파트너십의 구축이 가능하다는 것을 보여준 최초의 사례라고 할 수 있다. 이외에도 지구적 차원의 시민사회 협력 사례는 많이 발견되고 이러한 양상에 대해 그는 글로벌 사이버 행동주의(global cyber activism)로 해석했다.[9] 이처럼 정보통신기술(Information and Communication Technologies; 이하 ICT)을 매개로 하는 시민사회 연대와 파트너십의 형성은 세계 도처에서 사회변화를 꾀하는 지지의 동원과 조직화, 그리고 정치적 집합행동을 위한 저항 도구가 되었다고 할 수 있다.

이상의 연구 흐름을 정리하면, 첫째, 시민사회 내부 협력 또는 파트너십 연구는 초기 연대운동적인 관점에서 권위주의 체제 저항의 방편으로서 연구가 시작되었다. 둘째, 권위주의 체제가 해체된 이후의 시민사회 내부 파트너십은 주로 정책참여와 정보공유 등의 협

9 송경재, "지구 사회운동의 동학 : 글로벌 사이버 행동주의(cyber activism)를 중심으로," 『21세기정치학회보』 제21집 1호 (2011).

력이 모색되었다. 이러한 변화된 현실을 분석하기 위해 주로 분야별, 영역별 시민사회 내부 파트너십 관련 연구가 등장했다. 그리고 마지막으로, 최근 시민사회 파트너십 연구는 ICT를 기반으로 하는 국제적이고 이슈지향의 협력운동에 대한 연구가 활발하다.

하지만 앞서의 시민사회 내부 협력에 관한 연구 성과에도 불구하고 몇 가지 한계점은 존재한다. 이동수 등에 따르면, 시민사회 발전을 위한 방안으로 NGO/NPO의 역량 강화를 위해 정부와 기업의 지원과 함께 시민단체 간의 협력과 연대에 기초한 파트너십이 중요하다고 제기한 바 있다.[10] 그러나 학계에서는 이러한 시민사회 내부 파트너십에 대한 체계적인 이론이나 논의는 부재한 것이 사실이다. 그간의 연구는 주로 현실에 등장한 사건이나 행태에 대한 사후적 해석에 그치고 있고 구체적인 시민사회 내부 협력 또는 파트너십에 관한 체계화된 이론이나 모델은 발견되지 않는다. 이런 조건에서 본 연구에서는 그동안의 시민사회 내부 파트너십 선행연구의 성과를 반영하여 사례를 중심으로 파트너십의 특성을 살펴보고 이를 소개하고자 한다.

---

10 이동수 외, 『민관협력과 시민사회 발전을 위한 청사진』.

3. 시민사회 내부 파트너십 사례

앞서 선행 연구에서도 확인되지만 시민사회 내부 협력 또는 파트너십은 그 당위성은 강조되지만 실제적인 구현과 동학 등에 대한 연구는 잘 이루어지지 못하고 있다. 그렇지만 앞에서도 확인했듯이 시민사회 내부 협력 또는 파트너십의 당위성과 구축의 장점이 많다는 점에서 학계에서 오랫동안 논의되었다.

본 연구에서는 이상의 문제점을 인지하고 시민사회 내부 협력 또는 파트너십을 다음과 같이 유형별로 분류하고자 한다. 첫째, 가장 일반적인 형태라고 할 수 있는 국내외의 주요한 이슈를 기반으로 한 이슈지향적인 어드보커시형 시민사회 내부 파트너십, 둘째, 공동의 이해관계 속에서 안정적인 공동 활동을 추구하는 방식의 엄브렐러형의 시민사회 내부 파트너십, 셋째, 국제 NGO(international non-governmental organization; 이하 INGO)와 연계되어 있는 국내 파트너십 등으로 살펴보겠다.

1) 이슈지향적인 시민사회 내부 파트너십[11]

11 이슈지향적 시민사회 내부 파트너십의 주요 사례는 이동수 외, 『민관협력과 시민사회 발전을 위한 청사진』의 Ⅱ장과 조한범·허문영·정영태·이석·전병곤·최대석·이종두·김병로·유혀열·이진영, 『동북아 NGO 연구총서』(서울: 통일연구원, 2005), 293-384, 3장 "동북아 인권 NGO의 실태와 협력 동향"의 주요 내용을 재정리했음을 밝혀둔다.

1987년 민주화 이후 한국의 시민운동은 정치사회 개혁적인 직접행동과 긴밀한 연관을 가지고 있다. 민주화 이후에 제도적·절차적 차원의 민주화가 진행됨에 따라 NGO/NPO의 직접행동은 단일한 형태가 아니라 동일한 목표를 공유하는 이슈지향성을 가지고 나타난다. 그런 맥락에서 한국에서 1980년대부터 2000년대까지의 시민사회운동의 역사는 이슈지향적인 시민사회 내부 협력 또는 파트너십의 역사라고 해도 과언이 아니다. 물론 이러한 특징은 시민단체만을 상정한 것이 아니라 각종 이익단체와 노동운동, 농민운동 등을 망라한 것이기 때문에 이를 일반화할 수는 없다.

이슈지향적인 시민사회 파트너십은 1987년 이후 대중적인 시민사회에 대한 인식이 고조되면서 이슈별 또는 시기적으로 다양하게 나타난다. 이 시기는 한국에서 권위주의 체제 붕괴 이후 자율적인 시민사회가 분명한 가치지향을 갖고 출범하는 시기이다. 시민들의 자유와 인권 등의 시민권이 법·제도적으로 반영되어 가는 과정에서 비로소 국가와 시장으로부터 자율성을 가지는 NGO/NPO들이 창립되었다. 이들은 과거의 반정부운동을 지향했던 민중운동과 사회운동과는 다르게 권력교체와 체제교체보다는 권력과 체제의 문제점을 시정하는 것을 목표로 하는 시민운동을 표방하였다. NGO들은 기존 민중운동 세력과는 차별성을 가지며 민주화의 진전에 따른 절차적 민주주의 도입과 사회경제적 권리증진이라는 사회적 변화에 부응하기 위한 목적으로 출범했다. NGO들은 정부와 시장을 근본적으로 부정하지 않는 가운데, 이들의 행태와 잘못된 정책을 비판·견제하고 수정하기 위하여 정책대안을 제시하려는 활동을 새롭게 시도하였다. NGO들은 민주화 이후 노동자, 농민, 빈민, 재계, 변호사 등 각 계급계층별·직능단체별로 요구되는 이익의 극대화 노선에 연대하면서도 그 이익이 사회전체의 공공성과 충돌하거나 지나친 집단이기주의로 빠지는 경우에는 이를 바로잡기 위한 견제와 개입활동을 통해 자신의 노선을 차별적으로 정립해 나갔다. 1989년 7월 창립된 경제정의실천시민연합(경실련)을 비롯한 한국여성단체연합, 환경운동연합, 참여연대 등 한국의 대표적인 NGO가 출범했다.

이들은 기존의 민중운동 또는 노동자, 농민운동 방식과는 차이가 있었지만 대의적인 차원에서는 일정하게 궤를 같이 하는 경향이 있었다. 그리고 초기에는 다양한 사회적 문제에 대한 공동대응적인 움직임을 보였고, 이에 따라 이슈지향적 시민사회 내부 협력 또는 파트너십이 형성되었다. 초기에는 주로 당시 시대적 상황에 따른 정치경제적 이슈 중심의 공동행동이 주류를 이루었고 주로 정책참여, 문제제기. 항의 등의 직접행동 등의 협력관계를 유지했다. 그리고 당시 시민운동 세력을 주도했던 인물들이 과거의 인맥이 연결되어 있었던 관계로 상층 중심의 파트너십이 형성되었다. 하지만 그렇다고 해서 그것을 무시해서는 안 된다. 1990년대의 다양한 사회문제에 대한 공동대응이나 사회개혁운동에서 이들의 협력적인 파트너십은 정부나 시장권력에 대항할 수 있을 정도로 강력한 것이었다. 따라서 NGO/NPO는 당시 진행되었던 현대 및 대우 등의 대형 노동조합운동에 결합한 노동기본권 쟁취운동과 추곡수매가와 수입개방 반대를 위한 농민운동과 보조를 맞추는 연대운동에 NGO/NPO가 참여하는 형태의 파트너십이 등장한다. 1980년대 후반부의 시민사회 내부 파트너십은 기존의 민중운동과 연계된 기본권을 쟁취하기 위한 운동으로 파트너십이 형성되었다. 그리고 시민운동 차원에서도 이슈가 제기되는 경우도 있었다. 예를 들면, 토지공개념이나 금융실명제, 수서사건 등 각종 비리사건에서는 경실련을 중심으로 다양한 사회 의제에 NGO/NPO들이 결합하는 이슈지향적 시민사회 내부 파트너십이 형성되었다.

[표 2] 이슈지향적 시민사회 내부 파트너십의 등장과 발전

구 분	설 명	비 고
2000년 이전	–1987년 민주화 이후 시민사회에 대한 인식이 고조되면서 각 분야 NGO/NPO 등장 –반정부 운동이 아니라 체제개혁 운동으로 전환 –기존 민중운동과 연계한 정부감시 또는 사회개혁, 기본권 관련 이슈지향적 시민사회 파트너십 형성	–경실련, 여연, 환경연합 등 출범
2000년 이후	–시민사회의 성숙과 법제도적 지원으로 인한 시민사회 내부 협력 또는 파트너십이 두 가지 양상으로 분리 ① 지속가능한 시민사회 내부 파트너십 (전국연대 조직) ② 시민운동이 중심이 되는 이슈지향적 파트너십 – 주요한 정치적 사안이 있으면, 네트워크, 연대회의 등의 명칭으로 시민사회 내부 파트너십이 구축 (4대강 반대, 미국산 쇠고기 수입반대, 용산사건, 선거참여 등)	–총선시민연대의 활동을 계기로 변화 –주요 이슈가 제기될 경우, 동일한 조직이 이중적으로 결합

초기 이슈지향적 시민사회 내부 협력 또는 파트너십은 1990년대 이후 새로운 전환기를 맞게 된다. 1990년대를 거치면서 이슈제기의 주체가 기존 노동, 농민, 빈민운동 세력에서 시민운동 세력으로 이관되고, 주요 NGO/NPO들은 사회 의제를 설정하고 개혁운

동의 중심체로서 원심력을 획득하게 된다. 이는 두 가지 원인 때문이다. 첫째, NGO/NPO의 양적·질적인 전환을 맞이했다는 점을 지적하지 않을 수 없다. 앞서도 확인되지만 2000년을 기준으로 한국의 NGO/NPO는 55.762%가 새로이 등장한다. 양적인 도약이 시작되고 1990년대만해도 26.721%나 새롭게 출범한다. 그야말로 본격적인 NGO/NPO의 시대가 시작되었다고 할 수 있다. 여기에 NGO/NPO에 대한 국민 인식도 향상되면서 건강한 정부감시자, 합리적인 비판자로서의 위상이 높아지게 되었다.

둘째, NGO/NPO의 사회적 기능에 주목하면서 정부의 법제도적 지원이 있었다. 권위주의 체제 붕괴 이후에 새로운 시대적인 가치는 민주주의의 실현이었고, 여기에 시민들의 참여는 필수불가결한 것이었다. 그리고 1987년 대통령직선제, 국정감사 제도가 부활되면서 국민의 국정에 대한 관심은 고조되었다. 또 1991년 지방의회선거가 실시되면서 지역 문제가 새로운 의제로 등장했고, 그동안 중앙정치 중심의 관심이 지역으로 확산되면서 다양한 삶의 이슈들이 대두되었다. 이러한 이유로 시민들의 참여와 관심이 증대되면서 확대된 시민권에 기반한 시민들의 자발적 결사체가 증가하였다. 이러한 환경적인 변화에 따라서 1994년 사회단체등록에 관한 법률을 폐지하고 사회단체신고에 관한 법률을 제정하였고, 2000년에 시민단체의 활성화를 목적으로 '비영리민간단체지원법'이 제정되었다.

법적인 지원까지 가세되면서 NGO/NPO들 간의 연대와 협력이 시작되었고 지속가능한 시민사회 내부의 파트너십을 추구하게 되었다. 이때 등장한 것이 정치개혁을 목적으로 1994년 4월에 출범한 경실련 주도의 시민사회운동 단체 연대 조직인 '한국시민사회단체협의회(시민협)'이 결성되었다. 초기 시민협은 경실련, YMCA, 환경운동연합 등과 같은 58개의 대규모 단체가 연대하여 창립한 연대 조직으로 공동정책토론회, 공명선거캠페인과 공명선거실천협의회 결성, 정치개혁입법청원 등 주로 정치적인 이슈와 사회 문제 해결에 주안점을 두었다. 1987년 이전의 시민사회 파트너십이 주로 민주주의나 정권교체 등의 요구를 반영한 이슈지향성 파트너십이었다면, 시민협은 체제 내에서의 개혁을 주목표로 하는 파트너십이란 차원에서 큰 차이를 보인다. 때문에 직접행동 방식도 불법적이고 비제도적인 행동보다는 합법적이고 제도적인 방식의 참여를 유지했으며 시민들의 관심을 모으는 정치매개 조직으로 기능하기도 했다.

한편 시민협의 활동과 함께 진보적인 시민단체 간의 협력과 연대도 등장한다. 시민협은 진보 성향의 참여연대의 등장에 따라 단체 내부에서 활동방식과 노선의 차이를 놓고 서로 다른 조직의 틀로 분화해 나갔다. 이때 등장한 것이 정치개혁을 모티브로 한 이슈지향적인 시민사회 파트너십의 형성이다. 진보적인 관점에서 권력비판적인 성향의 시민단체들을 참여연대가 주도하여 결성한 2000년 1월 전국 412개 단체들로 구성된 '총선시민연대'가 그것이다. 총선시민연대는 16대 4·13 총선에서 부적절한 후보자에 대한 공천반대, 낙선운동을 전개할 것을 천명하고 4월 3일 공천 반대자 64명과 반인권 전력 및 납세 비리, 저질 언행 관련자 22명 등 모두 86명의 낙선 대상자 명단을 발표하였다. 이들은 피케팅이나 가두방송, 현수막 게시 등을 통해 특정후보를 떨어뜨리는 낙선운동을 전개했고 이에 대해 일부 정치권에서는 총선시민연대의 낙천·낙선운동은 '공직선거법'에 저촉되는 불법운동이라고 비판했다. 그럼에도 불구하고, 이들의 운동으로 86명의 낙선 대상자 가운데 59명(68.6%)이 떨어졌고, 22명의 집중 낙선 대상자 중의 낙선자는 15명(68.2%)이나 되었다. 이러한 총선시민연대의 활동은 총선이라는 시점에 정치개혁을 주제로 한 전형적인 파트너십이라고 할 수 있다.

이러한 성과를 바탕으로 총선시민연대와 시민협이 통합한 조직이 2001년 〈시민사회단체연대회의〉로 발족하면서 시민협은 해산하는 운명에 처했다. 하지만 해산한 시민협은 당초 경실련과 시민협 결성의 주역이었던 서경석 목사와 뉴라이트 계열 시민단체와 북한인권운동 단체 등의 주도로 2012년에 동명인 〈한국시민단체협의회〉로 재발족했다.

그러나 전국적인 연대 조직이 구성되었다고 해도 이슈지향적인 시민사회 내부 파트너십이 완전히 사라진 것은 아니었다. 주요 정치적인 사건이 발생할 경우 이슈를 기반으로 하는 다양한 형태의 시민사회 내부 협력 또는 파트너십이 등장했다. 2007년 이후에만 중요한 이슈지향적 시민사회 파트너십은 다양하게 나타났다. 4대강 사업 저지, 미국산 쇠고기 수입반대, 한·미 자유무역협정(FTA) 반대 운동, 용산참사 희생자 추모, 그리고 쌍용차 해고자 복직 등 최근 10년간의 굵직한 정치적 쟁점이 있을 때마다 '000 네트워크, 000 국민행동, 000 연대회의, 000 대책위원회' 등, 명칭은 다르지만 이슈에 기반한 파트너십 방식으로 형성되고 있다. 이슈지향적 시민사회 파트너십은 주요한 사안별로 등장하기 때문에 일시적이고 한계가 있다는 문제는 있지만 역시 중요한 정치적 일정을 고려한다면 이슈지향적 시민사회 협력은 한계와 의미를 동시에 가지고 있다고 할 수 있다.

요컨대, 한국의 이슈지향적 시민사회 내부 협력 또는 파트너십의 등장과 발전은 두 시기로 구분할 수 있다. 첫 번째 시기는 2000년 이전의 주로 권위주의 체제에 저항하기 위한 방식으로 등장한 시민사회 내부 파트너십이다. 이때의 주도권은 NGO/NPO들보다는 당시 민주화운동을 이끌었던 재야, 야당, 노동, 농민, 빈민, 학생운동 세력이었다. 여기에 NGO/NPO가 결합한 형태라고 할 수 있다. 그러나 두 번째 시기인 2000년 이후 사회이슈에 대한 의제설정 권한이 강해진 NGO/NPO가 점차 주도권을 가지면서 투 트랙으로 발전한다. 상위의 트랙은 안정적이고 지속가능한 파트너십을 구축하기 위한 조직을 건설하는 것이다, 하위 트랙은 과거와 마찬가지로 주요한 정치적 쟁점이 있을 경우 등장하는 이슈지향적 시민사회 내부 파트너십이다. 대표적으로 4대강 사업 저지, 미국산 쇠고기 수입반대, 한·미 자유무역협정(FTA) 반대운동, 용산참사 희생자 추모, 그리고 쌍용차 해고자 복직 등 굵직한 정치적 쟁점이 있을 때마다 이슈지향적 시민사회 내부 협력 또는 파트너십이 형성되고 있다.

2) 엄브렐러 유형의 시민사회 내부 파트너십[12]

---

12 엄브렐러 유형의 시민사회 내부 파트너십의 주요 사례는 이동수 외, 『민관협력과 시민사회 발전을 위한 청사진』의 Ⅱ장 그리고 한국여성단체연합과 환경운동연합의 홈페이지에서 조직 구성 및 정관 운영 원칙을 바탕으로 재정리했음

한편, 시민사회 내부 협력 또는 파트너십의 또 다른 유형은 분야별 엄브렐러 형식의 파트너십을 구축하는 방식이다. 대표적으로 환경이나 여성 등의 분야에서 많이 나타나는 방식인데 1980년대 이후 급격한 NGO/NPO들이 등장하면서 다양한 가치와 영역, 문제에 대한 단체들 간의 공통의 가치를 가지고 있는 전국 조직 형태로 설립되었다.

이러한 엄브렐러 유형의 시민사회 내부 협력 또는 파트너십은 1980년대 말부터 시작된다. 먼저 1989년 2월 발족한 한국여성단체연합은 소외되었던 여성들의 인권과 권리문제를 사회적으로 쟁점화하면서 여성들의 젠더 의식과 양성평등 의식의 확대에 많은 영향을 미쳤다. 1993년 설립된 환경운동연합은 종전의 반정부적인 정치투쟁의 영역에서 벗어나 후기산업사회의 대표적인 주제인 환경문제를 제기함으로써 새로운 시민사회의 영역을 개척하였다. 그리고 1994년 10월 창립된 참여연대는 각계의 전문성과 활동가들의 활동성을 결합시켜 소액주주운동, 권력감시운동, 시민권리찾기운동 등 다방면에서 보다 적극적인 시민참여와 권력비판을 주도하여 종합적인 시민운동 단체로 성장해 나갔다.[13]

본 연구에서는 한국여성단체연합(이하 여성연합)과 환경운동연합의 엄브렐러 유형의 시민사회 파트너십을 살펴보겠다. 먼저 여성연합은 1987년 창립되었다. 당시에는 창립 선언문도 없이 시민사회 내

을 밝혀둔다.

13 이동수 외, 『민관협력과 시민사회 발전을 위한 청사진』.

부 연대 조직으로서 시작했다고 한다. 이후 여성연합은 진보적인 여성단체들을 아우르면서 여성을 억압하는 한국사회의 모순을 외세에 의한 분단, 군사독재 정권에 의한 기본적 자유의 억압과 민중 억압적 경제정책으로 인식하고, 평화·통일운동, 여성노동과 농민운동, 정치사회 민주화 운동, 여성권익 운동 등을 전개하고 있다. 설립 당시 여성연합의 회칙에 명시된 단체의 목표는 "본 연합은 여성운동 세력 간의 조직적 연대를 이루어 나가며, 사회의 민주화와 자주화, 여성해방 쟁취를 목적으로 한다"고 밝히고 있다.[14]

이와 같은 엄브렐러형 시민사회 파트너십 조직이 등장하게 된 배경에는 여성운동이 가지는 독특한 특성에 기인한 것이었다. 이에 대해 여성연합은 창립에 참가한 세 부류의 경험에 기인한 것으로 기술한다. 그것은 첫째, 1970년대의 여성노동자운동으로 제조업 공장 노동자들의 민주노조 설립 투쟁의 과정에서 축적된 여성노동자운동의 경험에서 기인한다. 즉 노동자운동과 여성운동의 접목을 시도하는 전통에서 여성연합의 한 뿌리가 있다. 둘째, 지식인 여성들의 학생운동과 민주화 운동 경험 그리고 이론적으로 서구의 페미니즘 이론을 여성학 강좌 또는 사회단체의 교육 등을 통해 접한 세대들이 대거 등장하면서 여성의 문제에 대한 인식을 공유했고, 그 결사체로서 엄브렐러형 파트너십이 필요하게 된 것이다. 셋째, 진보적 기독교운동에 참여한 교회 여성들의 결합도 중요했다. 교회 여성들은

14 한국여성단체연합, 2013, http://www.women21.or.kr/tc/hello/category/17 (검색일: 2013. 12. 04).

1970년대부터 기생관광 문제, 양심수 인권문제 등을 중요한 과제로 삼아 조직적으로 문제 제기를 했으며, 이론적으로도 민중신학을 발전시켜 여성의 입장에서 재해석했고, 이들의 노력이 여성연합의 한 뿌리가 된 것이다.

이러한 뿌리를 바탕으로 1980년 초반부터 진보 여성단체들이 새롭게 결성되기 시작했다. 1980년 여신학자협의회, 1983년 여성평우회, 여성의 전화, 또 하나의 문화, 1986년 기독여민회 등 지식인 중심의 여성단체들이 창립되었다. 이 단체들의 창립 선언문에는 여성해방에 대한 강조를 기본으로 하면서 반독재 민주화, 통일, 노동자, 농민·빈민여성의 생존권과 인권 존중 등을 담고 있다. 이들 진보적 여성조직들은 인권회복, 민주화 쟁취 차원의 70년대 운동을 계승하고 있었다.[15]

여성단체들이 동질적인 젠더 정체성을 바탕으로 공통의 관심사에 관심을 가지게 되었고 파트너십을 구성하게 되었던 계기는 1984년 청량리경찰서 여대생 성추행 사건, 1985년 여성노동자생존권 대책위원회 활동, 1986년 부천경찰서 성고문 대책위원회 활동 등을 공동으로 전개하면서부터였다. 특히 1986년의 부천경찰서 성고문 사건 대책위원회는 이슈지향적인 시민사회 협력 또는 파트너십이었지만 상설화되면서 연대 조직에 대한 필요성이 제기되었다. 여성단체들은 1987년 2월 18일 오전 11시, 21개 회원단체가 모인 가운데 한국여성단체연합로 출범하게 되었다.

15 한국여성단체연합, 위의 홈페이지 (2013).

여성연합은 상설적인 엄브렐러형 시민사회 파트너십을 바탕으로 이전에 개별적, 사안별로 진행해 오던 성고문대책위원회, 생존권대책위원회, 그리고 KBS시청료거부 운동 등과 같은 시민 운동을 수행했다. 여성연합의 엄브렐러형 시민사회 파트너십을 통한 구체적인 활동과 성과는 1989년 가족법개정특위 구성 및 대책활동, 1990년 탁아문제특별대책위원회 구성, 1991년 정신대 대책활동, 2000년 호주제 폐지를 위한 시민연대 활동 및 호주제 위헌소송 및 민법개정 청원, 2001년 '성매매알선 등 범죄의 처벌 및 방지에 관한 법률' 입법 청원, 2011년, 아나운서 성희롱 발언 의원에 대한 제명 촉구 및 국회법 개정 운동, 2012년 여성투표행동 '퍼플파티' 발족 및 활동 등이 있다.

여성연합은 2013년 11월 현재 7개 지부 28개 회원단체로 구성되어 있다. 7개 지부는 경기여성단체연합, 경남여성단체연합, 광주전남여성단체연합, 대구경북여성단체연합, 대전여성단체연합, 부산여성단체연합, 전북여성단체연합 등으로 구성되어 있고 각각의 독자 지역 사무국을 운영하고 있다. 그리고 28개 회원단체가 소속되어 있다. 그리고 별도의 위원회와 부설기구를 산하에 두는 전국적인 진보여성단체의 엄브렐러 조직이라고 할 수 있다.

다음으로 살펴볼 환경운동연합은 환경관련 NGO/NPO들의 파트너십을 위한 엄브렐러 조직이다. 환경운동연합의 외부에 공개한 정관과 강령에서도 나타나지만 각 지역의 단체들이 결합하여 강력한 환경운동 파트너십을 구축하기 위해 만들어졌다. 정관과 강령의

[그림 2] 한국여성단체연합 조직

* 출처 : 한국여성단체연합 홈페이지(검색일: 2013. 12. 04).

내용은 다음과 같다.

> 산업화시대의 고도성장 과정에서 나타난 자연환경 및 공동체 삶이 파괴되는 현실 속에서 우리나라의 환경운동을 주도해 온 공해추방운동연합, 부산공해추방시민운동협의회, 대구공해추방운동협의회, 광주환경운동시민연합, 마산·창원공해추방시민운동협의회, 울산공해추방운동연합, 진주남강을 지키는 시민의 모임, 목포녹색연구회 등 8개 단체는 구조적으로 심각해져 가는 환경오염과 생태계의 파괴로부터 우리들의 삶을 스스로 지키고 위기에 처한 지구를 살리기 위해 환경운동을 범시민운동으로 한 차원 높여야 한다는 인식 아래 전국의 운동 역량을 하나로 모을 새로운 틀을 마련하기로 뜻을 모아 마침내 전국단위 환경운동기구를 창립하게 되었다. 우리는 오늘 이 역사적인 환경운동연합의 창립을 맞아 시민들이 자발적으로 참여하는 우리나라 환경운동의 제2기 출범을 엄숙히 선언하며 이 모임의 기본 규범인 정관을 다음과 같이 제정한다.[16]

이후 환경운동연합은 환경 분야의 가장 유력한 단체가 되어 일종의 환경운동 엄브렐러 유형의 파트너십을 구축하고 있다. 출범 이후 주요 사업내역을 살펴보면, 한국 환경운동의 역사라고 해도 과언이 아닐 정도로 중요한 환경 의제와 연관되어 있다. 1995년 굴업

16 환경운동연합, 2012, http://www.kfem.or.kr/wp/?page_id=114 (검색일: 2013. 11. 29).

도 핵 폐기장 백지화에서부터 2000년 동강댐 백지화, 2005년 매향리 사격장 폐쇄 및 주민 보상 확정, 2008년 서해안 기름유출 시민구조단 1만 6천명 방제작업 참여, 2011년 후쿠시마 원전사고 대응 활동과 노원구 방사능 오염 아스팔트 최초 확인, 2013년 시민햇빛발전소 9개 지역 건립 추진 등 다양한 환경 의제들을 다루고 있다. 그리고 이를 중앙단위만이 아니라 지역단위와 함께 추진한다는 점에서 엄브렐러 유형의 파트너십을 구축하고 있다.

조직은 2013년 11월 현재 전국 10만 회원, 51개 지역조직, 5개 전문기관과 5개 협력기관이 함께하고 있으며, 세계 3대 환경단체 네트워크 중 하나인 지구의 벗(Friends of the Earth) 한국본부 역할을 수행하고 있다. 전국 조직의 구성을 살펴보면 다음 [그림 3]과 같다.

환경운동연합의 조직적 특성을 보면 엄브렐러 유형의 시민사회 내부 파트너십을 잘 보여준다. 전국대표자회의가 존재하고 각 지역 51개의 산하 환경운동연합이 구성되어 있다. 초기 8개 단체의 엄브렐러 유형의 시민사회 내부 협력 또는 파트너십으로 시작되었지만 엄브렐러 조직의 가장 큰 특성인 산하 지역 조직의 활성화도 가속화되고 있다. 서울지역 4개, 경기도지역 15개, 강원도지역 4개, 충청도지역 6개, 전라도지역 10개, 경상도지역 11개, 제주도지역 1개 등 총 51개 지역 환경운동연합의 산하에 존재한다. 그리고 가장 상위에 전국조직으로서의 본부격인 전국사무처를 운영하고 있다.

[그림 3] 환경운동연합 조직

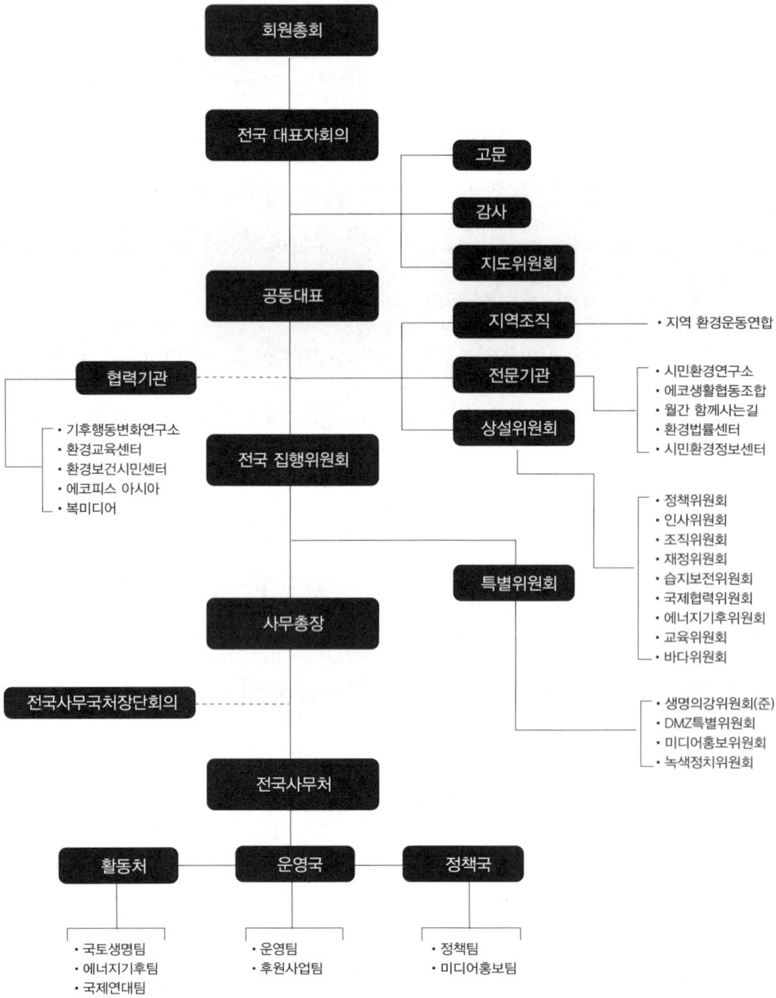

* 출처 : 환경운동연합 홈페이지(검색일: 2013. 11. 29).

[표 3] 지역 환경운동연합 구성

구 분	단체 수	구 분	단체 수	구 분	단체 수
서울지역	4개	경기도지역	15개	강원도지역	4개
충청도지역	6개	전라도지역	10개	경상도지역	11개
제주도지역	1개			총	51개

* 출처 : 환경운동연합 홈페이지(검색일: 2013. 11. 29).

3) 국제 NGO/NPO 간 파트너십[17]

세계화와 정보화는 국제 NGO/NPO 간 협력 또는 파트너십을 가능케 하는 물적 토대가 되었다. 교통과 통신의 발달은 과거에는 상상할 수 없었던 속도로 지구촌을 형성했고, 이 지구촌을 무대로 다양한 국제 NGO/NPO간 협력 또는 파트너십이 구축되고 있다. 특히 상호의존적이고 상호작용하는 지구사회에서는 필연적으로 일국 차원의 문제가 아닌 전 지구적인 운동 이슈가 되었다. 이에 따라 국제 NGO/NPO 간 파트너십은 더욱 확장되고 있다.

국제 NGO/NPO 간 협력 또는 파트너십은 두 가지 형태로 구분된다. 첫째, NGO/NPO 활동분야에 따른 INGO에 회원단체로 가입하는 형태가 있다. 이는 국제적으로 저명한 INGO에 산하단체

17 본 장에서 조사한 반 이라크전쟁 운동은 필자가 2011년 『21세기정치학회보』 제21집 1호에서 발표한 "지구 사회운동의 동학 : 글로벌 사이버 행동주의(cyber activism)를 중심으로"를 바탕으로, 보완적인 조사를 통해 작성한 것임을 밝혀둔다.

로 가입하여 파트너십을 형성하는 방법이다. 동일한 가치와 시민 운동이념을 추구하고 있는 INGO/INPO가 존재할 경우, 한국 NGO/NPO가 가입하여 한국지부를 구성하는 방식이다. 현재 한국에서 이런 방식의 국제 NGO/NPO 간 파트너십을 선호하는 단체는 환경단체, 앰네스티 인터내셔널, 국경없는 의사회 등이 있다.

둘째, 동일 분야 INGO/INPO에 가입하는 것이 아니라 이슈에 따라 네트워크를 구성해 전 지구적 이슈에 협력 또는 파트너십을 형성하는 방식도 있다. 이는 주로 ICT가 발전하면서 등장한 것으로 국제적인 운동 네트워크를 활용해 NGO/NPO 간 파트너십을 구축하는 것이다. 사안별 협력 또는 파트너십을 구축하는 것으로 전 세계적인 이슈가 발생할 경우 이에 동조하는 국제 NGO/NPO들 간의 파트너십을 형성하는 것이다. 한편, 이슈에 따른 NGO/NPO 파트너십이기 때문에 국제적으로 인정된 보편타당한 가치를 중심으로 파트너십이 형성된다. 인권, 긴급구호, 환경, 평화, 반전 등의 이슈는 반드시 해당 NGO/NPO의 운동 영역이 아니라도 참여가 가능하고 광범위한 차원에서의 인류애라는 가치를 실현하는 것이다. ICT의 확산은 주요 국제 NGO/NPO들 간의 상시적인 교류가 가능하고 이를 바탕으로 협력과 공조를 할 수 있는 환경을 제공했다.

우선 회원단체 가입 국제 NGO/NPO 간 협력 또는 파트너십으로 환경운동연합이 있다. 환경단체연합은 국내적으로도 환경운동의 엄브렐러 NGO/NPO이지만 국제적으로는 INGO의 한국본부로서 위상을 가지고 있다. 구체적으로 살펴보면, 2002년 환경운동연

[표 4] 국제 NGO/NPO 간 파트너십의 유형

유 형	설 명
산하단체 가입 국제 NGO/NPO간 파트너십	– INGO에 산하단체로 가입하여 파트너십을 형성 –동일한 가치와 운동 이념을 추구하고 있는 INGO가 존재할 경우 한국 NGO/NPO가 가입하여 한국지부를 구성 –환경단체, 앰네스티 인터내셔널, 국경없는 의사회 등
ICT를 활용한 국제 NGO/NPO간 파트너십	–INGO의 회원으로 가입하지 않고 ICT를 활용하여 이슈별 파트너십 구축 –전 세계적인 이슈가 발생할 경우 이에 동조하는 국제 NGO들 간의 파트너십 형성이 가능 –국제 NGO/NPO 간 파트너십이기 때문에 보편타당한 가치 선호 –인권, 긴급구호, 환경, 평화, 반전 등의 이슈

합은 그동안 산발적이고 일회적인 국제연대 활동보다는 INGO와의 지속적인 파트너십이 필요하다고 인식하고 세계 3대 환경단체인 지구의 벗(Friends of the Earth)에 가입했다. 지구의 벗은 네덜란드 암스테르담에 본부를 두고 있는 INGO로서 그린피스(Greenpeace), 세계자연보호기금(WWF)과 함께 규모와 영향력이 큰 3대 환경단체 중 하나이다. 전 세계 71개국 5천여 개의 풀뿌리 환경단체로 구성되어 있으며 전체 회원 수는 1백만 명에 달한다. 그리고 곧바로 지구의 벗의 한국본부로서 활동하며 국내 환경문제만이 아니라 국제 환경문제에도 적극적인 활동을 전개하고 있다.

환경운동연합의 가장 최근 국제 NGO/NPO 간 파트너십의 성과는 밀양 송전탑과 관련한 국제연대를 이끌어 낸 것이다. 밀양지역의 문제가 전국적인 환경과 인권문제가 되었고, 이에 동참한 국제적인 파트너십이 형성된 것이다. 이 연대에는 미국, 중국, 스페인, 캐나다 등 29개국 59개 국제 NGO/NPO들이 참여했다. 2005년부터 밀양지역의 765kV 송전탑 건설부지 근처에 사는 주민들은 송전탑 건설을 반대했다. 건강상의 문제와 함께 대대로 내려온 삶의 터전을 빼앗긴다는 인식을 했기 때문이다. 대부분의 주민이 농사를 짓고 있다는 점을 감안하면 사전에 충분한 협의가 있어야 했지만 한전 측에서 일방적으로 공사를 시작한 것이다. 그 과정에 2012년 1월, 74세의 한 농부가 자기 논에서 진행되는 공사를 보고 분신한 사건이 발생했고 이후 공사는 일시적으로 중단되었다. 그렇지만 이도 일시적인 것이어서 한전은 2013년 10월 1월 일방적으로 공사를 다시 재개했고, 이것이 정치적인 쟁점으로까지 발전해 국회 차원의 진상조사와 조정노력이 있었지만 결국 실패했다. 여기에 환경운동연합도 관여하면서 29개국의 국제환경단체들로부터 연대를 이끌어 낸 것이다.

회원단체 가입 국제 NGO/NPO 간 파트너십은 가장 단순한 형태의 파트너십 구축이다. 때문에 국내의 많은 NGO/NPO에서는 국제적 연대 활동 강화를 위해 처음부터 일정한 목적을 가지고 산하단체 형태로 NGO/NPO를 구성하기도 한다. 대표적인 예가 앰네스티 인터내셔널 한국지부이다. 1970년 김지하의 『오적』 사건 이후 인권보호를 위해 국제적 지원을 해준 앰네스티 인터내셔널에 관심을 가진 양심적인 지식인들이 1972년 한국지부를 설립하고 처음부터 국제적인 네트워크를 구축하고자 했다.

그런 맥락에서 본다면 다음에 살펴볼 ICT를 활용한 주요 이슈별 국제 NGO/NPO 간 파트너십은 회원가입이나 지부 방식과는 차이를 보인다. 국내 NGO/NPO 간 파트너십 형성에서 이슈지향적인 파트너십과 마찬가지로 국제적인 공통의 관심사에 대한 글로벌 파트너십을 구축할 수 있다는 장점이 있다. 회원단체 또는 지부의 경우 국제조직으로부터의 일정한 협의 또는 제약이 있을 수 있지만 상대적 자율성을 가진 NGO/NPO 활동을 전개하면서 사안별로 국제적 이슈에 대응할 수 있다는 점에서 장점이 있다. 이를 가능케 한 것은 역시 앞서 언급한 바와 같이 ICT의 보급이 큰 역할을 했다.

2003년 2월 15일 미국의 이라크 공격에 반대하는 온라인-오프라인의 지구적 운동이 대표적인 사례이다. 미국의 이라크 공격에 대한 정당성과 대량살상무기의 존재, 9·11테러의 책임, 테러조직과의 연관성을 두고 미국 내에서도 상당한 혼란이 있었지만 반전 운동가들은 이러한 문제의 해결이 보복전쟁으로 연결되어서는 안된다고 지적하고 인류의 보편적인 가치인 평화와 인권, 반전 등의 기치를 올리고 반 이라크전쟁 운동을 시작한다. 그런데 이 운동이 기획되고 성사될 수 있었던 이유는 지구적 네트워크를 이용한 시민 조직화와 동원이 가능했기 때문이다.

반 이라크전쟁 운동은 24시간에 걸쳐 지구를 한 바퀴 도는 방식의 시위로서 반전과 평화 등의 가치를 공유하는 다양한 시민단체들이 인터넷 네트워크를 활용해 사회운동을 실시한 사례이다. 그리고 한국의 NGO/NPO들도 반전과 평화, 이라크 문제를 대화로 해결하라는 국제적인 연대운동에 동참했다. 이 운동이 의미를 가지게 된 것은 1999년 이후 시애틀의 반 WTO시위 등으로 조직화된 지구적 시민운동 단체들이 하나의 이슈에 모두 결집했다는 것이다. 그 결과 전쟁 자체를 막지는 못했지만 이라크전쟁이 가지고 있는 문제점과 모순들이 지구사회에 알려지는 계기가 되었으며 지구시민사회 네트워크가 기존의 국가 또는 시장이 주도하는 네트워크와는 다른 새로운 방식의 운동방식이 될 수 있음을 알려주는 계기가 되었다.

운동 과정을 요약하면, 2002년부터 아프가니스탄 전쟁의 문제점을 알리기 위한 반전평화운동 단체들의 연계가 시작되었다. 그리고 미국이 대량살상무기 폐기와 테러지원을 이유로 이라크전쟁을 준비하면서 이들은 본격적으로 행동에 나서게 된다. 이들은 국제적인 반전 네트워크를 인터넷상에 구축한다. 그리고 그 속에서 다양한 정보를 공유하고 이라크 전쟁과 관련된 문제점과 세계평화, 반전에 대한 활발한 토론을 시작했다. 이어 오프라인에서 그 힘을 결집하는데 2003년 2월 15일, "세계는 전쟁에 반대한다"라는 제목으로 전 세계 790여 곳에서 이라크 전쟁 반전 시위가 개최되었다. 이 시위는 1999년 시애틀 시위 이후 가장 거대한 전 세계의 동시다발 집회로서, 당시 이라크전쟁에 반대하는 양심적인 시민들의 분노를 반영한 것이었다.[18]

반 이라크전쟁 운동은 준비 과정부터 인터넷 네트워크를 활용해 전 세계 주요 단체가 하나의 정보망을 구축했고 이를 바탕으

---

18 Lance Bennett and Amoshaun Toft, "Identity, technology, and narratives: transnational activism and social network," in Chadwick, Andrew and Howard, Philip, eds. *Routledge Handbook of Internet Politics*(London and New York: Routledge, 2009), 246–260.

로 새로운 사이버 근거지운동을 시작하게 된다. 초기에 이라크 전쟁이 개전될 움직임을 보이자, 일부 반전 평화운동 단체에서는 인터넷을 통해 조직적인 저항을 시작한다. 처음에는 단순한 ICT를 활용해 정보제공과 공유 등 각 국가에서의 반전운동에 대한 동향을 위한 공간으로 인터넷을 이용했다. 인터넷은 반전평화라는 하나의 주제에 대한 시민들의 연계 공간이면서 새로운 투쟁의 공간이 된 것이다. 그러다 점차 조직화와 동원을 거쳐 전 세계 NGO들과 지식인들의 오프라인 직접행동으로 확산된 것이다.

각 지역의 2월 15일 오프라인 집회 참여 동향만 보아도, 당시 집회 규모를 확인할 수 있다. 뉴욕 시위에는 50만 명 이상이 참여하였다. 그리고 2003년 3월 22일, 이라크 폭격이 시작된 이틀 후에는 30만 명이 참가한 시위행진이 있었다. 독일에서도 베를린 집회에만 제2차 세계대전 이후 최대 규모인 50여 만 명이 참여, 반전평화 구호를 외쳤다. 런던과 파리, 로마에서도 수만에서 수십만의 시위대가 합류했다. 아시아 지역에서도 이러한 반전운동은 확산되는데 홍콩과 서울, 도쿄 등에서 미국의 이라크전쟁에 대한 반대시위가 조직되었다. 전 세계적으로 한국과 미국, 유럽 등 100여 개국 300여 개 도시에서 열리는 집회에 1,000만 명이 참여할 정도로 대규모 시위로 발전한다. 이러한 집합행동의 핵심은 바로 인터넷이라는 거대한 네트워크의 활용 때문이다. 아마 인터넷이 존재하지 않았다면 이런 거대한 운동이 조직·동원되기는 힘들었을 것이다.

세계적인 국제 NGO/NPO 간 협력 또는 파트너십이 형성되면서 한국에서도 2003년 4월 경실련과 YWCA, 흥사단 등 35개 단체가 〈반핵반전 평화를 위한 시민네트워크〉라는 상설조직을 건설하였다. 시민네트워크는 이라크전쟁이 터지기 전부터 전 세계적으로 논의되었던 반전과 평화 등의 메시지를 국민들에게 알렸으며, 국회와 언론을 통해서 만약에 전쟁이 개전되어도 한국의 참전은 막아야 한다는 조직적인 운동을 전개했다. 특히 당시 국제 NGO/NPO 간 네트워크의 구축에서 주목되는 점은 ICT를 통해 전 세계의 NGO/NPO와 참여인사들이 사전에 글로벌 시위에 대한 체계적인 준비와 토론을 했다는 점이다. 결과적으로 한국 NGO/NPO들도 사전 준비단계에서부터 평가단계까지 모두 참여했으며 이후 평화반전운동의 중요한 국제적 행위자가 되었다.

이라크에 대한 미국의 침공을 반대하는 국제 NGO/NPO 간의 파트너십 형성은 ICT를 이용해 온라인과 오프라인에서 동시에 전개되었다. ICT가 과거 전화와 팩스로 오가던 NGO/NPO들 간의 정보와 조직, 동원 과정을 순식간에 전 지구적으로 확산이 가능하게 만들었다. 반 이라크전쟁 운동은 NGO/NPO들이 인터넷상에 네트워크를 구축했고, 여기 연계된 활동가, 지식인들을 오프라인으로 결집시킨 사건이었다.

4. 시민사회 내부 파트너십과 공공성

이상에서 우리는 시민사회 내부 협력 또는 파트너십의 현황에 대해서 살펴보았다. 선행 연구를 통해서 시민사회 내부 협력 또는 파트너십 연구의 동향과 문제점을 파악할 수 있었고, 상대적으로 다른 NGO/NPO 관련 학문이나 거버넌스 논의에 비해 시민사회 파트너십 연구는 적다는 것을 확인할 수 있었다. 이러한 원인은 현실에 나타나고 있는 시민사회 내부 협력에 대한 가치를 제대로 파악하지 못하고 있는 점도 있겠지만 공공성 향상을 위한 파트너십 연구의 중요성을 인식하지 못했음을 의미한다. 실제 그간의 연구 동향을 살펴보면 여전히 자원동원론이나, 사회운동론, 정치적 기회구조이론, 집단행동 이론 등의 재해석에 머무르면서 시민사회 내부 협력 또는 파트너십을 해석하고 있는 경향을 파악할 수 있었다.

이 글에서는 이슈지향적, 엄브렐러형, 국제적 NGO/NPO 간 파트너십의 3가지 유형별로 한국 시민사회 내부 파트너십 활동을 중심으로 살펴보았다. 분석에서 확인된 바, 한국의 시민사회 내부 파트너십은 다양한 형태로 표출되고 있으며 상시적인 유형과 일시적인 유형, 그리고 국내적인 파트너십 유형과 국제적인 파트너십 유형으로 구분할 수 있었다. 하지만 그동안의 시민사회 내부 협력 또는 파트너십은 주로 어드보커시형인 운동에 한정된 것이 사실이다. 엄브렐러 유형도 그 시작은 보다 원활한 시민운동을 하기 위한 방법으로서 연대를 목적으로 구성된 경우가 많았다. 그런 맥락에서 한국의 시민사회 내부 협력 또는 파트너십의 특성은 사회개혁 등의 어드보커시를 위한 파트너십이라고 할 수 있다. 정치사회적인 주요 이슈가 등장할 때마다 이른바 "연대회의", "네트워크", "비상대책위" 등의 이름으로 한정된 이슈를 중심으로 시민사회 내부 파트너십이 구현되고 있다. 따라서 한국에서의 시민사회 내부 협력 또는 파트너십은 이슈중심적이고 제한적이고 부분적인 측면이 강하다는 특성을 가지고 있다.

하지만 최근에 시민사회 파트너십은 과거와 다른 방식의 파트너십으로 나타나고 있다. 일부 NGO/NPO들은 활동분야와 영역은 달라도 공동의 파트너십을 발휘하기도 한다. 대표적인 사례가 시민공간 〈나루〉의 경험이다. 나루는 녹색교통, 여성민우회, 함께하는 시민행동, 환경정의 등 4개의 NGO가 공동의 업무공간을 마련하기 위한 논의과정에서 출자해 만든 이른바 복합 공간이다. 공동의 시설을 이용함으로 얻는 시너지와 함께 지역주민들도 같이 이용할 수 있는 친 NGO/NPO적인 공간을 4개의 NGO가 만든 것이다. 이러한 자발적인 파트너십의 구축과 함께 정부 지원을 통해서 공동의 공간에서 함께 발전하고자 하는 NGO/NPO들도 등장하고 있다. 중앙정부와 지방정부가 거버넌스 차원에서 NGO/NPO의 공공적인 기능과 역할에 주목하고, 'NGO/NPO 지원센터'를 건립하여 이를 입주 NGO/NPO들이 자율적으로 운영하는 사례가 늘고 있다. 이런 경험은 단순히 시민사회 내부 협력 또는 파트너십이 단체 활동만을 상정하지 않고 다양한 방법으로 가능하다는 사실을 알려주는 좋은 사례라고 할 수 있다.

이상의 현황을 살펴보면서 우리는 향후 시민사회 내부 협력 또는 파트너십의 과제에 대한 몇 가지 제언을 하고자 한다. 첫째, 학계의 학문으로서의 시민사회 내부 파트너십 연구가 필요하다. 기존 연구의 종합 또는 거버넌스 차원의 접근이 아니라 구체적인 NGO/

NPO들 간의 연대와 네트워크가 어떻게 나타나고 있는지, 그리고 이를 통한 사회의 변화에 어떤 긍정적인 기여가 있는지를 살펴보는 것이 필요하다. 그간의 시민사회 내부 파트너십 또는 연대운동 논의가 주로 정부의 감시나 시장의 감시 아니면 사회운동적인 성격이 강했다면 시민사회 내부 파트너십 연구는 바람직한 거버넌스 구축을 위한 시민사회의 구조를 만드는데 기여할 수 있어야 할 것이다. 때문에 이에 대한 사회과학계의 보다 체계적인 많은 연구가 필요할 것이다.

둘째, 한국의 경우에는 시민사회 내부 협력 또는 파트너십이 상당부분 인맥중심으로 형성되고 있다는 점을 지적하지 않을 수 없다. 초기 시민운동을 함께 했던 사람들끼리 분화되거나, 같은 분야의 시민운동을 전개하다 보니 자연스러운 현상으로 인맥이 형성된다. 그러나 문제는 이것이 주로 상층 지도부 차원에서의 파트너십에만 한정된다는 것이다. 지나친 상층 중심의 파트너십은 안정적이지 않고 지속가능한 파트너십을 훼손할 우려도 존재한다. 진정한 파트너십은 상층만이 아니라 하위 활동가들의 실무단위와 정책단위 등의 공동의 파트너십이 구축되어야 바람직한 파트너십이 구축될 수 있을 것이다. 그런 차원에서 시민사회단체연대회의에서 2011년 있었던 '전국시민운동가대회' 등 정례적으로 NGO/NPO 활동가들과의 교류의 시간을 마련하는 것은 장기적으로 다양한 영역에서의 시민사회 내부 파트너십을 향상시킬 수 있는 좋은 이벤트라고 할 수 있다.

셋째, 국제 NGO/NPO 파트너십을 위한 준비를 해야 한다. 여전히 NGO/NPO간 파트너십이 국내 주요 이슈별로 구축되겠지만 지구화 시대의 다양한 문제의 등장은 NGO/NPO 간 파트너십도 더욱 늘어날 것임을 알려준다. 실제 반 이라크전쟁 운동도 단기간이 아니라 꾸준한 ICT활용의 정보교류와 토론을 통해서 이루어진 것임을 감안하면 NGO/NPO들도 국제적인 시각을 가지고 자신의 분야에서 INGO와의 교류를 준비해야 할 것이다. 규모가 큰 NGO/NPO에서는 이미 진행하고 있지만 규모가 작은 NGO/NPO들도 이런 움직임에 대응하기 위한 노력이 필요할 것이다.

참고 문헌

(사)시민운동정보센터. 2011. 『한국시민사회연감 2012』. 서울: (사)시민운동정보센터.

송경재. 2007. "한국의 정치적 기회구조 변동과 시민주도 거버넌스에 관한 소고." 『민주사회와 정책연구』 통권 12호.

_____. 2011. "지구 사회운동의 동학 : 글로벌 사이버 행동주의(cyber activism)를 중심으로". 『21세기정치학회보』 제21집 1호.

이동수·김기태·송경재 외 2012 『민관협력과 시민사회 발전을 위한 청사진』. 서울: 특임장관실.

정민수. 2008. "한국시민사회단체의 연대활동에 대한 네트워크적 접근." 『시민사회와 NGO』 제6권 제2호. 135-173.

조한범·허문영·정영태 외. 2005. 『동북아 NGO 연구총서』. 서울: 통일연구원.

황병덕·정영태·최대석 외. 2006. 『동북아 지역 내 NGO 교류협력 활성화 및 인프러 구축방안』. 서울: 통일연구원.

Bennett, Lance and Amoshaun Toft. 2009. "Identity, technology, and narratives: transnational activism and social network," in Chadwick, Andrew and Howard, Philip. (eds.), *Routledge Handbook of Internet Politics.* London and New York: Routledge.

Castells, Manuel. 2001. *The Internet Galaxy : Reflections on the Internet, Business, and Society.* Oxford University Press.

Huntington, Samuel. 2012. *The Third Wave : Democratization in the Late Twentieth Century.* University of Oklahoma Press.

van Zee, Sarah and Paul Engel. 2004. *Networking for Learning : What can Participants do?* Zeist: European Centre for Development Policy Management.

2부

분야별 파트너십

5장 시민교육 파트너십[1]

채진원

1. 시민교육의 제도화

국가가 어떠한 정치체제(좋은 정부, 나쁜 정부)를 선택하느냐의 문제는 전적으로 그 나라의 시민역량(civic competency)과 시민성(civility) 그리고 체제의 반응성(governability)의 수준과 관련되어 있다. 이러한 관계에 대한 언급은 고대 아리스토텔레스 이후로 근대 마키아벨리와 제임스 매디슨을 경유해서 지금까지 수많은 학자들에 의해 회자

1 본 글의 제2, 3, 4절은 이동수 외, 『민관협력과 시민사회발전을 위한 청사진』(서울: 특임장관실, 2012)의 '시민교육 부분'의 일부를 원용하여 재구성한 것이다.

되며 폭넓은 공감을 받고 있다. 본 글에서는 이러한 공감대 아래, 민주화 이후 제기되는 여러 갈등과 분열을 정치적으로 통합하고 보다 성숙한 시민사회와 국가로 나아가기 위한 방법의 하나로 시민교육의 제도화와 함께 제도화를 위한 실행방식에 있어서 민관 파트너십을 활용하는 방안을 논의하고자 한다.

특히, 시민교육을 일찍이 제도화했던 외국(독일, 영국, 미국)의 사례와 특성을 살펴보고, 그 제도화 방식이 민관 파트너십을 활용한 방안에 주는 시사점을 찾고자 한다. 또한 해외사례의 시사점과 지구화, 정보화, 후기산업화 등으로 표현되는 전환기적 시대상황을 고려해 볼 때, 한국적인 상황에 부합할 수 있는 바람직한 시민교육의 제도화방안과 파트너십 유형을 검토한다. 이러한 목적을 위해서 우선 우리나라 정부와 민간단위에서 시도되고 있는 시민교육 제도화의 흐름과 현황을 대략적으로 살펴보고, 이어서 바람직한 제도화방안과 '민관협력형'의 파트너십 유형 중 '중간지원조직'(가칭 시민교육지원위원회, 시민교육지원센터)을 활용한 제도화방안을 검토해보겠다.

그렇다면 왜 오늘날 시민교육의 제도화가 필요한 것일까? 이러한 질문은 시민교육은 대략 어떤 내용의 교육이며, 그 시민교육이 민주화가 성취된 지 26년이 되는 현 시점에서, 즉 민주주의의 심화 혹은 공고화를 이야기하는 현 단계에서 시대적 흐름과 부합할 수 있는 접근방식인가라는 질문들과 자연스럽게 연결된다. 우선 시민교육의 개념 정의에 대해서 살펴보자. 일반적으로 시민교육이라 함은 '국가의 구성원으로서의 시민'이 지녀야 할 기본적인 권리와 책무(책임과 의무)를 안내하는 교육이라 할 수 있다.

즉 시민교육은 '사회의 구성원들이 그 국가와 공동체가 지향하는 기본적인 이념이나 가치에 대하여 확신을 가지고 정치체제에 효율적으로 참여하면서 주어진 역할과 책임을 수행해 나가도록 안내하는 데 필요한 교육체계'이다.[2] 그것의 핵심내용은 시민이 가진 본성적이고 잠재적인 능력(즉, 공공성을 지닌 존재로서 자신의 행복한 삶을 추구하는 데 필요한 능력과 자질)을 키우고 시민들의 행복한 삶이 실질적으로 유지되도록 하는 데 영향을 미치는 국가의 정책결정 과정과 의사결정 과정에 참여하는 방법과 관련된 국가의 규범과 법제도에 대한 것이다.

구체적으로 시민교육이란 "정치질서 내지 정치체제의 안정을 유지하기 위해 국민의 지지를 형성하는 것"(Ted Tapper)으로 이해되거나, "정치에 관한 연구와 정치참여의 필수적인 지식과 기술, 태도를 획득하는 것"(W. Langerveld)으로 정의한다.[3] 즉 시민이 지닌 공공성의 능력을 실현하도록 안내하는 교육을 말한다. 여기서 정치참여의 지식(knowledge)과 기술(skill), 태도(attitude)는 다음과 같은 내용들을 포함한다. 지식과 관련된 내용들은 ① 민주사회에서 시민의 역할(권리와 의무), ② 정치 공동체와 정부의 형태, ③ 헌법의 의미와 기본적 원리, ④ 국제관계와 세계시민성이다. 기술과 관련된 내용들은 ① 공공 쟁점에 대한 자유로운 대화 및 토론의 기술, ② 비판적 사고

---

2 P. H. Martorella, *Teaching Social Studies in Middle and Secondary Schools*(New York: Macmillan, 1991).

3 전득주 외, 『민주시민교육』(서울: 학문사, 1994), 45에서 재인용.

능력, ③ 참여 기능: 상호작용, 감시(모니터) 활동, 영향력 행사, ④ 타협과 조정 능력이다. 태도와 관련된 내용들은 ① 개인의 가치 및 인간으로서의 존엄성 존중 이해, ② 시민으로서의 개인적·정치적·경제적 책임을 떠맡으려는 성향, ③ 타인에 대한 배려와 민주적 가치의 존중, ④ 민주사회의 건전한 기능에 기여하려는 태도이다.[4]

시민교육의 개념과 내용이 대략 이렇다고 해도, 이러한 시민교육을 민주주의 심화를 고민하는 현 단계에서 제도화할만큼 절박한 필요성이 있는가 하는 의문점이 생길 수 있다. 왜냐하면 민주화가 진척되어서 시민들의 시민의식이 상당한 수준으로 높아지고 정당의 제도화로 주기적인 선거가 정착되어 권위주의 시대로 되돌아 갈 수 없을 정도로 안정된 정치체제에서 그리고 법제도적 정비가 이루어진 상황에서, 시민의식이 미숙하다는 것을 전제로 하거나 이것을 가정하여 시민교육을 제도화하여 진행한다는 것은 변화된 시대상황에 적합하지 않을 수도 있기 때문이다. 다시 말해서 시민교육의 제도화를 논한다는 것은 결국 시민교육을 받아야 할 만큼 시민의식이 성숙되지 못했다는 말로 들릴 수도 있기 때문이다. 시민교육의 제도화를 할지 말지의 여부는 민주화 이후 드러난 시민의식의 양상을 보여주는 사회현상의 특징을 평가해보면 금방 알 수 있을 것이다.

민주화 이후 우리사회는 과거에 비해 현격하게 시민들의 자유와 권리가 증진되고 법제도적인 정비가 잘 되었음에도 불구하고, 역

---

4 이해주, "시민교육이란무엇인가," 『시민교육현장지침서』(서울: 민주화운동기념사업회, 2010), 44.

설적으로 사회통합과 정치통합을 심각하게 걱정해야 할 정도로 심각한 이념갈등, 정파갈등, 빈부갈등, 세대갈등, 남북갈등, 남남갈등 그리고 정부와 정당을 포함한 국가기관에 대한 정치적 불신감이 증대된 것이 사실이다. 즉 민주화 이후 드러난 하나의 딜레마는 시민적 자유가 증대될수록 정치체제의 불안정성이 더욱 커지는 시민적 자유와 정치체제 안정성의 부조화현상이 계속되고 있다는 점이다. 그렇다면 이같은 민주화 이후 역설적인 현상이 일어나는 원인은 무엇일까?

여러 가지 원인이 있을 수 있다. 그 중에 핵심적인 것은 첫째, 민주화로 인하여 시민들의 권리의식이 과거에 비해 높아졌음에도 상대적으로 권리에 준하는 책무성(책임과 의무)이 떨어지는 일종의 권리와 책무 간의 부조화로 다양한 갈등이 양산된다는 점이다. 둘째, 민주화는 시민과 정치엘리트들에게 민주화 이전의 지배적인 시민참여양식이었던 '분파의식'(partisanship, 부분적인 이익에 대한 참여의식)에서 벗어나 다스리는 것과 다스림을 받는 것을 일치시키는 시민의식, 즉 리더십(leadership)과 팔로워십(followership)을 일치시키는 '주인의식'(ownership)을 통해 국가 전체의 이익에 참여할 것을 요구하고 있다. 그러나 작금의 상황은 여전히 시민들과 엘리트들의 의식과 행태가 분파의식에 머물고 있기 때문에 각종 정파와 파벌과 관련된 문제가 더 많이 양산된다는 점이다. 셋째, 정치엘리트들이 지구화, 정보화, 후기산업화 등으로 표현되는 전환기적 시대상황에 맞는 국가의 운영방식, 즉 국정운영방식에 대한 변화된 인식이 부족하기 때문에 국가에 대한 통치능력이 떨어진다는 점이다. 즉 전환기적 시대상황은 종전의 지배적인 국정운영방식인 국민주권론(주권재민론)에 기반한 '책임정당정부모델'을 타격하기 때문에 발생하는 정부의 대표성(representativeness)과 책임성(responsibility)의 약화문제를 해결하기 위해 '결과중심적인 책임성'보다는 상대적으로 다양한 행위자와의 반응성(responsiveness)과 '과정중심적인 책임성(accountability)'을 강조하는 새로운 통치방식인 거버넌스(governance)의 운영을 요구하고 있다. 하지만, 정치엘리트들은 이러한 접근보다는 예전의 방식을 고수하기 때문에 변화된 시민의식에 제대로 부응하지 못하고 있어 각종 정부에 대한 불신문제가 더 크게 양산되고 있다는 것이다.

위에서 지적된 세 가지 원인들에 따라 민주화 이후 발생하는 우리사회의 병폐를 개선하고 보다 성숙한 국가공동체로 가기 위해서는, 선진화된 법·제도만이 아니라 권리와 함께 책무를 느끼면서 분파의식에서 벗어나 공공성을 인식하고, 주인의식을 가진 덕성(virtues)있는 시민 그리고 새로운 국정운영방식으로 거버넌스를 구현할 수 있는 능력 있는 정치엘리트가 요구된다. 이러한 시민적 덕성과 새로운 국정운영에 따른 통치능력은 자연발생적인 차원을 넘어 목적의식적으로 공동체 구성원들이 공공성으로 만들어내고 만들어 가야 할 사회적 산물이자 교육적 산물로 이해되고, 추구될 필요가 있다.

즉, 민주화 이후 시민과 국가와의 상호연계성을 더욱 고도화시킬 필요가 있다는 점에서 시민교육의 제도화가 절박하다고 볼 수 있다. 다시 말해서 시민의 권리와 책무는 국가와의 관계에서 상호보족적인 위치에 있을 때 균형적이고 성숙한 단계에 있다고 말할 수 있다. '시민의 국가측면'과 '국가의 시민측면'에서 서로 만나고 있고, 그 만남의 수준이 일방적이거나 적대적이지 않고 상호보족적일수록 성숙한 시민, 성숙한 국가라고 말할 수 있으며, 그러한 공공성의 구현 방향을 우리가 추구해야 한다는 점에서 시민교육의 제도화는 반드시 필요하다.

시민교육의 내용으로는 다음의 상황을 고려해야 할 것이다. 민주화 이후 생활세계 속에서 삶의 양식으로서의 시민적 권리와 책무성 간의 부조화, 개인의 분파적 이익과 국가의 전체적인 이익 간의 부조화 그리고 전환기적 시대상황에 부응하지 못하는 사회규범과 통치방식이 문제인 만큼 시민의 책무성(civic obligation), 공공성(publicness), 숙의민주주의(deliberative democracy), 거버넌스(governance) 등과 같이 성숙된 가치와 규범을 민주공화국이란 정치체제의 조응관점에서 이해하고 실천할 수 있는 내용으로 정해야 할 것이다. 특히, 세계화에 따라 지구촌이 하나가 되면서 공동으로 해결해야 할 환경생태계와 지구온난화 문제 등을 해결하기 위한 지구시민성교육, 다문화교육과 함께 통일 이후 남북한 정체성의 통합을 위한 통합교육이 핵심적인 내용으로 배치될 필요가 있다.

그렇다면 둘째, 왜 시민교육의 제도화 방안으로 민관 파트너십을 활용해야 하는가라는 점이다. 민관 파트너십이 아닌 방식으로 국가 단독 차원에서 혹은 시민과 시민사회 단독 차원에서 진행할 수도 있을 것이다. 하지만 이러한 방식은 오늘날 진행되고 있는 지구화, 정보화, 후기산업화로 표현되는 전환기적 시대상황에 부합하지 못한다. 특히, 이 방식들은 거버넌스적 방식과 무관하여 효율적이지 못할 뿐만 아니라 효율성도 떨어진다.

왜냐하면, 권위주의 시대가 아닌 민주화가 된 시대, 특히 전환기적 시대상황에서는 정부와 대통령이 국정의 모든 것을 책임지고 나아가는 시대가 아니라 시민들이 정부와 협력해서 국정을 도모하는 거버넌스가 요구되는 상황이기 때문이다. 이 같은 시대상황은 아무리 훌륭한 대통령과 정치리더가 나온다 해도 다양한 시민들의 복잡한 이해관계를 책임 있게 조정하고 통합하는 것이 매우 힘들어진 만큼, 정부가 일방적으로 이해관계를 조정하거나 강제적으로 억누르는 방법을 사용할 수가 없다. 따라서 정부와 정치지도자의 리더십에 대해 함께 참여하여 역할을 분담하고 책임을 공동으로 지려는 성숙한 시민들의 팔로워십(followership)이 필요하다. 정부의 리더십과 시민들의 팔로워십이 상호보완적으로 협력하는 새로운 국정운영방식이 요구되는 것이다.

민관 파트너십의 개념 정의는 정부를 대표하는 공공 부문과 시민을 대표하는 민간 부문의 협력형태와 방식이 너무나도 다양해서, 그 개념을 학술적으로 규정하는 것이 지극히 어렵다. 일반적으로 민관 파트너십은 공공 부문과 민간 부문의 협력방식을 의미하는 것으로, 행정의 주체인 정부가 전면적으로 담당하였던 공적 서비스 업무를 정부와 민간이 서로 역할분담을 하여 협력하는 형태로 공적 서비스 업무를 수행하는 새로운 기법을 의미한다. 여기서 민간의 개념에는 기업, 산업체, 학계, NGO 등을 포함한다.[5]

---

5 김대인, "행정기능의 민영화와 관련된 행정계약: 민관협력계약과 민간위탁계약

특히, NGO를 포함하는 시민사회(civil society)는 정부와 시민을 연결시켜 주는 중간매개조직(intermediate organization)으로서 역할을 한다. 파트너십의 사전적 의미는 '둘 혹은 그 이상의 행위자가 짝이 되어 함께 협력하여 일하는 것'이다. 랭톤(Langton)은 민관 파트너십에 대해 "어떠한 사회문제를 해결하기 위하여 정부·기업·비영리단체·시민이 자원을 분담하고 협력하는 일"이라고 정의하고 있다. 민관 파트너십의 핵심은 정부와 시민사회가 어떤 일을 하는 데 있어서 혼자보다는 공동의 목적을 위해 서로의 자원들을 함께 공유하려는 정신과 서로의 관계를 설명하는 말이다.[6]

이 같은 민관 파트너십은 서로의 자원을 공동으로 활용하여 일을 함으로써 효과성과 효율성을 높이지만 때로는 소통과 배려를 바탕으로 궁극적 이익을 얻는 방법을 채택하기도 한다. 왜냐하면 정부와 민간관계에 있어서, 누군가를 지배하면서 이끌어 가는 리더가 되거나 반대로 리더를 일방적으로 추종하는 팔로워보다는 두 행위자가 서로의 입장을 이해하고 소통하면서 상호협력을 더 극대화 할 수 있는 방법으로 소통과 배려의 파트너십이 요구되기 때문이다.

따라서 정부와 민간이 시민교육을 제도화하는 데 있어서도 일방적인 관계보다 소통과 배려의 파트너십이 요구된다. 왜냐하면 시민교육의 주 내용이 '시민들 스스로가 자신들의 자유와 권리를 보

을 중심으로," 『행정법연구』 통권 제14호(2005), 357.

6 Stuart Langton, "Public-Private partnership: Hope or Hoax?" *National Civic Review* 73-5 (1983).

호하고, 국가의 정책결정과 의사결정에 참여하면서 국가와 공공성의 주인이 되도록 안내하는 과정'이기 때문에, 그 방식에 있어서도 시민교육의 덕목과 방식(즉 정부와 시민이 서로 일치되는 과정)이 적용되어야 하기 때문이다. 만일 우리가 민주화 이후 민관 파트너십을 활용한 시민교육의 제도화 방식을 선택하지 않을 경우, 후발 민주주의 국가에서 진행했던 경험처럼 국가중심으로 이끌어 가는 타율적인 시민을 육성한다는 비판에 직면하거나, 국가가 민간이 진행하고 있는 시민교육을 방관함으로써 사회적 갈등과 정치체제의 불안정성의 문제를 더욱 키우는 문제에 직면할 수밖에 없다.

2. 한국 시민교육 파트너십의 현황

여기서는 우리나라에서 시민교육을 제도화하기 위한 정부와 민간 차원의 논의와 그 현황을 살펴보도록 하겠다. 이러한 논의와 현황을 이해하는 것은 제도화를 위한 맹아를 이해하기 위한 발판뿐만 아니라 제도화를 위한 파트너십의 유형을 추론하는 데에도 중요하다.

정부차원에서는 시민교육의 제도화에 대한 구체적인 논의는 이명박 정부 때 '민주시민교육'을 교과과정에 반영하겠다는 이른바 "체험과 실천을 통한 민주시민교육활성화 방안"을 발표한 바 있다. 이 방안은 정부가 교과부를 통해 시민교육의 가능성을 선보였다는 점에서 여러 가지 평가의 대상이 될 수밖에 없다. 또한 일부 교육청은 민관 파트너십을 활용하여 '민주시민교육'을 실시하기 위한 노력을 가시화하고 있다. 그리고 시민단체들은 '민주시민교육 지원에 관한 법률' 등을 성안하여 정치권에 입법발의를 촉구하는 등 시민교육의 제도화의 필요성을 정부에게 요구하고 있는 상황이다.

1) 정부수준

2010년 10월 2일 교육과학기술부(이하 교과부 이주호 장관)는 "체험과 실천을 통한 민주시민교육활성화 방안"을 발표하였다.[7] 이주호 교과부 장관은 10월 1일 기자회견에서 "국론분열과 이념·세대 갈등을 극복하고, 공동체 책임의식을 균형 있게 교육시키기 위해 민주시민교육 활성화 방안을 마련했다"고 설명했다. 교과부는 민주시민교육활성화 방안의 특징으로 다음과 같은 내용을 강조하였다. 첫째, 자치활동, 체험활동, 교과활동 모두를 통해 학생들이 민주사회의 가치를 올바로 이해하고, 민주시민으로서의 역량과 자질을 충실히 함양할 수 있도록 한다는 점이다. 둘째, 학교 생활 속에서 학생들이 민주주의를 스스로 실천함으로써 자율성의 바탕 위에 공동체에 대한 책임의식을 함양토록 한다는 점, 범정부 차원에서 제공되는 다양한 자원을 활용하여 체험 중심의 교육을 한다는 점이다. 셋째, 참여와

7 교육과학기술부, "체험과 실천 중심의 민주시민교육 본격 추진," 보도자료 (2010. 10. 02).

학생자치를 활성화하여 학생들이 민주주의를 스스로 실천하고, 이를 통해 공동체에 대한 책임의식을 함양할 수 있도록 한다는 점이다. 넷째, 범정부 차원의 공동교육과제로서, 관계 부처들이 학생 교육에 적극 참여하고 부처들이 보유한 자원을 최대한 활용하여 다양하고 수준 높은 체험·실천 중심의 민주시민교육을 추진한다는 점이다. 다섯째, 민주시민교육 관련 정부부처들로 구성된 범정부협의체(민주시민교육 범정부협의체)를 금년 하반기부터 본격 운영한다는 점이다.

[표 1] 이명박 정부 민주시민교육안 중 영역별 협력부처(예시)

민주시민교육 세부영역	교육협력 참여 부처 · 기관	현재 운영중인 부처 프로그램
민주절차, 참여	중앙선관위, 행정안전부, 사회통합위, 국회사무처, 법원 등	– 초 · 중 · 대학생 대상 프로그램 운영 – 민주시민교육 강사연수,워크숍
법치, 준법	법무부, 경찰청, 여성가족부, 대한변협, 법제연구원 등	– 학생자치법정 시범학교, 생활법 경시대회 – 법교육 출장강연, 교사 법교육 직무연수
자유시장경제	기획재정부, 지식경제부, 환경부, 고용노동부, 금융위원회 등	– 경제연구학교, 경제경진대회, 금융경진대회 – 경제교과서 개정 지원
나라사랑, 통일	국방부, 외교통상부, 보훈처, 브랜드위원회 등	– 남북관계, 통일, 안보, 나라사랑

[표 2] 이명박 정부 민주시민교육안 중 부처별 프로그램 (예시)

교과서 내용	부처주관 민주시민교육
7학년 〈인권보호와 헌법〉	(법무부) 학생자치법정, 헌법만화교재 활용
5학년 〈한마음으로 평화통일을〉	(국가보훈처) 올바른 통일관 등
9학년 〈민주정치와 시민참여〉	(중앙선관위) 민주주의 이념과 원리 이해

[표 1]과 [표 2]는 이명박 정부의 민주시민교육활성화방안에 들어있는 '범정부협회체'가 구체적으로 어떻게 교과과정과 연계하여 시민교육을 실시할 수 있는지를 보여주는 프로그램운영의 예시안이다. 즉 법무부는 준법정신 함양 프로그램을, 국방부는 안보교육 프로그램을 만들어 학교 교육과정과 연계하겠다는 것이다. 또한 국가보훈처는 '나라사랑 실천학교'를 지정해 학교 행사나 교육과정에 태극기, 애국가, 무궁화 등 국가 상징을 친근하게 받아들이게 하는 교육 프로그램을 확대하겠다는 것이다. 이명박 정부의 이러한 방안은 정부차원에서 민주시민교육이라는 개념을 처음으로 사용하여 시민교육의 제도화에 동참했다는 점에서는 큰 의의가 있다. 그러나 시민교육을 전담할 독립기구에 의한 방식이 아니라 교과부의 정책과 학교에서의 실행이라는 점에서 시민교육의 의미를 매우 협소하게 다룰 가능성이 있다.

[표 3] 경기도 교육청 민주시민교육 추진과제 사업명

구 분	사업명
협력적인 민주시민교육 거버넌스 구축	정책자문단 · 지원단 운영
	민주적 자치공동체 내용 체계 연구
	민주시민교육 포럼 개최
	학부모 및 지역사회 지원체제 구축
창의적인 민주시민 역량 강화	「시민교육」 교과서 활용
	민주시민교육 교수-학습 운영
	민주시민 육성을 위한 「독서토론모델학교」 운영
	민주시민교육 교육과정 컨설팅

창의적인 민주시민 역량 강화	민주시민의식 제고를 위한 인성교육
	학교 공감문화 형성을 위한 민주적 · 리더십 연수
	민주시민교육 교사 연구활동 동아리 운영 지원
	「일하는 사람의 권리와 책임」 교육교수-학습 매뉴얼 보급 및 교사연수
민주적인 자치공동체 문화를 통한 학교 민주주의 확립	민주적 교직원 회의 활성화 지원
	자치학급 · 학생회 자율활동 활성화
	학교내 학생 NGO · 사회적 기업 활동
	학생자치법정 모델학교 운영
	지역 학생자치협의회 운영
	교과서 속 「민주주의 현장 체험」 활동
	찾아가는 민주시민극(EDURAMA) 토론회 운영

그리고 서울특별시 교육청과 경기도 교육청은 각각 2012년 '민주시민교육활성화 지원계획'과 2013년 '민주시민교육활성화 추진계획'을 발표하였다.[8] 서울시 교육청은 "개인적 권리 주장에 걸맞은 공동체적 관심과 시민적 책임 의식 등의 미래지향적 민주시민 역량이 요구"된다고 보면서, "생태계 파괴, 저출산·고령화·다문화 사회로의 진입, 국가 간 충돌과 분쟁, 경제 양극화로 인한 사회적 갈등이 심화되는 상황에서 지속가능한 사회를 위한 실천적인 민주시민의 육성"이 필요하다고 밝혔다.

8 서울특별시교육청, '민주시민교육활성화 지원계획' (2012); 경기도교육청북부청사, '민주시민교육활성화 추진계획' (2013).

서울시 교육청의 주요 추진 실천방침은 다음과 같다. 첫째, 의사결정 과정에 능동적으로 참여하도록 해 공동체의 책임의식을 제고하고 약속·준법 등의 민주적 생활습관을 배양할 수 있도록 하는 지원이다. 둘째, 자율과 참여 중심의 학생자치활동을 활성화하여 '민주주의와 인권'이 자연스럽게 체화될 수 있도록 하는 지원이다. 셋째, 경청·공감 능력, 대화의 기술, 공적 토론 참여 능력, 비판적 사고 능력 등 민주시민의 기본 역량 함양을 위한 연수 기회를 확대하여 제공하는 것이다.

또한 경기도 교육청도 시민교육을 추진하고 있다. 경기도 교육청은 시민교육의 필요성으로 다음과 같이 밝히고 있다. 첫째, 시민 생활 환경의 변화에 따른 새로운 민주시민 역량이 요구된다는 것이다. 둘째, '민주주의와 인권'을 체험할 수 있는 학교문화 조성이 필요하다는 것이다. 셋째, 공동체의 자발적 참여와 민주적 운영을 기반으로 한 학교자치를 통해 교육정의가 필요하다는 것이다. 경기도 교육청은 '세계인과 더불어 살아가는 창의적인 민주시민 육성'이라는 목표 아래 다음과 같은 세 가지 추진과제를 설정하였다. 첫째, 협력적인 민주시민교육 거버넌스 구축이다. 둘째, 창의적인 민주시민 역량 강화이다. 셋째, 민주적인 자치공동체 문화를 통한 학교 민주주의 확립이다. 세 가지 추진과제의 사업명은 [표 3]과 같이 구체화 되었다. 경기도 교육청과 교육지원청들은 이 같은 목표 아래 '지역사회와 함께하는 민주시민교육을 위한 협의회' 구성, '민주시민교육 체험학습 프로그램 운영', '민주적 학교문화 정착을 위한 지역 민주시민교육 거버넌스 협의체'의 구성 등의 활동을 전개하고 있다. 마찬가지로 서울시 교육청과 경기도 교육청이 시도하고 있는 것은 교육청과 학교를 중심으로 교과과정에 시민교육을 연계시켰다는 점에서 의미있는 시도로 보인다. 하지만 시민교육의 보편화와 학교 이외의 영역으로 시민교육이 확대되기 위한 고민이 필요하다.

2) 민간수준

정치권은 1990년대부터 시민사회의 의견을 수렴하여 시민교육을 제도화하기 위한 노력을 하였다. 대표적인 노력의 사례로는 15대 국회에서 박명환 의원 등이 발의한 「민주시민교육지원 법안」, 16대 국회에서 김찬진의원이 발의한 「시민교육진흥법안」, 17대 국회에서 이은영의원이 발의한 「민주시민 교육지원 법안」이 그것이다. 또한 정치권은 시민교육과 유사하지 않으나 시민교육과 연관된 법률로 「평생교육진흥법」, 「법교육지원법」, 「통일교육지원법」을 제정하였다. 이렇듯, 시민교육을 제도화하기 위한 흐름이 형성될 수 있었던 배경에는 민간 차원의 적극적인 주창과 정치권 차원의 협력이 있었기 때문에 가능했다.

민간 차원에서 시민교육의 제도화를 위한 그동안의 논의를 살펴보면 다음과 같다. 1997년 10월 경제정의실천시민연합, 참여연대, 한국여성단체연합, 한국YMCA 전국연맹, 환경운동연합 등 시민교육을 주요사업으로 실행하고 있는 11개 단체가 민주주의 발전을 위해서는 시민교육이 체계적으로 진행되는 것이 중요하다고 생각하고 민주시민교육포럼을 구성하였다. 이후 민주시민교육포럼은 민주시민교육지원법(안)을 작성해 입법청원을 하였다. 또한 민주시민교육을 연구하는 학자들 중심의 민주시민교육협의회는 1997년 10월 30일 민주시민교육지원법(안)을 발의하였고, 1999년에는 민주개혁국민연합을 포함한 30여개의 단체가 민주시민교육 네트워크를 구성하고 민주시민교육관련법 제정을 위해서 연대 활동했다. 또한 김대중 정부 당시 제2건국범국민추진위원회도 당시까지 논의되었던 민주시민교육관련 법률(안)을 수정, 보완한 민주문화진흥법(안), 민주시민 교육지원 법률(안) 등의 입법화를 시도하였다.

민주시민교육관련법 제정을 위하여 적극적으로 참여한 주체는 학자 그룹 중심의 민주시민교육협의회와 시민단체 연대기구인 민주시민교육포럼, 김대중 정부 하에서는 한국자유총연맹과 민주개혁국민연합이 중심이 된 민주시민교육네트워크 등이다. 또한 한국시민단체협의회는 독자적으로 법안을 만들기 위한 노력보다는 이러한 논의가 공론화될 수 있는 장을 여는 데 역할을 했다. 법안을 추진하는 주체들의 공통점은 한국 민주주의의 발전을 위한 중요한 요건으로 민주시민교육의 필요성을 적극적으로 제기하고 이를 활성화하기 위한 제도와 지원체계 등의 기반형성을 국가의 역할로 보았다는 점이다. 민주시민교육포럼은 정치적 중립성과 시민사회단체들의 독자적 활동의 여지를 최대한 보장하고 직접 실행보다는 다양한 시행주체를 지원하고, 촉진시키는 기구가 되어야 한다는 관점에서 국무총리실 산하에 민주시민교육발전위원회를 두는 것을 골자로 하는 독자적인 민주시민교육지원법안을 준비하였으나 국회에 입법청원을 하지는 못했다.

민주시민교육포럼이 구성된 이후 민간영역에서 단일안이 제출되어야 한다는 공감대를 서로 확인하면서 민주시민교육포럼과 민주시민교육협의회는 구체적인 협의 과정을 거쳐 2000년 1월 시민교육진흥법안을 의원 발의로 제출하기도 하였다. 민주시민교육네트워크는 독자적인 법안을 만들었으나 역시 국회에 제출하지는 않았다. 이러한 활동은 대체로 2000년 초반까지 계속되었으나 정치권의 무관심과 미합의로 인해 임기 만료로 자동 폐기되었다. 시민사회 내부에서도 단일한 법을 만드는 공감대 형성에 실패하고, 추진세력이 약화되어 별다른 성과가 없었다.

하지만 민주시민교육포럼을 주축으로 한 시민사회단체의 법제화를 위한 노력은 2004년 말부터 다시 본격화되었다. 이전에 법제화를 추진했던 주체들은 시민사회의 발전을 위해서 민주시민교육지원체계의 필요성을 다시 공감하고, 변화된 상황에 맞는 새로운 법안을 구상하는 한편, 법안의 추진주체를 보다 강화하여 시민사회단체연대회의의 결정으로 시민교육위원회를 구성하여 실무적인 추진을 하였다. 그리고 (사)바른사회시민회의와 밝은정치시민연합은 17대 국회에 이어 18대 국회에도 민주 시민교육 지원 법안 상정을 추진하였다. 중앙선거관리위원회는 최근에 선거연수원을 중심으로 민주시민교육원 설립을 위하여 내부적으로 장기발전계획을 수립해 추진해나가고 있다.

그동안의 대략적인 상황을 요약하면, 각 주체들이 시민교육의 필요성에 동의하면서도 정치적 중립성의 확보, 지원체계 및 기구 설립과 교육추진의 주체, 교육지원 및 교수방법 등을 둘러싼 논의에는 사회적 합의가 이뤄지지 않아, 제도화 단계로 나아가지 못하고 있다. 이는 시민교육의 제도화를 위한 여러 논의와 제안의 추진과정에서 여야 정치권은 물론 시민사회단체 내에서도 이견이 상존했기 때문이다. 그러나 최근 시민단체, 학계 및 공공기관의 협의체인 〈민주시민교육 거버넌스〉는 2011년 5월에 난상토론회를 거쳐서 민주시민교육의 5가지 기본원칙에 대해서 합의한 바 있다. 또한 최근에는 제도화를 위한 '민주시민 교육지원 법안'을 마련하고 9월경에 공개토론회를 진행하였다. 그리고 시민사회단체연대회의는 이것에 발맞춰 '시민교육활성화특별위원회'를 구성하고 법안을 구체화하였다. [표 4]는 대표적인 두 진영인 〈시민사회단체연대회의〉와 〈민주 시민교육 거버넌스〉의 법안을 예시한 것이다.

[표 4] 시민교육에 대한 두 단체 법안 비교

	시민사회단체연대회의 법안	민주시민거버넌스의 법안
정의	제2조(정의) 이 법에서 사용하는 용어의 정의는 다음과 같다. 1. "민주시민교육"이라 함은 국가의 발전을 위해 그 구성원으로 가져야 할 권리와 의무에 관한 의식을 함양하고, 각 분야에서 민주적 참여와 건전한 비판을 할 수 있도록 합리적 의사결정과 문제 해결 등 민주시민의 자질을 절차적으로 학습하는 제 교육을 말한다.	제2조 (정의) 이 법에서 사용하는 용어의 뜻은 다음과 같다. 1. "민주시민교육"이란 시민이 민주주의의 가치를 존중하고 그 기본원리와 제도를 이해하며 민주역량을 높여 공동체 삶의 향상을 위해 보다 적극적으로 참여할 수 있게 하려는 제반 교육 및 활동을 말한다.
민주시민교육위원회	제7조(설치) 민주시민교육의 지원, 촉진에 관한 중요 정책을 심의·의결하기 위하여 민주시민교육위원회(이하 "위원회"라 한다)를 둔다.	제9조 (설립과 독립성) ① 민주시민교육의 지원과 활성화에 관한 중요 정책을 심의 의결하기 위하여 민주시민교육위원회(이하 "위원회")를 둔다. ② 위원회는 그 권한에 속하는 업무를 독립하여 수행한다.

민주 시민 교육 센터 (원)	제11조(민주시민교육센터) ① 위원회 산하에 민주시민교육의 조사 통계, 방법연구 · 교재개발과 교육담당자에 대한 교육 · 훈련 등 공공 및 민간의 민주시민교육 활동 지원, 촉진을 위하여 민주시민교육센터를 둔다. ② 민주시민교육센터는 법인으로 하되 이 법에 규정된 것을 제외하고는 민법 중 재단법인에 관한 규정을 준용한다. ③ 민주시민교육센터에는 센터장 1인과 기타 필요한 직원을 둔다. 센터장과 직원 구성에 있어 대통령령이 정한 요건을 갖춘 전문가 및 관계자를 특별 채용할 수 있다. 기타 민주시민교육센터의 설치 · 운영 등에 관하여 필요한 사항은 대통령령으로 정한다.	제13조 (민주시민교육원) ① 위원회는 민주시민교육의 연구 · 개발 및 조사, 교육, 공공 및 민간의 민주시민교육활동을 지원하기 위하여 민주시민교육원(이하 "교육원")을 둔다. ② 교육원은 원장과 기타 필요한 직원을 둔다. 원장은 상임위원이 겸직하고 직원 구성에 있어 대통령령이 정한 요건을 갖춘 시민교육 전문가 및 관계자를 특별 채용할 수 있다. ③ 교육원은 위원회 사무를 처리하고 소속 직원을 지휘 · 감독한다. ④ 소속 직원 중 5급 이상은 위원장의 제청으로 대통령이 임명하며, 6급 이하 공무원은 위원장이 임명한다. ⑤ 기타 민주시민교육원의 설치운영 등에 관하여 필요한 사항은 대통령령으로 정한다.

*출처: 김기현(2011), 10.

[표 4]에서 두 단체의 법안을 비교해보면, 법안의 기본 골격에서 중요한 부분인 '민주시민위원회의 설치'와 '민주시민교육센터(민주시민교육원)의 설치'와 관련한 내용은 거의 문구만 다를 뿐 일치를 보여주고 있다. 이 기구들은 모두 시민교육의 방향성을 결정하고 집행하는 단위라는 점에서 일치한다. 다만 설치기관과 관련하여 민주시민 교육 거버넌스는 국가인권위원회 형태의 '독립위원회'를, 시민사회연대회의 산하의 민주시민교육위원회는 행정안전부 산하의 '법정법인'을 선호하고 있다는 점이다. 한 가지 보완해야 할 사항으로는 외국의 사례와 한국의 시대상황을 볼 때, 이 기구들의 위상을 시민교육의 방향성을 직접 결정하고 내용을 생산하기 위한 단위보다는 시민교육을 나름대로 진행하기 위한 단체와 행위자들을 어떻게 지

원하고 촉진할 것인가에 대한 정책을 결정하고 집행하는 단위로 보는 것이 더 적절하다.

3. 시민교육 파트너십의 해외 사례

여기서는 시민교육을 제도화한 해외 나라들의 사례(독일, 영국, 미국)의 특징과 파트너십 유형을 살펴본다. 핵심적으로 각국이 추진한 제도화 사례에서 나타난 파트너십 유형을 이해하기 위해서는 어떠한 정치적 배경에서 누구의 주도로, 어떻게 제도화가 되었는지를 이해하는 것이 중요하다. 아울러 해외 사례에서 드러난 제도화와 파트너십 유형이 한국적인 제도화와 파트너십에 주는 시사점이 무엇인지를 논의한다. 시민교육을 제도화하는 파트너십 유형에는 여러 가지가 있지만 간단하게 볼 때, 정부가 주도하고 민이 따라가는 '정부주도형', 민간이 주도하고 정부가 따라가는 '민간주도형', 그리고 정부와 민간이 함께 주도하고 책임지는 '민관협력형'으로 구분할 수 있다.

1) 독일

독일의 시민교육은 학교교육을 기본으로 국가, 정당재단, 지방자치단체, 시민단체, 기업 등의 민·관·정 시스템으로 진행되었다. 독일은 1949년 독일연방공화국의 탄생부터 '민주'를 강조하는 시민교육을 정부주도형으로 위로부터 강력하게 시작할 수밖에 없었다. 이러한 배경에는 당시 독일이 해결해야 될 절박한 정치·사회적 문제에 대한 국민적 공감대가 컸기 때문이다.

독일은 2차 대전 후 히틀러의 전체주의를 청산하고 새로운 민주주의 국가를 건설해야 한다는 시대적 사명이 있었다. 이것을 위한 하나의 방법으로 과거와는 완전히 다른 새로운 정치교육을 시행하게 되었다. 독일은 이 정치교육을 통해 독일인을 민주시민으로 양성해 새로운 민족적 동질감을 창출하는 한편 동·서독 통일에 대비하는 시민의식 개혁 운동을 국가적으로 추진함으로써 통일방안에 대한 국론 결집을 도모하였다.

독일은 시민교육을 전담할 독립된 국가기관으로 '연방정치교육원(Bundeszentrale für Politische Bildung)'을 내무부 산하에 설립하고, 예산을 정부에서 지원하며 그 운영은 여야 각 정당의 추천인사와 언론계와 학계 인사들에게 일임함으로써 '정치적 개방성'(보이텔스바흐 협약: Beutelsbacher Konsens)[9]을 형식적·절차적으로 유지하고 있다. 교육을 수행하는 기관은 국가와 비정부기구로 나누어진다. 국가기구에 속하는 단체로는 정부 각 부처, 학교, 연방정치교육센터와 주정부의

9 1976년에 시민교육 방법론의 원칙으로 보이텔스바흐 협약(Beutelsbacher Konsens)이 체결되었다. 그 내용은 첫째, 강압금지(Überwältigungsverbot)의 원칙, 둘째, 논쟁성 투명화(Kontrovertitätsgebot)의 원칙, 셋째, 학생주도(Schülerinteresse)의 원칙이다.

시민대학(Volkshochschule), 군대 등이 이에 속하며, 이외에도 유적지 보존 사업회와 기념사업회가 있다. 비정부기관으로는 각 정당과 정당관련 재단, 교회, 노동조합, 시민운동단체, 크리스천 아카데미, 언론매체 등을 꼽을 수 있으며, 이들은 전국적으로 4,000~5,000개를 헤아릴 정도로 광범위하다.

독일이 국가적인 차원에서 민주시민교육을 강력하게 실시할 수 있었던 배경에는 진보와 보수, 좌우이념을 떠나서 민주주의(democracy)와 공화주의체제(republic)를 부정하는 전체주의 세력과 참주세력(tyranny)의 득세를 더 이상 용인하지 말자는 데 여·야의 초당적 합의가 있었기 때문에 가능했다. 이러한 공감과 합의는 민주시민교육의 운영과 내용 및 기구설치 면에서도 초당적이며 중립적인 관점을 유지하도록 하는 절충적이고도 유연한 결과를 가져왔다. 독일인의 대부분은 통일 이후에도 민주시민교육이 민주적 정치문화의 불가결한 기본요소로서 계속 추구되어야 하며, 초당적이며 중립적인 시민교육의 방법론으로 '다원성의 통합(integration in diversity)'의 원칙을 선호하고 있다.

독일의 민주시민교육은 전반적으로 모든 교육제도에서 확고하게 정착되어 학교, 대학, 성인교육, 학교 외 청소년교육, 그리고 직업양성 및 계속교육시설 등에서 정규교육과정으로 실시되고 있다. 학교 외 교육에는 취학 전 교육, 학교 외 청소년 교육(자율청소년센터, 청소년 휴게소, 연방청소년 협회에 속한 각종 단체), 그리고 성인교육이 포함된다. 청소년과 성인을 대상으로 한 민주시민교육은 국가의 행정적, 재정적 지원을 통해 실행되고 있다. 국가수준이거나 국가의 지원을 받는 학교 외 민주시민교육은 내무부 산하의 연방정치교육원과 각 주정부 산하의 주(州)정치교육원, 시민대학(Volkshochschule), 정당의 정치재단 등이 핵심적 역할을 맡고 있다. 1992년 12월에 독일의 여·야 의원들이 초당적으로 민주시민교육을 지속할 것을 재확인 한 것은 민주시민교육이 독일인들의 내적단합과 화합에 절대적으로 필요하다는 데 공감했기 때문이다.

독일연방정치교육원은 학교 외 민주시민교육의 대표적인 기관으로서 1952년 설립된 '지역봉사를 위한 연방본부'에 그 뿌리를 두고 있다. 연방정치교육원의 본부는 본(Bonn)에 위치하고 있다. 연방정치교육원은 원장과 부원장으로 이루어진 사무처 외에 9명의 분야별 전문가로 이루어진 학술자문단(wissenschaftlichen Beirat)과 22명의 연방하원으로 구성된 감독위원회(Kuratotium)를 두고 있다. 감독위원회는 업무의 정치적 중립과 영향에 관해 감시하는 기구로서 매년 예산안, 업무 계획서, 활동보고서를 제출받는다. 연방정치교육원은 업무수행 과정에서 주(州)의 업무와 관련되는 사항들에 대하여 각주의 해당 최고관청들과 협의하고, 나아가 16개 주(州) 모두에 설치되어 있는 주 정치교육원과 협력하여 업무를 수행한다.

2) 미국

미국은 독일의 연방정치교육원과 같이 정부차원에서 시민교육을 전담하는 공식적인 시민교육기관이 없어서 학교와 다양한 사회기관 등 민간이 자율적으로 주도하는 시민교육을 진행하고 있다. 미국에서 시민교육이 강조될 수밖에 없었던 배경은 독일과 다른 당시 정치적 상황과 관련되어 있다.

1960-70년대 베트남 전쟁, 반전운동, 워터게이트 사건 등은 미국식 민주정치체제의 우월성에 대한 국민의 신뢰성 저하를 가져왔고 이것은 다시 국가의 신뢰성에 대한 회의로 연결되었다. 또한 1970-80년대 고도산업사회로의 발전에 따라 청소년 범죄의 급격한 증가, 사회계층 집단 간 갈등으로 인한 사회통합의 위기와 같은 심각한 사회문제가 발생하였다. 이러한 배경에서 1960년대부터 학교를 중심으로 시작된 미국의 시민교육은 "다양성이 보장되는 자유개방사회의 체제유지 및 통합력 강화를 위한 미국적 정신 함양"이라는 통합교육(시민의 헌신)과 "민주적 기본질서를 준수하고 사회발전을 뒷받침할 수 있는 시민적 자질의 개발과 적극적 행동양식의 훈련"이라는 행동교육(시민의 자질)이라는 두 가지 목표를 가지고 시작되었다.[10]

통합교육은 미국의 역사, 개척정신, 연방주의 정신을 배양하고 세계보편주의(universalism)와 세계 1등 국민의 긍지를 함양하는 것을 주된 내용으로 설정되었다. 행동교육은 공공질서와 국가정책에 대한 효율적 참여에 필요한 지식과 규범의 확충, 타인의 기회와 권리를 존중하는 행동규범과 지식 교육, 경제·사회생활에서의 책임의식과 자주정신의 고취, 그리고 국제관계의 이해 및 이타정신과 창조적 애국심의 함양 등을 주된 내용으로 하고 있다. 현재 미국의 시민교육은 주별로 차이는 있지만 대체로 두 가지 형태로 강화되고 있다.

---

10 심성보, 『인간과 사회의 진보를 위한 민주시민교육』(서울: 살림터, 2011).

첫째는 학교교과과정에 시민교육과목을 포함시키는 것이다. 시민교육은 학생들에게 효과적인 시민참여에 필요한 지식, 기술, 정신을 교육시킨다. 이는 '시민윤리', '민주주의', '미국역사', '미국정부'라는 과목을 통해 실현된다. 둘째, 일종의 체험학습으로 청소년들로 하여금 실제 정책에 참여하게 함으로써 실제 민주적 결정 과정을 경험시킨다. 15개 주의 경우 일정 수의 학생들을 주교육위원회(state board of education)의 위원 자격으로 참여케 하고 있다.[11]

이러한 미국의 시민교육은 국가중심의 제도화보다는 사회교육의 형태로 시민사회 영역에서 자율적으로 행해지고 있다. 시민사회에서 행해지는 교육활동을 위해 연방, 주, 자치단체의 차원에서 결성된 변호사협회가 각 단체의 교육활동이나 프로그램을 지원한다. 그리고 NED(National Endowment for Democracy)나 NEH(National Endowment for Human Right)와 같은 공익재단에서도 교육활동을 지원하고 있으며, 아울러 국제적인 지원활동도 전개하고 있다. 연방정부의 재정지원은 매우 미미한 상황이지만 레이건 정부 때 부터 시민교육의 중요성을 깊이 인식하기 시작했다. 1986년 미국 헌법 200주년 기념위원회가 설립되어 "전 미국인에 대한 역사 및 시민교육"이라는 프로그램을 실행해 처음으로 전국 차원에서 시민교육의 쇄신을 도모했다.

여기에 참여한 주요 단체로는 미국변호사협회, 주변호사협회, 자치단체변호사협회, 미국사법회의, 법원협회, 존마샬 재단 등이다.

---

11 심성보, 『인간과 사회의 진보를 위한 민주시민교육』.

미국의 시민교육은 다양한 기관들에 의해서 자율적으로 운영되고 있으며 연방이나 주 차원의 정부주도에 의한 시민교육기관은 존재하지 않는다. 그러므로 연방이나 주 차원의 통일된 시민교육프로그램들은 존재하지 않으며 다양한 교육기관들이 개별적으로 혹은 서로 협조체제 속에서 각각 자율적으로 시민교육프로그램들을 개발하면 각급 학교나 수요자가 이들 중 하나의 시민교육 프로그램을 선택하여 교육에 임한다. 이러한 이유 때문에 미국의 시민교육은 형식과 내용면에서 통합성이 결여된 것으로 보일 수 있다. 또한 보편적인 교육목표와 객관적인 교육내용에 의해서 일사불란하게 이루어지기보다는 다양한 관점과 이념에 따라 실시되므로 그 만큼의 마찰과 갈등을 초래하고 있는 것도 사실이다.

미국의 대표적인 민간 시민교육단체는 시민교육센터(CCE: Center for Civic Education)이다. 이 단체는 1964년 캘리포니아 주립대학(UCLA)에서 결성된 초중고생을 위한 시민교육 프로그램에 관한 소위원회에서 출발하여, 1969년 캘리포니아 변호사협회 산하에 있다가 1981년 독립하였다. CCE는 미 의회에서 통과된 '민주주의 교육법'에 준하여 교육부로부터 예산을 받아 운영되고 있으며, 비영리단체이며 정치적으로도 독립된 초당파적 조직을 표방하고 있다. CCE는 미국 내 30개 주에서 실행하고 있는 '시민(civics)' 교과목의 교재와 프로그램을 직접 제공하고 있고, 세계 70여 개 나라와 손잡고 국제 프로그램을 진행하고 있는 명실상부한 미국 시민교육의 대표주자이다.

특히, 이 단체는 '프로젝트 시티즌'이라는 프로그램을 운영하고 있다. 이 프로그램은 4단계 과정을 거치게 되어 있으며, 각 단계별로 1명에서 4명까지 참여하여 하나의 프로젝트를 완성시킨다. 참여자들은 1단계로 공공정책이나 공동체의 문제점(the problem)이 무엇인지 찾아내고, 2단계에선 제기된 문제를 꼼꼼히 연구하여 대안(the alternatives)을 제시하고, 3단계에선 제시된 대안을 발전시켜 정책(the policy)으로 만들고, 마지막 4단계에선 당국이 정책을 채택하도록 정치적인 행동 계획(the plan of action)을 짠다. 참가자들은 이와 같은 내용을 포트폴리오로 구성하고 자료집을 만들어 시민의 입장에 선 자문위원들 앞에서 발표하게 된다.[12]

3) 영국

영국의 시민교육은 독일과 같이 '연방정치교육원'과 같은 정부 차원의 독립된 교육기관도 아니며, 미국과 같이 '시민교육센터'와 같은 민간 주도형도 아닌 민간위원회(시민의식위원회)와 정부(교육부)가 함께 주도한 민관협력형으로 제도화되었다. 1988년 단행된 교육개혁법안(Education Reform Act)은 이와 같은 영국의 특성을 잘 보여준다. 영국에서 시민교육의 필요성이 강조되었던 배경은 독일과 미국과는 다른 시대적 상황과 연결되어 있다.

영국 정부는 1980년대 들어서면서 영국 사회가 당면하고 있는 심각한 사회문제인 투표율 하락과 공적기구에 대한 국민적 신뢰 하

12 심성보, 『인간과 사회의 진보를 위한 민주시민교육』.

락, 청소년 범죄 등의 문제 해결을 위해 우선적으로 시민의식의 정립과 고양이 절박하다는 인식에 기초하여, 시민의식을 중점적으로 연구 분석하는 '시민의식위원회'를 구성하였다. 여기에서 연구 분석된 학교 시민교육의 방향은 '국가공통교육과정위원회'와의 접목을 통하여 세부적인 공교육 지침에 의해 시민교육으로 실시되었다. 영국 시민교육의 초점은 주로 사회 및 교내 봉사활동을 통한 참여에 중점을 두고 있다. 그러나 영국 사회가 당면하고 있는 심각한 사회문제 해결을 위해서는 시민의식 함양에 중점을 두어야 한다는 인식하에 사회 각계 인사로 구성된 '시민의식위원회'가 발족되어 국가공통교육과정위원회와의 접목을 통해 시민교육의 방향이 설정되었다.

1989년도 들어 국가공통교육과정위원회는 시민의식위원회의 시민교육 연구결과를 토대로 국가공통교육과목으로 선정한 10개의 기초교과 외에 시민교육을 환경교육, 보건교육, 진로지도, 경제 및 산업에 대한 이해 등 5개 학습주제로 설정하였다. 1990년대에는 시민의식 함양과 문제 해결 능력 배양에 중점을 둔 시민교육에 대한 세부지침이 마련되면서 영국 학교의 시민교육은 이 세부지침에 의해 실시되고 있다. 이 지침은 공동체 의식, 다원화 사회, 시민의 의미, 시민과 법, 가족, 민주주의, 일, 취업 및 여가선용, 공공서비스 등을 시민교육의 필수 학습주제로 설정하고 있다.

영국 정부는 시민위원회가 1998년에 작성한 보고서인 "학교에서의 시민교육과 민주주의 교육"을 통해 "정치문화의 변화"와 "적극적인 시민으로서 생각하는 정치문화" 창출의 필요성을 인식하고 2002년에 시민교육을 국가공통교육과정에 정식으로 포함하였다. 영국 정부가 늦게나마 시대의 변화에 따라 '좋은 시민(good citizenship)'과 '적극적인 시민(active citizenship)'의 필요성을 인식하였기 때문이다. 학교에서는 정규교육과정을 통해서 민주시민이 되기 위한 준비로 지식, 기술력과 이해력에 중점을 두고 교육을 실시한다. 7~9학년 과정에서는 질문과 의사소통, 참여와 책임 있는 행동을 개발하며 교양 있는 시민이 되기 위한 지식과 이해력을 획득하고, 정치적, 정신적, 도덕적, 문화적인 이슈들과 문제, 사건들에 대해 생각하고 토론하는 방법을 습득한다.

그럼에도 불구하고, 영국에서 시민교육이 정식교과로 늦게 채택된 이유는 교과 내용과 방법에 대해 정치권과 시민사회 내의 합의의 어려움, 정치적인 획일성에 대한 위험과 정치적인 편향에 대한 두려움 때문이었다. 영국 민주시민교육의 주요한 실행체계는 교육부의 주관 하에 국가공통과정의 필수과목형태로 실시하며, 학교 밖 민주시민교육으로서 실행체계는 지방자치단체이다. 중앙정부는 시민참여의 일환으로 각 지방정부가 정책결정이나 각종 서비스 제공과정에 있어서 관계 당사자, 납세자 등 지역사회의 참여범위를 확대하도록 권장하고 있으며, 이에 시민들은 시민배심원, 상설 시민자문단, 포럼 등에 참여하고 있다.

[표 5] 독일, 미국, 영국 시민교육의 특성 비교

국가	독 일	미 국	영 국
파트너십 유형	정부주도형	민간주도형	민관협력형

도입 배경	히틀러 등 나치독일의 청산과 민주공화국의 유지	베트남 전쟁 반대 등 미국식 민주정치체제의 우월성에 대한 국민의 신뢰성 저하 타파	투표율 하락, 공적기구에 대한 국민적 신뢰 하락, 청소년 범죄 등의 문제 해결
제도화 방식	나치의 부활을 반대하는 정치권의 초당적인 합의로 연방정부 내무부 산하 연방정치교육원에서 시민교육 추진	시민교육은 국가보다는 사회단체 등 사회교육의 형태로 시민사회 영역에서 자율적으로 행해지고 이것을 주와 단체 등이 지원	시민사회 인사로 구성된 '시민의식위원회'와 국가공통교육과정위원회와의 접목을 통해 시민교육 방향 설정

이상 독일, 미국, 영국 시민교육 제도화의 특성을 비교하면 [표 5]로 요약할 수 있다. 독일이 시민교육을 제도화하게 된 배경은 히틀러 등 나치독일의 부활을 막고 민주공화국 체제를 공공화하기 위한 방식의 일환이었으며, 제도화의 특징은 정치권의 초당적인 합의로 연방정부 내무부 산하 연방정치교육원에서 시민교육을 추진하도록 정부가 주도하고 민이 따라가는 정부주도형 파트너십 방식을 선택하였다는 점이다.

미국이 시민교육을 제도화한 배경은 베트남 전쟁에 반대 등 미국식 민주정치체제의 우월성에 대한 국민의 신뢰가 저하되는 것을 막기 위한 노력이었으며, 제도화의 특징으로는 독일과 같이 정치권과 정부가 이끌기보다는 사회단체, 학교 등 사회교육의 형태로 시민사회 영역에서 자율적으로 행해지고 이것을 주와 정부가 밀어주는 민간주도형 파트너십 방식을 선택하였다는 점이다.

영국이 시민교육을 제도화하게 배경은 투표율 하락, 공적기구에 대한 국민적 신뢰 하락, 청소년 범죄 등의 문제를 해결하기 위한 조처였으며, 제도화의 특징으로는 시민사회의 인사로 구성된 '시민의식위원회'와 국가공통교육과정위원회와의 접목을 통해 시민교육의 방향을 설정하고, 학교교육으로 제도화했다는 점에서 민간과 국가가 동시에 협력하여 주도하는 민관협력형 파트너십을 선택하였다는 점이다.

그렇다면 독일, 미국, 영국에서 진행된 시민교육의 제도화와 파트너십 유형이 한국적 시민교육 제도화에 주는 시사점은 무엇일까? 첫째, 한국적인 상황에서 시민교육의 제도화가 필요한 배경은 독일, 미국, 영국의 배경처럼, 민주공화국 체제에 대한 통합성과 안정성 유지, 청소년 범죄 예방, 정치참여 활성화 맥락에서 공유하는 것도 있지만 시대적 맥락이 다른 점도 있어 주의가 요구된다. 그것은 우리의 경우 민주화 이후 제기된 여러 가지 사회갈등의 배경이 되고 있는 시민 책무성과 공공성의 제고, 민주공화국 체제의 안정성 구축, 전환기적 시대상황에 부합하는 시민 규범과 통치능력의 제고 등에 더 주목할 필요가 있다는 점이다.

둘째, 제도화 방식에서 한국은 독일, 미국, 영국과 같이 공유하는 것도 있지만 한국적인 상황과의 차이점도 있다는 것이다. 그것은 한국에서의 시민교육 제도화 방식이 아래로부터 시민사회단체가 제기하고 정부와 교육청의 일부가 동참하고 있는 상황에서 성공적인 실행을 고려한다면, 독일과 같이 정치권과 정부가 위로부터 주도하는 정부주도형이나 미국과 같은 민간주도형보다는 정부와 민간이 공동으로 주도하는 민간협력형이 더 적합하다는 점이다.

셋째, 민간협력형으로 제도화된다고 할 때, 그 구체적인 기구 유형과 파트너십 유형은 한국적 상황을 고려해야 한다는 점이다. 그 핵심은 시민교육을 담당할 기구를 정부의 독립기구로 설치하더라도 그 운영내용과 방식은 민간이 어느 정도 자율성을 가지면서 정부와 공동으로 운영하도록 하는 독일과 영국 및 미국의 유형을 섞은 '혼합형' 방식이 더 적합하다는 것이다. 이러한 판단을 하게 된 배경에는 독일과 같이 시민교육을 전담할 수 있도록 독립기관화하면서도 정부가 주도할 경우에는 그동안 한국 권위주의 정부가 국민윤리와 반공교육을 추진해서 나타나게 된 부작용을 반복할 수 있기 때문이다. 또한 민간에게만 전적으로 맡겨놓을 경우에도 정치체제의 안정성과 부합성이 떨어질 수 있는 부작용이 발생할 수 있다.

따라서 독일처럼 시민교육을 전담할 국가기구를 설치하되, 정부 주도의 폐해를 피해가면서도 정부와 민간이 협력할 수 있게 하기 위해서는 영국처럼 '시민의식위원회'와 국가공통교육과정위원회와의 접목을 통해 시민교육의 방향성을 설정하도록 하는 가칭 '시민교육지원위원회'를 설치할 필요가 있다. 또한 미국의 '시민교육센터'처럼 가칭 '시민교육지원위원회'의 산하에는 시민교육을 지원하기 위한 정책을 집행할 수 있도록 정부와 민간이 공동으로 가칭 '시민교육지원센터'를 설치하는 방안을 검토할 필요가 있다.

4. 시민교육 거버넌스와 공공성

여기서는 상술한 해외사례의 파트너십 유형의 시사점을 통해 한국에서 시민교육의 제도화를 구체화하기 거버넌스의 모델(정부와 시민사회 행위자들 사이의 협치모델)에 대해 논의한다. 여기서 거버넌스의 모델이란 정부와 민간이 어떠한 유형의 파트너십을 형성할 것인가의 문제로, 그 핵심은 시민교육을 전담할 기구의 틀과 교육 내용이다. 거버넌스의 모델을 적용하는 문제는 시민교육을 제도화했던 해외 사례가 보여주듯이, 시민교육의 당위적 필요성은 물론 현실적인 차원에서 교육내용, 방법론, 기구설치와 운영, 재정운용 등에 대한 정치권 간에 그리고 시민사회 내에 고도의 초당적 합의가 절대적으로 필요한 문제이다.

그것의 바람직한 방향성은 대략 다음과 같다. 해외사례의 시대적 맥락을 참조하되 교조적으로 답습하지 말고, 우리나라의 실정을 구체적으로 반영하여 민주화 이후 지구화, 후기산업화, 정보화, 탈냉전 등 전환기적 시대 상황이 제기하는 사회적·정치적 문제를 해결하는 맥락에서 적실성을 갖는 거버넌스의 모델 즉, 시민교육의 내용과 방법 그리고 절차와 전담기구 틀을 설계할 필요가 있다.

독일에서 시민교육의 제도화는 시민단체에서 제기했다기보다는 히틀러세력에 반대하는 정치권의 이해관계로 좌우이념을 떠나 초당적인 차원에서 합의되어 쉽게 제도화될 수 있었다. 하지만 우리의 경우는 일차적으로 정치권의 이해관계보다는 시민단체에 의해서 제기되었다는 점에서 독일의 경우와 달리 시민단체 내에 그리고 정치권 내에 그리고 정부와 시민 간에 국민적 공감대 확대와 합의가 중요한 문제이다. 따라서 시민교육의 제도화 관련 법안의 명칭과 교육내용 등에 관해서는 철저하게 초당적이고 중립적인 차원에서 '민주시민교육'보다 '시민교육'으로 일반화할 필요가 있고, 그 내용 역시도 시민의 덕성과 책임의식을 통해 국가와 개인의 이익을 조화롭게 일치시키면서 지구시민사회(global civil society)와 민주공화국 체제의 안정성을 지향하는 '공공성' 교육으로 폭넓게 채워질 필요가 있다.

특히, 다문화교육과 통합교육(통일 이후 사회통합) 및 심의민주주의 교육(deliberative democracy education)도 강조될 필요가 있다. 지구화는 문화의 다원화, 가치의 다원화를 촉진하면서 새로운 지구촌의 가치와 규범을 창출하게 된다. 이러한 변화된 상황을 능동적으로 수용하기 위해서는 지구시민으로서 성숙한 생활태도와 매너가 요구된다. 세계인권선언에 제시된 세계 시민교육의 목표와 내용을 시민교육의 내용으로 참고할 필요가 있다. 세계인권선언에서 제시되고 있는 인류가 공동으로 지향해야 할 가치를 생명존중, 자유, 상호존중, 정의와 평등, 배려, 도덕적 인격 등을 그 내용으로 반영할 필요가 있다. 결국 시민교육은 지구공동체 구성원으로 함께 살아가면서 인류의 공동 목표 달성을 위해 필요한 자질과 능력을 함양하는 교육적 과정으로 설계될 필요가 있다.

그리고 [그림 1]처럼, 시민교육의 제도화를 위한 파트너십의 유형으로는 민과 관이 함께 주도하는 '민관협력형'으로 하되 시민교육을 담당할 기구(가칭 시민교육지원위원회, 시민교육지원센터)는 국가의 독립기구로 하고, 그 운영은 국가와 민간이 공동으로 운영하면서도 국가와 시민을 연결시키는 관설민영(官設民營)의 '중간지원조직'으로서의 성격을 가질 필요가 있다. 중간지원조직이란 '기획력과 전문성, 마케팅 능력 등을 갖춘 에이전시로서 다양한 이해관계자들과의 네트워크 및 연구 등을 통해 활동기반 및 전문지식을 구축하고 공동의 '핵심목표'를 추진하는데 필요한 협력과 정보제공, 인재육성 등을 실행하는 기관'이다.[13]

[그림 1] 시민교육을 위한 중간지원조직 활용 모델

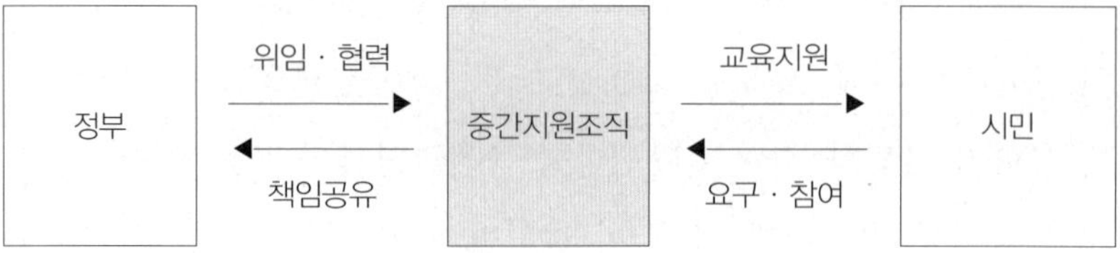

즉, 이 중간지원조직으로서의 관련기관은 독일의 연방정치교육원처럼, 직접적으로 시민교육의 방향과 내용을 결정하고 집행하는 중앙/지방 정부주도의 시민교육기관보다는, 제3섹터와 민관협력의 촉진을 위해 노력하고 있는 일본의 관설민영의 NPO지원센터와 유사한 위상과 역할처럼, 학교, 대학, 학회, 시민단체 등 다양한 주체들이 다양한 내용과 방법으로 시민교육과 시민교육교사 양성교육을 진행할 수 있도록 이것을 육성하고 촉진하기 위한 행정적·재정적 지원기구의 성격을 가질 필요가 있다. 이러한 중간지원조직의 특성을 반영하여 시민교육을 전담할 기구를 모델화하면 [그림 2]와 같이 예시할 수 있다.

13 지식경제부·한국산업기술진흥원, 『커뮤니티비즈니스 중간지원조직 매뉴얼』(2011), 18.

[그림 2] 시민교육 제도화 기구 모델

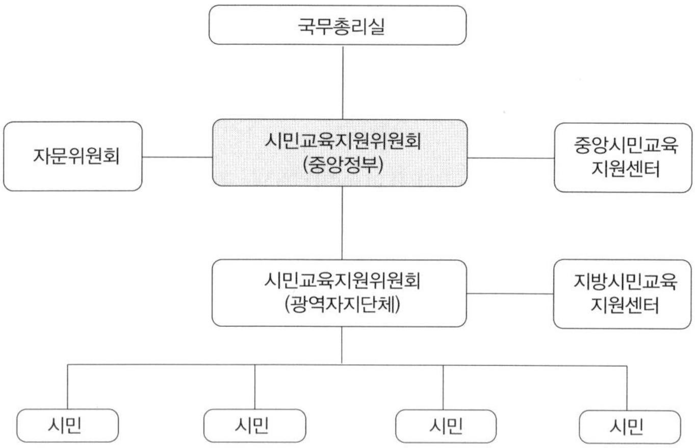

이 안은 시민교육을 전담할 기구를 국무총리실 산하에 두는 안이다. 시민교육을 전담할 기구의 특징으로는 시민교육의 제도화를 지원하고 촉진하기 위한 정책결정단위로 가칭 '시민교육지원위원회'를 중앙정부와 광역자치단체에 각각 설치하고, 이러한 정책결정을 집행하기 위한 단위로 가칭 '시민교육지원센터'를 중앙과 광역단위에서 설치하는 안이다. 시민교육의 제도화를 위해서 정부는 상술한 내용을 포함하는 합리적인 안과 로드맵을 마련하여, 국회와 시민사회와의 공론화작업에 나설 필요가 있다.

대체로 다음과 같은 내용을 시민교육의 제도화를 위한 관련 법률안에 담을 필요가 있다. 첫째, 초·중등 과정의 공교육에서부터 시민사회에 관한 교육이 포함되어야 한다. 둘째, 시민교육을 전담할 기관은 정치적 중립성·독립성을 지켜야 하며 관설민영의 중간지원 조직의 성격으로 그 위상을 분명히 할 필요가 있다. 셋째, 독립적인 기관으로서 시민교육의 독립성과 자율성을 확보하기 위해서는 독립적인 예산편성권과 운영을 위한 기금의 설치 및 후원금에 대한 조세감면 등이 필요하다. 넷째, 양질의 시민교육을 지원하고 촉진하기 위해서는 전문 인력 양성이 필요하며, 교재와 프로그램 개발에 대한 지원이 필요하다. 다섯째, 시민교육의 질과 효과적인 방법을 지속적으로 확보하기 위해서는 시민교육에 대한 여론조사, 평가 및 시정을 위한 방안도 포함되어야 한다.

참고문헌

경기도교육청북부청사. 2013. 민주시민교육활성화 추진계획.

교육과학기술부. 2010. "체험과 실천 중심의 민주시민교육 본격 추진." 보도자료.

김기현. 2011. "갈등사회를 넘어: 민주시민교육의 체계적 전개" 발제문. (9. 20)

김대인. 2005. "행정기능의 민영화와 관련된 행정계약: 민관협력계약과 민간위탁계약을 중심으로."『행정법연구』 통권 제14호.

서울특별시교육청. 2012. 민주시민교육활성화 지원계획.

심성보. 2011.『인간과 사회의 진보를 위한 민주시민교육』. 서울: 살림터.

이해주. 2010. "시민교육이란무엇인가."『시민교육현장지침서』. 서울: 민주화운동기념사업회.

전득주 외. 1994.『민주시민교육』. 서울: 학문사.

지식경제부·한국산업기술진흥원. 2011.『커뮤니티비즈니스 중간지원조직 매뉴얼』.

Langeveld, Willem. 1982. 박용헌 옮김. *Political Education for Teenagers.*『정치교육』. 서울: 대한교과서주식회사.

Langton, Stuart. 1983. "Public-Private partnership: Hope or Hoax?." *National Civic Review* 73-5.

Martorella, P. H. 1991. *Teaching Social Studies in Middle and Secondary Schools.* New York: Macmillan.

Tapper, Ted. 1976. *Political Education and Stability.* Albany. New York: John Wiley & Sons.

6장 복지 파트너십

임상헌

1. 시민사회와 복지국가

1) 복지혼합과 시민사회

오늘날 복지국가 논의에서 정부, 시장과 함께 시민사회[1]가 사회

1 복지혼합 논의에서 시민사회를 가리키는 말로서 자원조직(voluntary association), 제3섹터(the third sector), 비정부기구(non-governmental organization), 비영리기구(non-profit organization) 등 다양한 용어가 사용이 된다. 이 용어들은 국가나 사회의 맥락이나 이 용어가 사용이 되는 상황의 맥락에 따라 서로 다른 의미로 사용되기도 하지만 비슷한 의미로 사용이 되는 경우도 많다. 이

복지의 주체의 하나로 떠오르고 있다. 그렇다면, 복지국가 논의에서 쓰이는 시민사회는 어떠한 의미를 가지고 있을까? 그리고 시민사회가 복지혼합의 주체 가운데 하나로 의미 있는 역할을 하기 위해서는 어떠한 것이 필요할까? 이러한 질문들은 사실 대답하기 쉽지 않은 질문들이다.

크리스토퍼 피어슨은 옥스퍼드 영어사전을 인용하면서 복지란 웰빙 혹은 웰빙에 필요한 자원들(resources)이라고 정의하였다.[2] 건강이나 의식주 문제, 소득, 노후보장 같은 웰빙이 복지의 영역에 속하는 것들이다. 이러한 웰빙을 집합적으로 보장하는 것을 사회복지(social welfare)라고 할 수 있다. 국민국가와 자본주의, 그리고 민주주의의 발전으로 19세기 말 이후, 그리고 특히 대공황과 제2차 세계대전을 겪으면서 서구에서 국가가 사회복지에서 주도적인 역할을 하게 되고, 본격적인 복지국가의 시대가 열리게 되었다. 그러나 1970년대 이후 국가가 사회복지정책의 수립과 공급의 주도적 역할을 하는데 대한 비판이 이루어지게 되었다. 그러나 1980년대에 국가복지의 대안으로서 영리기업으로 이루어진 시장을 주목했던 신자유주의에 대한 비판 또한 이루어지면서, 사회복지 주체의 다양성을 강조하는 개념으로서 복지혼합이라는 개념이 떠오르게 되었다. 복지혼합이라

글에서는 이 책 전체의 흐름에 맞추기 위하여 시민사회라는 용어를 사용하기로 한다. 그러나 글 중간에 시민사회라는 범주의 다양성과 모호성에 의해 나타나는 용어들 간의 충돌과 갈등에 대하여 언급한다.

2 Christopher Pierson, *Beyond the Welfare State? The New Political Economy of Welfare*(Cambridge: Polity Press, 2008), 7.

는 말은 사회복지를 책임지고 운영하는 주체가 다양하며, 복지를 시행하는 데 있어서 서로 다른 영역들 간의 결합, 상호작용, 균형 등에 중점을 두는 개념이다.[3]

시민사회는 복지혼합의 한 주체로서, 특히 서로 다른 주체들의 중간(intermediary)에 위치하여 서로를 연결해 주는 역할을 하고 있다. 복지와 시민사회, 특히 국가와 시장이 아닌 '제3섹터'로서의 시민사회에 대한 연구에서 자주 소개가 되는 페스토프의 제3섹터 개념을 보면 다음과 같다. 전통적으로 복지의 책임을 맡았던 행위자들로는 국가와 시장, 그리고 공동체(가족 등)가 있다. 이들의 특징은 국가는 공식적(formal)이고 비영리(non-profit)이며 공적(public)이다. 시장은 공식적이고 영리(profit)이며 사적(private)이다. 공동체는 비공식적(informal)이고 비영리(non-profit)이며 사적(private)이다. 이러한 국가와 시장, 공동체 사이에서 공식적이고 비영리이며 사적인 성격을 가지고 서로 다른 주체들을 연결시키는 역할을 하는 것이 바로 시민사회이며, 시민사회에는 자발적인 비영리조직들이 포함된다고 이야기한다.[4] 이를 표로 나타내면 다음과 같다.

---

3 김진욱, 『한국의 복지혼합』(서울: 집문당, 2011), 22.

4 Jacques Defourny and Victor Pestoff, "Towards a European Conceptuali-zation of the Third Sector," Jacques Defourny and Victor Pestoff eds. *Images and Concepts of the Third Sector in Europe,* European Research Network (2008), 7.

	공식적/비공식적	영리/비영리	공적/사적
국가	공식적	비영리	공적
시장	공식적	영리	사적
공동체	비공식적	비영리	사적
시민사회(제3섹터)	공식적	비영리	사적

사회정책에서는 시민사회가 무엇을 의미하는가도 연구의 대상이 되겠지만, 또한 시민사회가 어떠한 역할을 수행할 것인가도 탐구의 대상이 될 수 있다. 앞에서 말한 대로 전통적인 복지혼합의 주체들인 국가와 시장, 공동체 사이에서 이들을 연결하여 유기적인 복지 거버넌스가 이루어질 수 있게 하는 것이 시민사회에 기대하는 역할 가운데 하나일 것이다.

또한, 시민사회는 국가와 시장의 실패를 극복할 수 있는 대안으로서도 등장하고 있다. 관료화되고 경직된 국가나 그 자체로 이익집단이라고 생각되는 관료나 정치인들이 별로 관심을 두지 않는 복지의 사각지대에서 시민사회 조직들은 중요한 역할을 수행할 수 있다. 사회의 여론을 환기시키고 정부에 조치를 취하도록 압력을 가할 수도 있고, 직접 복지의 사각지대에 있는 사람들에게 복지서비스와 재화를 공급할 수도 있다.

그리고 영리만을 추구하는 영리기업들에 비하여 시민사회에 속하는 조직들은 단순히 경제적 효율성이나 영리를 추구하는 것을 넘어서 '사회적 가치(social value)'를 실현하는 데 역점을 둘 수 있다.

예컨대, 공정한 무역에 동참한다든지, 장애인이나 여성들의 취업을 돕는다든지, 부의 사회적 재분배를 이끈다든지, 환경 친화적인 사업을 하는데 있어서 시민사회의 조직들은 영리기업과 시장에 비해 장점을 가질 것이라고 기대할 수 있다.

또한, 복지를 시행하는 데 있어 시민들의 자발적인 참여를 이끎으로 해서 사회적 자본(social capital)을 증진시켜 그 사회의 복지 역량을 강화할 수도 있고, 복지정책의 결정 과정이나 모니터링에 시민의 참여를 촉진함으로써 참여민주주의를 발전시킬 수도 있다.

즉, 시민사회는 복지 공급자로서 국가와 시장에 대한 대안이며, 사회적 가치를 증진하는 기구이며, 참여민주주의를 성장시키고 사회적 자본을 증진하는 자발적 시민의 결사체라고 할 수 있다.

이러한 시민사회는 복지정책에 있어서 적어도 두 가지 영역에서 기능을 수행한다. 우선 정책의 옹호자(policy advocacy) 역할이다. 시민들을 조직하고 동원하여 정부와 시장에, 그리고 가족 및 공동체에 필요한 복지를 제공하도록 설득하거나 압력을 가하는 역할을 할 수 있다. 정부에 복지의 사각지대에 대한 정보를 제공하고 또한 복지정책을 시행하도록 여론을 환기하고 로비를 하고 집합행동을 조직하는 것이 제3섹터가 수행하는 기능 가운데 하나이다.

다른 하나는 복지의 공급자 역할이다. 정부나 시장과 함께, 혹은 정부나 시장에 대한 대안으로서 시민사회 조직들은 복지의 서비스와 재화를 공급하고 또한 필요하다면 복지 공급에 필요한 재원을 모금하는 것이 시민사회에 속하는 조직들의 기능 가운데 하나이다. 특히, 1990년대 이후 민간과 정부의 파트너십에서 시민사회의 복지

공급 기능은 정책옹호 기능보다 더욱 강조가 되는 기능이다.

그런데, 이러한 장밋빛 기대들을 나열하는 것으로 논의를 끝마치기에는 뭔가 부족한 점이 있다. 이러한 기대들을 모두 충족시키는 '시민사회'라고 하는 것이 과연 하나의 단일한 섹터라고 할 수 있는지, 그리고 시민사회를 '제3섹터'라고 할 때, '제3의' 섹터가 과연 국가나 시장으로부터 독립적인 진정한 제3의 섹터라고 할 수 있는지에 대하여 의문을 제기할 수 있기 때문이다. '제3의'라는 말이 대개 그렇듯, '제3섹터'라는 말도 다양한 성격의 조직들을 하나로 묶어서 설명하는 경향이 있다.[5]

먼저, 시민사회 '내부'를 살펴보자. 전국적이거나 국제적인 조직을 가진 거대한 비영리 민간복지단체도 시민사회에 들어가고, 소규모 지역 단위의 자발적인 시민단체도 시민사회에 들어간다. 정부로부터 지원을 받거나 복지시장에서 영리 기업들과 경쟁을 하는 데 있어서 이 두 가지 범주의 '시민사회' 조직들의 역량은 큰 차이를 보일 수 있다. 전자의 조직들은 정부와 시장을 '대신'해서 복지를 공급할 수 있을만한 전문성과 조직과 자금력을 갖추고 있는 반면에, 후자의 조직들은 비전문가인 시민들이 모여서 크지 않은 자금을 가지고 운영되는 경향이 있다. 반면에 시민의 자발적 참여와 상호작용을

5 Inge Bode and Adalbert Evers, "From Institutional Fixation to Entrepreneurial Mobility? The German Third Sector and Its Contemporary Challenges," Adalbert Evers and Jean-Louis Laville eds. *The Third Sector in Europe*(Cheltenham: Edward Elgar, 2004).

통한 사회적 자본 증진이라는 점에 있어서는 비대하고 전문화된 조직을 가진 거대 비영리기관들보다 소규모 자발적 시민조직들이 장점을 가질 수 있다. 이 두 가지 조직들을 하나의 범주로 묶기에는 필요한 역량의 성격이나 기능의 차이가 너무 크다는 비판을 할 수 있다. 그래서 소규모 자발적 지역조직들이나 정책옹호기능을 주로 하는 조직들은 정부와 협력하여 서비스 공급을 위주로 운영하는 '제3섹터'에 포함되는 데 반대하여 자신들을 '제4섹터'라고 부르려고 하는 경우도 있다.[6]

다음으로 시민사회 '외부'를 살펴보자. 시민사회 조직들은 정부에 대해 독립적인 지위를 가지고 있다고 하지만, 어떤 시민사회 조직들은 실질적으로는 정부의 규제 하에 있고 조직 자체도 정부의 법규에 종속된 경우가 있다.[7] 시장과의 관계에 있어서도 비영리민간단체들 가운데에는 기업가 마인드를 받아들이고 복지 시장에서 영리기업들 혹은 다른 비영리 단체들과 경쟁을 하기 위하여 전문적인 마케팅 기법을 도입하려고 한다. 협동조합이나 사회적 기업의 경우에는 실제로 영리활동을 벌이고 있다. 특히 20세기 이후 협동조합은 소비자, 노동자, 상인 등 멤버들의 시장에 대한 접근성을 높이도록 하는 활동을 주로 하게 되었고, 그래서 협동조합을 제3섹터에 해당

6 Jacques Defourny and Victor Pestoff, "Towards a European Conceptuali-zation of the Third Sector," 5.

7 Rosario Laratta, "Hand in Hand or under the Thumb? A New Perspective on Social Welfare in Japan," *Social Policy and Society* 8(3) (2009).

하지 않는 단체로 보는 경우도 있다.[8]

그래서 어떠한 경우에는 비슷한 의미로 쓰이는 용어들이 어떠한 경우에는 구분이 되어 쓰이기도 한다. 예컨대, 소규모 자발적 조직과 대규모 전문 복지단체를 구분하기 위하여 전자는 '자발적 조직(voluntary organization)'이라고 하고 후자는 비영리단체(non-profit organization: NPO)'라고 부르기도 한다. 또한, 경우에 따라 비영리단체와 비정부단체(non-governmental organization: NGO)를 구분해서 전자는 주로 복지의 공급을 담당하는 단체들을 지칭하는 용어로 사용하고, 후자는 복지정책 옹호의 기능을 담당하는 단체들을 지칭하는 용어로 사용하기도 한다. 그러나 이러한 용어들이 늘 이런 식으로 구분이 되어 사용되는 것은 아니다. 제3섹터나 시민사회라는 용어가 광범위하고 쓰임새가 다양한 만큼, 용어의 정의에 대하여 논의하다 보면 용어 정의의 늪에서 헤어 나올 수 없게 되는 결과를 가져올 수도 있을 것이다. 그리고 정부와 시민사회의 파트너십이 강조되는 오늘날에 있어 시민사회 조직들 간의 차이가 좁혀지는 경우도 있다. 협동조합 가운데 '사회적 협동조합'이 생겨서 사회적 가치를 추구하고 시장에서의 활동뿐만 아니라 공공기관과의 협력도 강조하는 쪽으로 발전하는 것은 이러한 예 가운데 하나라고 할 수 있다.[9]

---

8 Jacques Defourny and Victor Pestoff, "Towards a European Conceptuali-zation of the Third Sector," 4.

9 Jacques Defourny and Victor Pestoff, "Towards a European Conceptuali-zation of the Third Sector," 4.

어쨌든 오늘날 시민사회는, 어떠한 의미이든 무엇을 지칭하든, 사회정책에서 정부의 실패와 시장의 실패를 극복하는 대안과 사회적 가치를 실현하는 수단으로서 주목받고 있다. 시민사회의 성격과 역할이 복지국가가 변해가면서 어떻게 변화하는지 살펴보는 것은 의미 있는 일이라고 할 수 있을 것이다.

2) 복지국가와 시민사회

복지혼합이라는 말이나 시민사회, 특히 제3섹터라는 말을 쓰는 것은, 복지가 혼합적이지 않았고 제3섹터가 부재한 상황이 있었다는 것을 전제로 하는 경향이 있다. 그리고 그것은 대개 제2차 세계대전 후 '복지국가의 황금기'에 있었던 국가가 복지정책을 전담하는 복지국가이다.

그러나 국가 전담의 복지를 하는 황금기의 복지국가가 있었다는 것을 전제로 하는 것이 늘 적합하지는 않을 것이다. 우선, 국가가 공급을 책임지는 복지를 한 나라는 대개 서유럽의 복지국가에 국한되는 면이 있다. 그 이외의 나라들에 대해서는 다른 이름을 붙이는 경향이 있다. 예컨대 한국과 일본의 경우 서유럽 식의 복지국가와는 다른 유형인 '동아시아 복지국가' 혹은 '동아시아의 발전주의 복지국가'라는 이름을 붙인다. 연구 대상이 되는 국가가 늘어날수록 복지국가의 유형 또한 증가하는 모습을 보인다.

또한, 서유럽 안에서도 복지국가의 유형이 다르다. 복지국가의 유형 구분에서 대표적인 저작으로 꼽히는 에스핑-안데르센의 『복지 자본주의의 세 가지 세계(The Three Worlds of Welfare Capitalism)』에서 복지국가는 자유주의형 복지국가, 보수주의형 복지국가, 사회민주주의형 복지국가 등 세 가지 범주로 나뉜다.[10] 이러한 범주 구분의 기준 가운데 하나는 복지의 공급에서 국가와 사회의 역할분담이다. 국가는 잔여적인 역할을 하고 시장이 주된 역할을 하는 자유주의형 복지국가(영국), 국가는 규제 역할을 하고 직종이나 계층 등에 따른 조합들이 복지제공을 맡는 보수주의형 복지국가(독일), 그리고 국가가 주도권을 장악하고 높은 수준의 보편주의 복지를 시행하는 사회민주주의형 복지국가(스웨덴) 등, 국가와 사회의 관계에 따라 서유럽 내의 복지국가들 사이에도 범주가 갈린다. 그리고 서로 다른 복지국가 유형에 따라 사회복지에서 정부와 시민사회의 협력의 유형도 서로 차이가 난다는 연구가 있다.[11]

그러므로 '국가 주도 → 시장 개혁 → 시민사회'라는 획일적인 역사 구분을 전제로 하기보다는 각 나라에 따라 시민사회의 역할이 어떤 식으로 변화했는지를 국가와 사회 간 관계 변화의 맥락에 따라 살펴보는 것이 적합할 것이다. 더욱이 한국의 경우 서유럽식 '복지국가의 황금기'를 경험했다고 보기 어려우므로, 복지국가의 위기나 재편이라는 것이 서유럽과는 다른 역사적인 맥락을 가진다고 할

---

10 Gøsta Esping-Andersen, *The Three Worlds of Welfare Capitalism*(Princeton, N.J.: Princeton University Press, 1990).

11 Jacques Defourny and Marthe Nyssens, "Social Enterprise in Europe: At the Crossroads of market, Public Policies and Third Sector," *Policy and Society* 29 (2010).

수 있다.

그러므로 이어지는 부분에서는 한국을 비롯하여 세 가지 유형의 복지국가의 대표적인 국가들이라고 할 수 있는 영국과 스웨덴과 독일에서 시민사회의 성격과 역할이 어떻게 바뀌었는지 살펴보고자 한다. 그리고 복지혼합에서 시민사회의 역할에 대하여 생각해볼 점이 어떠한 것인지 논의해보고자 한다.

2. 한국 복지 파트너십의 형성

한국의 복지국가에 대한 논의에서 주로 관심의 대상이 됐던 것은 정치적, 경제적인 목적으로 복지정책을 주도한 권위주의적 발전국가이다. 그 밖에 경제발전주의에 대항한 운동으로서의 복지 운동이 이야기 되었다. 복지를 공급하는 주체로서의 시민사회는 큰 주목의 대상은 아니었다. 그러나 비영리단체든 비정부단체든, 시민사회는 복지서비스 제공에 있어 주된 역할을 담당하였다. 이는 권위주의 시기에도 그랬고 민주화가 진행된 이후 지금까지도 그렇다.

광복 이후 1950년대, 60년대 초반에 한국의 복지 공급에서 주도적인 역할을 담당한 것은 외국의 민간자선단체들이었다. 특히, 한국전쟁이 끝나고 빈민과 전쟁고아들이 증가하던 시기에 이들의 구호를 담당하던 기관들은 한국 정부보다는 외국, 특히 미국의 민간구호단체들로부터 지원을 받아 운영되었다. 외국 구호단체들이 한국의 복지 운영에 기여하는 비율은 1950년대와 60년대 초에 계속 증가하여, 보건사회부 예산 대비 외국 민간구호단체들의 후원비 비율을 보면, 1958년에는 36.2%였던 것이 1961년에는 200%로 증가하였다.[12]

이 시기에 한국 정부는 이러한 외국 구호단체들을 통제할 수 있는 기제를 마련하고자 하였다. 그래서 1955년에 한미 간 민간구호활동에 관한 협정을 체결하여, 한국에서 활동하는 미국의 구호단체들이 보건사회부에 등록하고 자신들의 활동에 대하여 정기적으로 보고하도록 하였다.[13] 이후에 1960년대와 70년대를 거치면서 정부의 규제가 더욱 강화되어 1975년 무렵에는 상당수의 구호단체들이 한국을 떠나게 됐지만, 이들의 지원은 1970년대까지도 한국 민간 복지 분야의 중요한 재원이었다.[14]

1960년대와 70년대에 제3공화국과 제4공화국 정부는 민간의 비영리단체들을 통제하고 때로는 직접 육성하며 복지정책을 추진하였다. 노숙인이나 고아 등을 수용하는 민간시설들에 대하여 보조금을 지급하고 세제혜택을 주는 등 민간 비영리 복지시설의 설립을 지원하는 한편, 새마을 운동을 벌이면서 마을의 자조 조직들을 설립하였다. 또한, 민간 비영리단체들이 정부의 정책을 시행하도록 법적

12 Taekyoon Kim, "The Social Construction of Welfare Control: A Sociological Review on State–Voluntary Sector Links in Korea," *International Sociology* 23(6) (2008).

13 Taekyoon Kim, "The Social Construction of Welfare Control: A Sociological Review on State–Voluntary Sector Links in Korea," 829.

14 김진욱, 『한국의 복지혼합』, 204–208.

으로 규제하였다. 1970년 제정된 '사회복지사업법'은 사회복지단체들이 정당한 사유 없이 정부가 위탁한 사업을 거부할 수 없도록 하였고, 1979년 개정된 '의료보험법'은 병원이나 의원 등 의료기관들이 정당한 사유 없이 의료보험 요양취급기관(지금의 건강보험 요양기관)으로 지정되는 것을 거부할 수 없도록 하였다.

박정희 정부는 비영리단체들을 통제하여 국가의 복지정책을 시행하는 한편, 국가의 손에서 벗어난 자발적인 시민사회 복지운동들은 탄압하였다. 예컨대, 1970년대 도시산업선교회 등 기독교계 일부의 빈민 활동에 대하여 반체제 활동이라는 명목으로 탄압을 가하였다. 이 시기에 유신 정부가 복지정책을 추진한 이유 가운데 하나로, 이러한 '반체제적인' 복지 운동에 노동자들이나 빈민들이 지지를 보내는 것을 막는 예방적 목적이 있었다고 할 수 있다.[15]

1980년대의 제5공화국 정부도 비영리단체를 육성하고 규제하여 복지정책의 수단으로 활용하는 한편 정부의 통제 범위에 들어오지 않는 복지운동들을 탄압했다는 점에서 이전 권위주의 체제와 크게 다르지는 않다. 다만, 어린이, 노인, 장애인 등의 복지에 대한 구체적인 법령을 만들어 복지정책의 범위를 확대시킴으로써 정부의 보조를 받는 민간 비영리 복지단체의 범위도 다양해졌으며, 1970년대 이후 계속 성장한 민주화 및 사회운동 단체들도 이러한 분야뿐만 아니라 여성 문제나 산업 보건 및 환경 문제에까지 활동 범위를

15 Jaehyun Joo, "Dynamics of Social Policy Change: A Korean Case Study from a Comparative Perspective," *Governance* 12(1) (1999).

넓히게 됐다.

1980년대 후반 민주화 이행이 시작되면서 시민사회의 복지 운동은 '반체제적인' 성격에서 정책옹호(advocacy) 활동의 성격으로 바뀌게 되었다. 그래서 권위주의 시기 국가와 시민사회의 관계가 일방적으로 통제하는 국가와 그 지시를 따르는 비영리단체, 혹은 권위주의 체제 자체의 종식과 궤를 같이 하는 민주화 운동과 연계된 복지 운동으로 구분되었다면, 1980년대 말 이후에는 국가가 비영리단체들을 통제하고 보조하며 복지정책을 시행하는 '복지조치의 위탁'[16]은 계속 지속이 되는 가운데, 이전에 '반체제적'인 복지 운동들이 이제는 '정상적인' 체제 안에서 복지정책에 대한 옹호 활동을 하는 것으로 변화하였다. 정치적으로 절차적인 민주화가 시작되고 또한 동구권이 무너지면서 기존의 민중운동이 시민운동으로 변모하는 추세가 생겨났고, 그 가운데 복지정책에 대한 정책옹호 활동을 하는 것이 새로운 시민운동의 일환으로서 추진이 되었다. 1980년대 말의 의료보험 통합 운동은 이 시기에 여러 사회운동 및 보건운동 단체들이 농민들까지 아우르며 전국적으로 벌였던 대표적인 운동이라고 할 수 있고, 그 외에도 노동자, 여성, 장애인 등에 대한 다양한 복지정책의 입안과 시행을 촉구하는 운동들이 일어났다.[17] 이렇게 새로이

16 이혜경, "민간사회복지부문의 역사와 구조적 특성," 『동서연구』 10(2) (1998), 김진욱, 『한국의 복지혼합』, 207에서 재인용.

17 이영환, "사회복지운동의 전개 과정," 이영환 편, 『한국의 사회복지운동』(서울: 인간과 복지, 2005).

등장한 시민단체들의 요구에는 기존에 국가의 규제 하에 복지 공급을 담당했던 비영리 복지시설들에 대하여 복지시설 내의 인권을 개선하라는 요구도 포함되어 있었다.

반면에, 이전에 국가의 규제 하에서 복지 공급을 담당했던 비영리민간단체들 가운데에는 기존의 권위주의적인 통제를 완화시키고 자유화해야 한다는 주장을 하는 단체도 있었다. 예컨대, 1980년대 후반 의료보험 통합 논쟁이 일어나던 시기에 대한의사협회에서는 의료보험 요양취급기관 강제지정제(지금의 건강보험 요양기관 당연지정제)가 의료기관의 자유권을 침해하는 권위주의적인 통제라며 이를 폐지할 것을 주장하였고, 당시 의료보험법 개정안에 이를 포함시켰다.[18]

1990년대에서 2000년대로 이어지는 시기에 문민정부, 국민의 정부, 참여정부가 이어지며 기존에 민주화 운동에 관여하던 정치인들이 정권을 잡았고, 시민단체의 활동가들도 직접 정책을 입안하는 위치에서 복지정책을 추진할 수 있게 되었다. 특히 1990년대 말 들어선 김대중 정부가 정부와 시민사회 사이의 협력을 강조하면서, 각종 위원회에 시민단체 대표가 참여하게 되었다. 정책결정과 추진에서 정부와 시민사회가 협력함으로써 이 시기에 사회적 시민권과 재분배를 강조하는 복지제도의 개혁이 이루어졌다. 국민기초생활보장

18 이 개정안은 의료보험 통합의 내용을 담고 있었고, 여기에 반대하던 노태우 대통령의 거부권 행사에 의해 폐기되었다. 그래서 요양기관 당연지정제를 폐지하고자 했던 시도는 실패로 돌아갔다.

법이나 건강보험 통합, 국민연금제도 시행 등은 대표적인 예라고 할 수 있다. 또한, 기존에 운동적인 성격으로 이루어지던 복지서비스를 정부의 지원과 규제 안으로 끌어들이기도 하였다. 예컨대, 1970년대 이후 빈민운동의 일환으로 운영이 되던 '공부방'을 2003년에 '지역아동센터'로 명명하며 법적인 지위를 갖는 보육시설로 개편하였다.[19]

2000년대 초반 이후 중앙정부 주도였던 복지 시스템을 지방분권적으로 개편하는 논의가 진행이 되었고, 실제로 노무현 정부시기에 사회복지사업과 예산의 지방분권이 실시되었다.[20] 복지의 지방분권을 추진하는 데 있어 정부 차원에서의 분권에 머무르지 않고, 지역사회의 사회단체들과 함께 복지 파트너십을 만드는 데까지 나아가고자 하였다.[21] 그래서 '지역사회복지협의회'를 구성하여 지방정부와 사회복지기관, 그리고 시민사회단체가 함께 모여 복지 정책을 논의하고 서로 협력해서 시행하고자 하였다. 그리고 박근혜 정부에서는 정부 기관 간, 그리고 민과 관 사이의 협력을 강조하는 '정부 3.0' 정책의 일환으로 복지 분야에서 '원스톱 시스템'을 수립하고 있다.

최근에는 정부와 시민사회의 관계에서 '사회적 경제'라는 새로운 패러다임을 받아들이며 사회적 협동조합이나 사회적 기업 등을

19 김희진, "방과 후 돌봄 서비스 제공기관 간의 연계에 관한 고찰: 지역아동센터와 방과후 학교를 중심으로," 경희대학교 공공대학원 석사논문 (2014).

20 박병현, "노무현 정부의 복지재정분권정책에 따른 지방정부 사회복지재정 실태 분석 및 정책적 개선방안," 『한국사회복지학』 60(1) (2008).

21 이영아, "지역복지 시민단체와 지방정부의 파트너십 고찰," 『공간과 사회』 22(1) (2012).

설립하는 데 관심을 기울이고 있다. 정부는 2007년 '사회적 기업 육성법'을 제정, 시행하였고, 2012년에는 '협동조합 기본법'을 제정, 시행하였다. 이는 취약계층의 취업을 증진하거나 지역사회에 공헌하는 단체나 기업들, 그리고 '사회적 협동조합'을 정부가 육성하고 지원하고자 하는 것이다. 이들은 수익사업을 하지만 이윤의 배당보다는 사회 구성원들에게 서비스를 제공하거나 소외계층의 취업 기회를 늘리는 등 사회적으로 삶의 질 향상에 주안점을 두고, 민주적인 의사결정을 하며, 사회적·환경적으로 지속 가능한 발전을 추구하는 사회적 경제의 구성원들은 국가로부터 자율성을 가지고 활동한다.[22] 경실련과 참여연대를 비롯한 많은 시민사회단체들과 그 구성원들이 협동조합이나 사회적 기업을 설립하는 데 관심을 보이고 있다.

이렇듯 한국의 복지국가에서 시민사회는 복지의 공급에 있어서 주된 역할을 담당하였다. 국가의 규제와 보조 하에서 민간 비영리 복지기관들이 복지서비스를 공급하는 '복지조치의 위탁'은 지금도 여전히 복지 공급의 주요 수단이 되고 있다. 그리고 시민사회단체들은 권위주의 시기에는 발전주의 국가의 관심 밖에 있는 계층에 대한 복지사업을 벌였고, 민주화 이후에는 정부가 복지정책을 발전시키고 확대하게 만드는 정책옹호자의 역할을 하였다. 또한, 복지 민관 파트너십의 파트너가 되기도 하고, 사회적 경제의 주역을 담당하고자 노력하고 있기도 하다.

22 서울특별시 사회적 기업 지원센터 보도자료(http://www.sehub.net/se2_1)(검색일: 2013. 12. 12).

그런데 시민사회가 역사적으로 이렇게 다양한 역할을 수행했던 것은 시민사회라는 범주 자체가 다양한 행위자들을 포괄하고 있기 때문이라고 말할 수도 있다. 새마을운동 중앙협의회로부터 시민사회단체까지, 그리고 (거의 영리에 가까운) 비영리 복지시설부터 공부방이나 야학에 이르기까지 모두를 시민사회라는 범주에 포함시키다 보니, 이 범주에서 수행하던 역할이 다양할 수밖에 없는 면이 있다. 다만, 오늘날에 이르러서는 이러한 다양한 시민사회 조직들의 활동에 접점이 나타나려는 경향이 보인다. 지역의 복지 거버넌스 협의체에 비영리 복지기관들과 시민사회단체가 함께 참여하게 되어 있고, 또한 비영리단체와 시민사회단체 모두 사회적 기업과 협동조합에 관심을 가지고 있다는 점에서 그렇다.

그렇다면, 한국의 복지사에서 나타난 국가와 시민사회의 관계, 시민사회 내의 다양성, 그리고 최근 시민사회의 '사회적 경제화'는 한국에서만 고유하게 나타나는 현상일까? 만일 그렇지 않다면, 한국과 다른 나라의 경험을 비교할 때 나타나는 공통점과 차이점은 무엇일까? 그리고 그것의 함의는 무엇일까? 이러한 점들을 알아보기 위해 에스핑-안데르센이 제시한 복지국가의 세 가지 유형에 해당하는 대표적인 나라들인 영국과 독일, 스웨덴의 복지사에서 나타나는 시민사회 조직들의 성격과 활동들을 살펴보기로 한다.

3. 복지 파트너십의 해외 사례

복지국가의 유형을 구분하는 것은 오랜 시간 동안 사회정책학의 연구 주제가 되고 있다. 그 가운데 가장 잘 알려져 있고 가장 많은 비판을 받지만 그럼에도 불구하고 여전히 여러 가지 복지국가 유형론의 근간이 되는 것은 에스핑-안데르센의 복지국가 3유형일 것이다.[23] 에스핑-안데르센은 국가와 시장 및 가족의 관계, 사회계층과 복지시스템, 그리고 사회권의 질에 따라 자유주의적 복지국가, 조합주의적(혹은 보수주의적) 복지국가, 그리고 사회민주적 복지국가라는 세 가지 범주를 만들었다. 그러나 여러 가지 기준들 가운데 세 가지 범주에 대한 설명 부분에서 주로 등장하는 것은 국가와 시장의 관계, 그리고 사회계층이 복지 시스템에 반영되었는지 여부이다.[24] 자유주의적 복지국가에서 국가는 복지에 최소한의 개입만 하는 잔여적인 역할을 수행하고 주로 시장에 복지 공급을 맡기지만, 복지 시스템에 있어서 중요한 것은 복지 대상자의 소득이나 자산이지 그가 속한 사회적 계층은 아니다. 그런 의미에서 자유주의적 복지국가는 보편주의적인 원칙을 가진다. 조합주의적 복지국가에서는 시장이 아니라 사회적 지위나 직업 등에 따라 조직된 조합이다. 그리고 국가는 이러한 조합이나 가족의 역량이 미치지 못하는 데 대해 보충적

---

23 Gøsta Esping-Andersen, *The Three Worlds of Welfare Capitalism.*

24 Gøsta Esping-Andersen, *The Three Worlds of Welfare Capitalism*, 26-29.

으로 개입한다. 그리고 사회민주주의적인 복지국가에서는 시장이 아니라 국가가 복지 공급의 주도권을 가지며, 보편주의적인 복지를 노동자나 빈곤계층뿐만 아니라 중산층에도 적용한다. 영국, 독일, 스웨덴은 각각 자유주의적 복지국가, 조합주의적 복지국가, 사회민주주의적 복지국가의 대표적인 예들로 꼽힌다.

그렇다면, 여기에 국가와 시장 외에 시민사회를 집어넣으면 어떻게 될까? 조합주의적 복지국가의 경우에는 시민사회의 성격을 가진 조합들이 주된 역할을 하므로 시민사회가 주도권을 가진 복지국가 유형이라고 할 수 있을까? 시장이 중심이 되는 자유주의 복지국가에서 시민사회는 시장과 경쟁을 하면서 살아남았을까? 그리고 국가가 중심이 되는 사회민주주의적인 복지국가에서 시민사회는 국가에 밀려 설 자리를 잃었을까? 아니면 에스핑-안데르센의 유형론에는 애초에 시민사회 범주가 빠져 있었으므로 복지국가의 범주와 상관없이 비슷한 모습을 보여줄까? 그리고 1980년대 이후 지금까지 이른바 '복지국가의 재편' 시기에 이 세 나라의 시민사회는 어떠한 성격을 가지고 어떠한 역할을 하고 있을까? 이러한 점들을 염두에 두고 세 나라의 사회복지사를 살펴보기로 한다.

1) 영국

영국은 자유주의적 복지국가로 알려져 있다.[25] 국가는 복지제공

---

25 Gøsta Esping-Andersen, *The Three Worlds of Welfare Capitalism.*

에서 잔여적인(residual) 역할을 담당하고, 민간이 복지 공급의 주요 역할을 담당하는 것으로 알려져 있다. 그러나 영국에서 민간은 반드시 영리기업이 중심이 되는 시장만을 의미하는 것은 아니었다. 영국에서는 일찍부터 복지를 담당하는 비영리 시민단체들이 발전하였다. 중세시대부터 교회나 수도원에서 복지를 담당하였고, 근대에는 자발적인 자선협회들이 생겨났다. 19세기에 들어서는 자선단체협회(Charity Organisation Society: COS)와 인보운동(Settlement Movement) 등을 중심으로 자선 혹은 사회개혁 활동이 이루어졌다. 자선단체들 이외에도 우애협회(friendly societies)나 협동조합(cooperatives)과 같은 상부상조 조직들도 활동하였다.[26] 이러한 조직들은 자율적으로 복지 서비스 및 재화를 공급하는 활동을 하였다.

국가가 복지에 개입하게 된 것은 자본주의와 산업화가 발전하면서부터이다. 멀게는 17세기의 구빈법(Poor Law)에서부터 국가 복지를 이야기할 수 있겠지만, 20세기 들어 사회보험법이 만들어지고 제2차 세계대전이 끝난 뒤 여러 복지 관련 제도들이 완비되며 본격적으로 현대적인 복지국가가 시작되었다. 그러나 국가가 복지의 전면에 나선 뒤에도 자발적 시민단체들은 교육이나 보육 등 다양한 분야에서 보조적인 역할을 담당하고 있었다. 1960년대 말과 70년대에 시민권 운동이 번지고 관료적인 복지국가에 대한 불만이 제기되면

---

26 Marilyn Taylor, "The Welfare Mix in the United Kingdom," Adalbert Evers and Jean-Louis Laville eds. *The Third Sector in Europe*(Cheltenham: Edward Elgar, 2004), 129-130.

서 복지 소비자들이 자발적인 상부상조 조직들을 만들어 운용하게 되었다.[27]

1980년대에 대처 총리의 보수당 정부가 복지의 민영화와 시장화를 추진하면서 비영리 민간복지단체들도 대안적인 복지 공급자들로 떠올랐다. 그러나 이 시기에 비영리단체들은 영리기업들과 마찬가지의 민간 복지공급자로서 정부가 추진하는 사업을 수주하는 계약의 대상자가 되었다. 그래서 비영리 단체들이 정부의 파트너가 아니라 정부의 대리인에 불과한 역할을 담당하는 것이 아닌가 하는 우려도 제기되었다. 그리고 시장화가 진행이 되면서 거대 비영리 단체들이 자금 조달(fund-raising)을 위해 기업화가 되는 경향도 나타났다.

1990년대 말에 블레어 총리의 신노동당이 정권을 잡으면서 정부와 시민사회의 협력이 '제3의 길'의 일환으로서 주목을 받게 되었다. 시민의 자발적 조직들을 단순히 계약의 대상자가 아니라 정책의 파트너로서 인정하고, 이러한 조직들과 협력하고 이들의 역량을 강화하기 위하여 정부 내에 다양한 유닛들을 설치하고 또한 자금을 지원하였다.[28] 이 시기에 시장에서 활동을 하면서도 사회적 가치를 실현할 수 있는 대안으로서 협동조합에 대한 관심이 높아졌고, '사

27 Marilyn Taylor, "The Welfare Mix in the United Kingdom," 131.

28 Pete Alcock and Jeremy Kendall, "Constituting the Third Sector: Processes of Decontestation under the UK Labour Governments in England," Third Sector Research Centre Working Paper 42 (2010)

회적 기업(social enterprise)'이라는 새로운 용어가 등장하게 되었다.[29]

2010년 총선으로 블레어와 브라운으로 이어지는 노동당 정부가 끝나고 데이비드 캐머런 총리가 이끄는 보수당-자유민주당 연립정부가 들어섰다. 보수당-자민당 연립정부는 '큰 사회(Big Society)'라는 슬로건을 내걸고 복지 공급에 있어서 시민사회의 역할을 계속 강조하였다. 연립정부는 사회적 기업이 수지가 맞는 사업을 하면서도 사회적인 가치를 생산하는 순기능을 하고 있다고 평가하였다.[30] 복지에서 국가 지출을 줄이고 민간 영역을 활용하는 것을 선호하는 보수당 정부에게 있어서 자발적인 비영리단체들은 하나의 대안이 되고 있다.

그러나 이러한 보수당의 생각에는 모순이 있을 수 있다.[31] 보수당-자민당 연립정부가 '큰 사회'를 추진하는 데에는 복지에 대한 정부의 지출과 개입을 줄이려는 신자유주의적인 의도가 포함되었지만, 시민단체들이 시장에서 영리기업들과 동등하게 경쟁을 하기 위해서는 우선 시민단체들의 역량을 강화해야 하며, 국가가 지원을 해야 한다는 것이다. 또한, 시민단체들이 생산하는 사회적 가치(social

29 Pete Alcock, Jeremy Kendall, "Constituting the Third Sector: Processes of Decontestation under the UK Labour Governments in England," 7.

30 Simon Teasdale, Pete Alcock, and Graham Smith, "Legislating for the Big Society? The Case of the Public Services(Social Enterprise and Social Value) Bill," Public Money and Management 32(3) (2012), 204.

31 Simon Teasdale, Pete Alcock, and Graham Smith, "Legislating for the Big Society? The Case of the Public Services (Social Enterprise and Social Value) Bill."

value)의 실현에 대한 고려도 있어야 한다는 목소리도 존재한다. 그래서 2012년에 영국 의회는 보수당의 크리스 화이트 의원의 발의로 공공 서비스 계약에 있어서 경제적 가치뿐만 아니라 사회적 가치와 환경적 가치도 고려해야 한다는 법, 즉 '공공서비스(사회적 가치)법(Public Services (Social Value) Act)을 통과시켰다.

영국의 복지에서 시민사회는 자선조직과 상부상조조직 등을 구성하여 적극적인 역할을 담당하였다. 제2차 세계대전 이후 복지국가가 발전하고 국가가 복지의 주도권을 잡았을 때에도 영국의 시민사회는 국가의 손길이 잘 미치지 않는 곳에 복지를 공급하는 역할을 하였다. 1980년대 이후 복지국가 개혁에서 시민단체들은 국가와의 계약 대상이거나 파트너로서 복지 공급에서 더욱 중요한 역할을 하게 되었다. 그러나 '제3섹터'로서 영국의 시민사회가 국가에 종속되지 않고 또한 사회적 가치를 실현하면서 복지혼합에 참여할 수 있는 방안에 대한 논의는 계속되고 있다.

2) 독일

독일은 조합주의적(혹은 보수주의적) 복지국가로 알려져 있다(Esping-Andersen, 1990). 민간복지단체가 중앙 및 지방 정부의 관료집단보다 우선하여 복지를 제공하는 보충성의 원칙(subsidiarity principle)이 지배하고 있다.[32] 1880년대에 비스마르크가 사회보험 입법을 할 때

32 차성환·김덕환, 『독일 국가복지에서 민간복지단체의 역할과 의미: 민간복

부터 이미 민간영역이 복지 공급에서 주요한 역할을 담당하고 있었다.[33] 이전부터 개신교와 가톨릭 등 교회들이 민간복지단체들을 조직하였고, 중산층 여성들이 부르주아 여성운동의 일환으로서 사회복지 분야에 진출하였다.[34] 또한, 노동자들이 정부의 노동운동 탄압을 피하는 방법으로 의료보험이나 상호보험 등의 조직을 만들었다.[35] 그리고 바이마르 공화국을 거치면서 소비자조합이나 주택조합 같은 협동조합들이 생겨났다.[36]

나치의 전체주의 통치에 대한 혐오로 인해 제2차 세계대전이 끝난 뒤 독일에서는 보충성의 원칙이 더욱 강해졌다. 1930년대 독일은 전체주의적인 나치 정권의 통치를 받게 되었다. 나치 정권은 민간복지단체들을 탄압하고 감시하였으며, '국가사회주의 민족복지연맹'이라는 조직이 복지를 장악하게 만들었다.[37] 제2차 세계대전이 끝난 뒤 나치에 의해 해산됐던 민간복지단체들이 재기하였고, 독일연방공

지단체의 우선권 원리를 중심으로』(서울: 집문당, 2007), 17 ; Inge Bode and Adalbert Evers, "From Institutional Fixation to Entrepreneurial Mobility? The German Third Sector and Its Contemporary Challenges" ; Adalbert Evers, "Germany."

33 차성환·김덕환, 『독일 국가복지에서 민간복지단체의 역할과 의미: 민간복지단체의 우선권 원리를 중심으로』, 56-57.

34 정재훈, 『독일 복지국가와 사회복지 서비스』(서울: 집문당, 2007)

35 Inge Bode and Adalbert Evers, "From Institutional Fixation to Entrepreneurial Mobility? The German Third Sector and Its Contemporary Challenges," 103.

36 Inge Bode and Adalbert Evers, "From Institutional Fixation to Entrepreneurial Mobility? The German Third Sector and Its Contemporary Challenges," 105.

37 정재훈, 『독일 복지국가와 사회복지 서비스』, 109-110.

화국(BRD) 정부는 복지에서 민간영역이 국가보다 우선적인 위치를 차지함을 다시 한 번 강조하여, 국가 중심, 중앙정부 중심의 체제보다 민간 중심, 지방정부 중심의 복지공급체제를 만들었다.[38]

독일에서 조합주의적인 복지국가가 발전하면서 민간복지단체들은 준 공적 지위를 가지게 되었다. 보충성의 원칙에 따라 복지 제공의 우선권을 가지고 있었고, 그러면서도 국가로부터 전적인 금전적 지원을 받았다. 또한 민간복지단체가 복지서비스를 전달하는 과정에서 수급자에게 피해가 발생한다고 해서 피해에 대한 책임은 우선 국가가 지게 되어 있다.[39] 복지를 공공재로 인식하고 동시에 민간의 우선성을 인정하는 독일의 조합주의적 복지국가 하에서 교회와 거대 민간복지단체들, 그리고 의료보험조합 등은 복지서비스 공급에 대한 독점적인 지위를 향유하였고, 그러면서도 국가 관료제의 일원으로 편입되지 않았다. 민간복지단체들은 점차 '복지 전문가'가 되었다.[40] 이들 '복지 전문가'들은 국가로부터 수직적인 통제 하에 있다기보다는 복지서비스 공급에서 자신의 목소리를 낼 수 있는 위치에 있었다. 그러나 반면에 복지의 전문가가 되면서 원래 가지고 있었던 종교적인, 혹은 이념적인 기반은 점차 약화되고, '봉급쟁이 전문가

38 Inge Bode and Adalbert Evers, "From Institutional Fixation to Entrepreneurial Mobility? The German Third Sector and Its Contemporary Challenges," 111 ; 정재훈, 『독일 복지국가와 사회복지 서비스』, 104.

39 정재훈, 『독일 복지국가와 사회복지 서비스』, 104–105.

40 Inge Bode and Adalbert Evers, "From Institutional Fixation to Entrepreneurial Mobility? The German Third Sector and Its Contemporary Challenges," 108.

(salaried professionals)'로 변모되었다.[41]

1980년대를 거치면서 이러한 조합주의적인 복지국가 형태에 변화가 생겼다. 1980년대를 풍미했던 '복지국가의 위기' 논리와 신자유주의의 바람은 독일의 복지국가에도 영향을 미쳤다. 물론, 독일은 국가가 복지의 공급을 독점하는 시스템을 가진 나라는 아니었지만, 신자유주의는 독일의 민간복지단체들이 가지고 있었던 독점적 복지 서비스 공급 전문가의 지위를 공격하였다. 즉, 조합주의적 파트너들인 비영리 민간복지단체들과 영리단체가 중심이 된 시장 사이의 장벽을 없애고자 한 것이다. 복지의 '시장'에서 국가와 민간단체(영리든 비영리이든) 사이의 관계는 계약 관계로 바뀌었고, 비영리 민간복지단체들은 영리단체들과 경쟁을 해야 하는 입장에 놓이게 되었다.[42] 그리고 민간복지단체들도 국가로부터 받는 수입 이외에 다른 수입원을 모색하게 되었다.[43] 협동조합의 경우 출범했던 시기부터 중산층 중심의 보수적이고 시장지향적인 성격을 가지고 있었고, 오늘날에는 사회정책을 수행하는 기구로서의 성격은 거의 사라진 채 시장경제의 일원으로 자리를 잡았다.[44] 사회정책적인 색채를 훨씬 더 많이 가

---

41 Inge Bode and Adalbert Evers, "From Institutional Fixation to Entrepreneurial Mobility? The German Third Sector and Its Contemporary Challenges," 109–110.

42 Inge Bode and Adalbert Evers, "From Institutional Fixation to Entrepreneurial Mobility? The German Third Sector and Its Contemporary Challenges," 109–111.

43 정재훈, 『독일 복지국가와 사회복지 서비스』, 119.

44 Inge Bode and Adalbert Evers, "From Institutional Fixation to Entrepreneurial

지고 있는 의료보험조합들의 경우에도 시장경쟁과 계약의 문화에서 예외가 될 수 없어서, 1990년대 초 의료보험 개혁 이후 직종과 의료보험 조합 사이의 집합주의적인 관계는 약화되고, 환자와 의료보험 조합 사이의 개인적인 관계가 강조되며 시장경쟁과 계약이 중심이 되는 관계로 변화하고 있다.[45] 이제 비영리기관은 복지의 '시장'에서 영리기관과 경쟁해야 하는 입장이 되었고, 비영리단체들은 기업가 마인드를 가지고 시장의 가치를 인식하게 되었다.[46] 반대로 영리기업의 입장에서도 기업의 사회적 책임, 복지재단 설립 등이 주목을 받고 있고, 소비자의 권리에 관한 이슈들이 강조되고 있다.[47]

여기에는 사회문화적인 변화도 한 몫을 하였다.[48] 1970년대 이후 새로운 참여의 문화가 생겨났다. 1968년 신사회운동이 일어나면서 시민사회에서 시민성과 자발성 강화가 강조되었고, 그 결과 소규모의 단체들과 자조 조직들이 생겨났다.[49] 비전문가들이 보건 등의 분야에서 자발적인 자조조직을 만들어 기존의 민간복지단체들에

Mobility? The German Third Sector and Its Contemporary Challenges," 106.

45 Thomas Gerlinger, "Health Care Reform in Germany," *German Policy Studies* 6 (2010)

46 Inge Bode and Adalbert Evers, "From Institutional Fixation to Entrepreneurial Mobility? The German Third Sector and Its Contemporary Challenges," 114.

47 Adalbert Evers, "Germany," 19.

48 Adalbert Evers, "Germany," 19 ; Inge Bode and Adalbert Evers, "From Institutional Fixation to Entrepreneurial Mobility? The German Third Sector and Its Contemporary Challenges," 113–114.

49 Adalbert Evers, "Germany," 19.

도전하였다. 새로운 단체들은 기존의 단체들과 달리 집합주의적보다 개인주의적인 성향을 가지고 있었고, 기존의 전문가주의에 대해 회의적인 시각을 가지고 있었다. 개인의 자율성을 강조하는 자유주의적인 자조단체들이 생겨난 것도 기존의 비영리 '복지 전문가'들이 중심이 된 조합주의적 복지국가에 대한 도전의 요인 가운데 하나가 되었다. 1990년대 말에 등장한 사회민주당과 녹색당의 연합정부는 시민사회, 자발성, 시민의 참여 등을 강조하였고, 그래서 문화, 지역개발, 육아 서비스, 사회적 약자들의 고용, 사회적 약자들에 대한 배제와의 싸움 등의 분야에서 시민사회의 역할이 강조되었다.[50]

독일에서 비영리 민간복지단체들은 일찍부터 복지의 우선적인 공급자 역할을 담당하였다. 교회와 중산층이 중심이 된 조직들도 있었고 노동자들이 중심이 된 조직들도 있었다. 이들은 조합주의적 복지국가 시스템 하에서 국가의 파트너로서 준 공적인 지위를 가지고 복지의 전문가들로 발전하였다. 그러나 이러한 일부 정부 파트너 조직들의 독점적인 위치는 1960년대 말의 신사회운동과 1980년대의 신자유주의의 물결 속에서 비판의 대상이 되었고, 이후 이러한 비영리 단체들은 복지 시장에서 다른 시민사회 조직들, 심지어 영리단체들과도 경쟁해야 하는 위치에 놓이게 되었다. 또한, 기존의 집합주의적인 민간복지단체들과는 다른 성격을 갖는 개인주의적이고 자유주의적인 자조단체들이 성장하게 되었다.

50 Adalbert Evers, "Germany," 19.

3) 스웨덴

스웨덴은 사회민주주의적 복지국가(social democratic welfare state)의 대표 국가이다.[51] 복지서비스 제공은 주로 국가와 공공기관이 담당하고, 시민단체는 서비스의 제공보다는 정책결정 과정에서 복지정책을 주장하고 옹호하는 역할(advocacy)을 맡은 것으로 알려져 있다.

그러나 1990년대에 우파 연합이 집권하고 경제위기로 인해 복지개혁이 추진되면서 스웨덴의 시민사회는 정책옹호 역할 뿐만 아니라 복지서비스를 공급하는 역할을 직접 맡기 시작하였다. 이에 대하여 룬드베르그는 오늘날 스웨덴에서 공공서비스 제공의 주된 역할을 맡은 것은 자발적 조직들(voluntary associations)이며, 국가는 보조적인 역할을 맡는 것으로 역할이 역전되었다고까지 말한다.[52]

스웨덴에서 시민사회는 민중운동(popular movements)으로 잘 알려져 있다.[53] 민중운동들은 정책옹호의 역할을 담당하고, 풀뿌리 수

---

51 Gøsta Esping-Andersen, *The Three Worlds of Welfare Capitalism*.

52 Erik Lundberg, "Changing Balance: The Participation and Role of Voluntary Organisations in the Swedish Policy Process," *Scandinavian Political Studies* 35(4) (2012), 348.

53 Victor Pestoff, "The Development and Future of the Social Economy in Sweden," 64; Lars-Erik Olsson et al., "The Third Sector and policy Processes in Sweden: A Centralised Horizontal Third Sector Policy Community under Strain," Third Sector European Working Papers No.3. London: London School of Economics and Political Science (2005), 1.

준에서 '사회적 자본(social capital)'을 고양하는 역할을 담당하였다.[54] 페스토프에 따르면, 이 민중운동들은 보통 시민들이 자발적으로 모여 민주적으로 운영하는 조직들로서, 지역과 전국 조직을 연결하는 연결망을 가지고 노조, 소비자 조합, 직종 협동조합 등 다양한 조직들 간의 네트워크를 가지고 있다. 스웨덴의 민중운동의 네트워크에는 시민단체들뿐만 아니라 정당들까지도 포함되어 있다. 이들 민중운동은 그 이름에서 나타나듯이 자본이나 관료제에 대항하는 저항운동의 성격을 가지고 있지만, 시민단체와 노조, 정당을 아우르는 광범위한 네트워크로 인해 스웨덴의 시민사회가 복지국가를 만드는데 있어서 국가와 협력 관계를 형성하는 역할을 하였다고 한다.[55] 즉, 19세기 산업화 시기부터 자본주의 기득권들에 저항하고 시혜적인 자선에 반대하던 민중운동의 네트워크에 노조와 사회민주당이 포함되어 있었고, 1932년 이후 사회민주당이 오랫동안 집권하면서 민중운동은 복지정책들을 입안하도록 운동을 벌였을 뿐만이 아니라, 사회민주당이 복지국가를 추진하는 데 든든한 지지자 역할을 하기도 하였다. 반면에 자선사업단체의 경우에는 국가가 복지서비스 공급의 주요 행위자가 되고 보편주의적인 복지가 이루어지면서 큰 역할을 수행하지 못하게 되었다.[56]

---

54 Lars-Erik Olsson et al., "The Third Sector and policy Processes in Sweden : A Centralised Horizontal Third Sector Policy Community under Strain," 1.

55 Victor Pestoff, "The Development and Future of the Social Economy in Sweden," 66.

56 Victor Pestoff, "The Development and Future of the Social Economy in Swe-

이렇듯, 조합주의적인 구조에서 발전한 스웨덴의 사회민주적 복지국가에서 복지서비스와 재화 제공보다는 복지정책의 옹호집단 역할을 담당하던 스웨덴의 시민사회는 1980년대 이후, 특히 1990년대 이후 변화를 겪게 된다. 복지정책의 공식적인 결정 과정에서는 정부와 시장 행위자들에 비해 차지하는 비중이 낮아지는 반면, 복지서비스와 재화를 제공하는 데 이전보다 더 큰 역할을 하게 된 것이다. 정책결정 과정을 보면, 스웨덴의 조합주의에 기반하는 정부위원회의 숫자도 줄어들고, 위원회에서 시민사회가 차지하는 비중이 줄었다. 한 연구에 의하면, 위원회에 참여하는 자발적 시민단체들(voluntary organizations)의 숫자는 1964년에서 2009년에 이르기까지 큰 변화가 없는 반면, 이들이 위원회에서 차지하는 비중은 1964–1979년 사이에는 38%였던 것이 2000–2009년 사이에는 25.5%로 12.5% 감소하였다.[57] 그 이유는 유럽연합(EU)의 성장과 1990년대 이후 민영화의 추진으로 시민단체들의 영향력이 약화된 때문이지만, 1983년에 금속산업노조(Metall)와 금속산업사용자연합(VF)이 조합주의적인 중앙 교섭기구에서 탈퇴하고,[58] 1991년 스웨덴 고용주 연합(SAF)이 각종 정부위원회를 비롯한 조합주의 기구에서 탈퇴를 선언

---

den," 70–71 ; Lars–Erik Olsson et al., "The Third Sector and policy Processes in Sweden : A Centralised Horizontal Third Sector Policy Community under Strain," 4.

57 Erik Lundberg, "Changing Balance : The Participation and Role of Voluntary Organisations in the Swedish Policy Process," 357.

58 신동면, "스웨덴 사회적 협의체제의 변화," 『스칸디나비아 연구』 8(2007), 76.

함으로써 스웨덴 복지국가를 이끌었던 전통적인 조합주의 합의방식이 약화된 것도 그 원인의 하나로 제시되고 있다.[59]

조합주의적인 정책결정 과정에서 시민사회의 비중이 줄어드는 반면, 1990년대에 수용하기 시작한 신 공공행정(new public management)에서는 시민사회의 비중이 커지고 있다. 시민사회와 국가의 관계가 전통적인 조합주의의 국가 우위적인 관계에서 수평적인 관계로 개혁을 하려는 움직임이 있다.[60] 그리고 실업자나 농민들의 단체까지도 참여할 수 있는 다원적인 '공급 지향적 조합주의' 모델로 변신하고 있다.[61]

또한, 복지정책을 시행하는 데 있어서도 시민단체의 역할이 커지고 있다. 이미 아동 보육이나 교육, 보건, 여성 등의 분야에서 시민단체들이 활동을 하고 있었고,[62] 실업보험의 경우에는 전통적으로 노조가 조직과 운영을 담당하고 있었다.[63] 20세기 초반 국가에 의한

59 Erik Lundberg, "Changing Balance : The Participation and Role of Voluntary Organisations in the Swedish Policy Process," 351.

60 Lars–Erik Olsson et al., "The Third Sector and policy Processes in Sweden : A Centralised Horizontal Third Sector Policy Community under Strain," 15.

61 신동면, "스웨덴 사회적 협의체제의 변화."

62 Victor Pestoff, "The Development and Future of the Social Economy in Sweden," 66 ; Lars–Erik Olsson et al., "The Third Sector and policy Processes in Sweden : A Centralised Horizontal Third Sector Policy Community under Strain," 4.

63 Victor Pestoff, "The Development and Future of the Social Economy in Sweden," 74.

복지가 발전하면서 이들 영역에서도 국가의 역할이 강화되었지만,[64] 1990년대에 경제위기에 대처하는 과정에서 민영화 추진으로 인해 시민단체들의 역할이 다시 주목을 받게 되었다.[65] 스웨덴의 정당들도 복지 공급에 있어서 시민단체의 활동에 긍정적인 모습을 보이고 있다. 좌파 정당인 사회민주당과 좌파당(Left Party)에서는 시민단체는 국가뿐만 아니라 시장에 대해서도 대안이 될 수 있다고 보고 있고, 우파 정당인 자유당에서는 사회서비스 제공에 있어서 국가를 대체할 수 있는 대안으로서 시민단체를 평가하고 있다.[66]

그러나 복지서비스 공급 분야에서 시민단체의 활동이 활발해지는 것은 시민단체의 상업화로 이어지기도 한다.[67] 예컨대, 스웨덴의 소비자 협동조합은 초기에는 상품의 독점공급을 분쇄하는 활동을 하는 등 멤버들의 복지를 위한 활동을 하였으나 점차 규모가 커지고 관료화되면서 1992년에는 아예 주식회사로 변모를 하였다.[68]

스웨덴의 민중운동은 사회민주적 복지국가가 성립되고 유지가

---

64 Lars-Erik Olsson et al., "The Third Sector and policy Processes in Sweden: A Centralised Horizontal Third Sector Policy Community under Strain," 5.

65 Lars-Erik Olsson et al., "The Third Sector and policy Processes in Sweden: A Centralised Horizontal Third Sector Policy Community under Strain," 7.

66 Lars-Erik Olsson et al., "The Third Sector and policy Processes in Sweden: A Centralised Horizontal Third Sector Policy Community under Strain," 24-25.

67 Lars-Erik Olsson et al., "The Third Sector and policy Processes in Sweden: A Centralised Horizontal Third Sector Policy Community under Strain," 14.

68 Victor Pestoff, "The Development and Future of the Social Economy in Sweden," 73.

되는 과정에서 정책의 옹호자로서, 그리고 국가와 시민사회를 연결하는 고리로서 중요한 역할을 담당한 반면 복지의 공급자로서의 역할은 국가에 비해 약했다고 할 수 있다. 경제위기에 따른 1990년대 복지개혁으로 정부와의 관계가 수직적인 관계에서 수평적인 관계로 나아가고, 복지 공급을 담당할 대안으로 부상하였다. 그러나 1990년대 이후의 변화 과정에서 시민단체는 시장의 행위자로서 상업화가 되는 모습을 보이기도 하였다.

4. 복지혼합과 공공성

지금까지 복지혼합과 시민사회의 개념, 그리고 한국과 서유럽 세 나라의 경험에 대하여 살펴보았다. 시민사회는 복지의 역사에 있어서 중요하지만 다양한 역할을 담당하였음을 살펴보았다. 최근 들어 복지 개혁과 '사회적 경제'를 추진하는 데 있어서 시민사회는 더욱 주목의 대상이 되고 있다. 그러나 시민사회가 국가와 파트너십을 이루어 공공성을 실현하는 것은 각국이 가진 복지국가의 전통에 따라 서로 다른 양상을 나타낼 수 있다. 또한, 시민사회는 여전히 다양하고 모호한 범주이며, 시민사회가 국가나 시장 같은 다른 섹터들에 비해 가지는 장점은 구체성이 부족한 면이 있다.

1) 복지국가의 유형과 시민사회, 그리고 공공성

복지국가의 유형에 따라 시민사회의 성격과 역할에도 차이가 있다고 할 수 있을까? 그렇다고도 그렇지 않다고도 볼 수 있을 것이다. 어떤 측면에서 앞에서 살펴본 세 나라들 사이에서 시민사회의 활동은 차이가 있다. 자유주의적 복지국가인 영국에서는 시민사회가 정부가 주도하는 제도권 복지 밖에 있는 민간복지단체로서 나름대로의 활동을 벌였고 또한 거의 영리기업에 상응하는 조직성과 전문성을 갖추게 됐다고 할 수 있다. 또한 정부도 시민사회가 영리기업과 복지 시장에서 경쟁할 수 있을 만한 역량을 키우는 데 관심을 보이고 있다. 조합주의적 복지국가인 독일에서는 시민사회가 정부의 규제와 보조 하에서 준 공적 성격을 가지고 사회보험제도의 운영을 담당하였다. 사회민주주의적 복지국가인 스웨덴의 시민사회는 직접 복지의 공급을 담당하기보다는 국가의 조합주의 파트너로서 주로 정책옹호집단의 역할을 하였다. 그런데 어떤 면에서는 이러한 시민사회들을 동일 범주의 조직들로 묶어서 생각할 수 있는지 의문이 들기도 한다.

그리고 이러한 집단들의 '공공성'을 추구하는 방식도 차이가 난다고 할 수 있다. 영국의 시민사회가 공식적인 제도 시스템보다는 '사회적 가치'를 추구함으로써 민간 영역에서 공공성을 추구한다고 한다면, 독일의 시민사회는 국가에서 부여한 공적인 권위를 가지고 국가의 사회보험 시스템 안에서 역할을 담당함으로써 공공성을 추구하고, 스웨덴의 시민사회는 국가라는 공적인 기관이 복지를 직접 담당하는 역할을 함으로써 공공성에 동참한다고 할 수 있다.

그런데 다른 측면에서는 공통점이 발견되기도 한다. 복지국가가 성립하기 시작하는 시기를 보면 세 나라 모두 시민사회가 자율적인 복지 공급조직의 역할과 정책옹호집단 역할을 함께 수행하였다. 영국의 인보운동 조직은 빈민과 노동자들에게 복지서비스와 재화를 공급하면서 동시에 보편주의적 원칙을 가진 복지정책 입안을 주장하는 역할을 하였다. 독일의 복지 관련 조합들 가운데에는 국가 자본주의의 발전으로 생긴 모순에 대해 대처하고 국가의 탄압을 피하는 방안으로서 탄생한 단체들이 있고, 또한 제2차 세계대전 뒤에는 보충적 원칙을 가진 복지국가 형성을 주장하는 역할을 하였다. 스웨덴의 민중운동들은 풀뿌리 수준에서 복지단체들을 조직하고 국가가 보편주의적인 복지국가를 만들도록 압력을 가하는 역할을 하였다.

그리고 1990년대 이후에는 이들 국가들의 시민사회들 사이의 공통점이 더욱 두드러지게 나타난다. 복지의 민영화와 시장화가 추진되고, 그 안에서 시민사회들이 민간 행위자로서, 그것도 '사회적 가치'를 실현할 수 있는 민간 행위자로서 주목을 받으면서, 국가로부터 계약을 따내고 복지 시장에서 영리기업들과 경쟁할 수 있도록, 기업가 마인드를 받아들이고 조직의 역량과 전문성을 발전시킨다는 점에서 세 나라의 시민사회 모두 비슷한 방향성을 가진다고 할 수 있다. 민간 영역의 개념이 이윤을 위한 경쟁이 이루어지는 시장이 아니라, 이윤이든 사회적 가치를 추구하든 국가 조직과는 별개인 민간단체들(주식회사든 협동조합이든 비영리단체든) 사이에 경쟁이 이루어지는 장이라고 한다면, 지금 세 나라 모두에서 계약과 경쟁이 커지고 있다고 할 수 있을 것이다.

그렇다면, 이 나라들을 한국과 비교하면 어떻게 될까? 먼저, 에스핑-안데르센이 제시한 복지국가의 세 가지 유형이 일반적으로 적용될 수 있는 범주구분 방식이라면, 사회복지분야에서 한국의 시민사회는 어느 유형에 가장 가깝다고 할 수 있을까? 시민사회단체들이 정책옹호활동을 벌이던 1990년대 이후를 생각하면 사회민주주의적인 복지국가의 제3섹터 성격을 지향했다고 할 수 있을 것이다. 그러나 비영리 복지단체들이 서로 거의 시장경쟁에 가까운 경쟁을 벌이고 있다는 점을 생각하면 자유주의적 모델에 가깝다고 볼 수 있을 것이다. 물론, 한국 복지의 근간의 한 축을 담당하는 사회보험을 생각하면 조합주의적 복지국가를 생각해볼 수도 있겠지만, 한국의 사회보험은 국가에 의해서 만들어졌고 보험공단도 설립부터 운영까지 거의 공공기관의 성격을 가지고 있으므로, 민간에서 시작하여 공적인 성격이 주어진 독일의 보험회사들처럼 시민사회의 성격이 있다고 하기에는 어려울 것이다.

그러나 공공성의 측면에서 생각한다면 다를 수 있다. 한국에서 거의 영리에 가까운 비영리 복지단체들의 활동이 공적인 성격을 가진다면, 그것은 사업을 주도하고, 지시하고, 단체들을 통제하는 주체가 국가이기 때문이다. 그리고 1990년대에 등장한 시민사회단체의 활동도 국가가 직접 담당하는 복지정책 발전에 중점을 두고 있었다. 이러한 의미에서, 국가가 잔여적인 역할만을 담당하고 민간 영역에 광범위한 자율성과 권한을 주는 자유주의적 복지국가는 한국에 적용하기 어려울 수 있다. 자발적 조직이 국가의 권위를 빌어서 공공성을 가지는 조합주의적 복지국가나 국가가 복지를 관장하는 사회민주주의적 복지국가의 유형 근처 어딘가에 한국의 시민사회 복지가 놓일 수 있을 것이다. 혹은 이 세 가지 유형 어디에도 속하지 않는 새로운 유형, 즉 국가의 주도권과 규제력을 더욱 강조하는 동아시아 발전주의 복지국가와 같은 새로운 유형을 만들어야 할지도 모른다.

그런데 오늘날 한국의 시민사회가 나아가는 방향은 앞에서 살펴본 유럽 세 나라와 유사점이 있다. 1990년대에 들어 시민사회의 정책옹호기능이 강화되는 것은 이 나라들과 어찌보면 반대 방향으로 나아간다고도 볼 수 있지만, 2000년 중반 이후 사회적 경제라는 개념이 도입되면서 비영리단체나 시민사회단체를 아우르는 여러 시민사회 조직들이 협동조합이나 사회적 기업에 관심을 가지게 된 것은 유럽 국가들과 비슷한 경향을 보인다고 할 수 있다. 즉, 시민사회 조직들이 국가로부터 자율적인 민간의 영역에서 전문성과 조직력을 키우는 한편 사회적 가치를 추구하며 서로 경쟁하는 방향으로 나아가는 것은 유럽의 세 나라에서 이루어지는 복지국가 재편의 방향과 비슷하다고 할 수 있다. 그러나 사회적 기업이나 사회적 협동조합 등은 비교적 최근에 나타났으며, 특히 한국에서는 2000년대 말부터 본격적으로 추진된 것이고, 이들이 전통적인 방식의 복지서비스 공급이나 정책옹호 역할을 대체한다고 볼 수는 없으므로 앞으로 지속적인 연구가 필요할 것이다.

2) 시민사회 개념의 다양성과 모호성

오늘날 복지국가 재편 논의에서 시민사회가 큰 역할을 담당하는 데 좌파나 우파 모두 지지를 보내고 있다. 최소한 큰 반대는 하지 않는다. 국가가 복지를 담당하거나 시장에 복지를 맡긴다는 부분에는 찬반이 비교적 뚜렷하게 갈리는 데 반해서, 시민사회가 대안으로 떠오르는 부분에는 대체로 긍정적으로 보는 경향이 있다. 좌파의 경우에는 그래도 영리기업과 자본이 중심이 되는 시장이 복지를 맡는 것보다는 시민사회가 낫다고 생각하고, 우파의 경우에는 국가가 직접 맡는 것보다는 민간영역에 속하는 시민사회가 맡는 것이 낫다고 생각할 수 있다. 그리고 '사회적 가치 창출,' '사회적 자본 증진,' '참여민주주의 발전' 등 다양한 기대들이 시민사회에 부가된다.

물론, 아직은 시민사회가 주도하는(그것이 어떠한 형태이든) 복지의 유형이 실현되지도 않았고 그 모습이 뚜렷하지 않았기 때문에, 기존 복지시스템에 대한 '새로운' 대안으로서 긍정적인 기대가 더욱 부각되는 것일 수 있다. 그리고 '시민사회'라는 용어 자체가 긍정적인 뉘앙스를 가지고 있기 때문에, 시민사회를 통한 복지 또한 좋은 인상을 주는 것일 수도 있다.

그러나 다른 한 편으로는 시민사회라는 개념과 범주가 그만큼 모호하고 유연한 것이기 때문일 수도 있다. 잘 조직되고 전문화된 거대 비영리단체들은 복지 시장에서 영리기업들과 경쟁하며 '사회적 가치'를 창출하는 쪽으로 시장을 변화시킬 수 있을지도 모른다. 그러나 이들이 일반 '시민'의 참여를 이끌어내고 사회적 자본을 높이는 데 어느 정도 기여할 수 있을 것인가? 또한 지역이나 공통의 관심사가 기반이 된 소규모 상부상조 조직들은 참여와 사회적 자본을 증진할 수 있을 것이다. 그러나 이들이 '사회적 가치'를 증진하기 위하여 전국, 혹은 전 세계적인 연대를 이끌어낼 수 있을 것인가? 그리고 국가가 주도하는 복지시스템에서 정책수단의 역할을 해온 (영리에 가까운) 비영리기관들에 대해 국가로부터 자율성을 주고 복지정책을 직접 기획하고 이끌어나가는 역할을 부여했을 때 이들이 어떤 식으로 복지의 공공성을 고양할 수 있을 것인가? 실상 복지의 역사에서 시민사회가 역할을 하지 않았던 시기는 없었다. 그러나 그 역할은 시기와 장소에 따라 다양하였다. 또한 시민사회에 포함되는 서로 다른 성격을 가진 단체들 사이에서 대립과 반목이 있었던 경우도 있었다.

그리고 시민사회를 국가와 시장, 공동체로부터 독립된 섹터로 보기에는 시민사회 안의 하위 섹터들이 각각 국가나 시장, 공동체 등에 너무 가까이 있는 경우가 많이 있다. 거의 준 공공기관의 위치를 가지는 단체도 있고, 영리기업에 준하는 조직과 마케팅 능력을 가진 단체도 있고, 소규모 공동체에서 멤버십 위주로 운영이 되는 단체도 있다. 그리고 국가를 지향하는 단체도 있고, 국가로부터 거리를 두려는 단체도 있다. 그리고 이들은 각자의 방식으로 복지의 공공성을 추구하고 실현해 왔다. 그러므로 단순히 시민사회라는 모호한 범주를 그대로 사용하여 복지의 재편과 공공성의 이야기를 하기보다는 어떠한 맥락에서 어떠한 형태의 시민사회를 발전시킬 것인지에 대하여 구체적으로 이야기를 할 필요가 있을 것이다.

3) 대안으로서의 시민사회의 한계

시민사회 안에 여러 가지 형태의 조직들이 있지만, 적어도 서구의 '복지국가의 황금기'에는 이들이 공공성을 실현하는 데 국가가 중요한 통로였다. 한국에서도 서구식 복지국가 황금기는 없었다고 해도 국가의 규제나 직접 공급이 복지의 주요 수단으로 인식되었다. 오늘날의 패러다임은 국가에서 민간으로(혹은 사회나 시장으로) 중심이 넘어오는 것이라고 할 수 있다. 실제로 복지 시스템에서 시민사회의 역할이 강조되는 것은 1980년대 이후 이루어진 복지의 민영화나 시장화와 연관이 있다.

그렇다면 중요한 것은, 민관이 파트너십을 이루는 새로운 복지 혼합에서 시민사회가 주도적인 역할을 담당하는 것이 영리기업의 경우보다 무엇이 나은지 생각할 필요가 있다. 여성이나 장애인의 취업을 늘리고, 공정무역을 실시하며, 환경을 생각하고, 사회 구성원들의 삶의 질 향상을 위하여 수익을 쓰도록 유도하기 위하여 국가가 영리기업의 사회적 책임을 강조하고 이를 실현하기 위한 규제나 인센티브를 마련하는 것이 아니라, 시민사회를 육성하는 것을 택하는 것이 왜 더 나은 대안이 되는지에 대한 근거를 제시할 필요가 있다.

또한, 시민사회가 국가나 영리기업에 비해 자발적인 시민참여로 이루어진 조직이라는 성격을 어떻게 유지할 수 있는가도 생각할 필요가 있을 것이다. 국가의 보조금을 획득하기 위해 경쟁하기 위해서는 주어진 과제를(취업률이든 환경보호든) 효과적으로 잘 수행했다는 평가를 받아야 하며, 시장에서 수익을 위해 영리기업과 경쟁을 할 때 효율적인 경영이 이루어져야 한다. 그러기 위해서는 정부의 기준에 잘 맞출 수 있는 방식이나 효과적인 마케팅 방식 등을 익히기 위하여 조직을 정비하고 전문성을 높일 필요가 생길 것이다. 그러나 그것이 지나치면 준 관료집단이나 기업집단이 될 가능성이 있다. 이렇게 되면, 왜 공공기관이나 영리기업이 아닌 '준 관료집단'이나 '준기업'을 활용해야 하는가에 대한 의문이 발생할 수 있다. 정부의 예산을 줄여주거나 영리기업에 비하여 수익을 덜 추구한다(즉 가격이 싸다)는 것만이 시민사회의 장점이라고 할 수는 없을 것이다. 시민사회 조직들 간의 네트워크, 즉 전국적 혹은 전 세계적 규모를 가진 거대 비영리단체 혹은 사회적 기업과 시민들의 직접 참여를 기반으로 한 소규모 조직들 사이의 네트워크를 유지하여 전문성과 시민참여를 모두 가질 수 있는 방안을 마련할 필요가 있다.

마지막으로, 자발성을 특성으로 하는 시민사회가 사회복지의 주체로서 가지는 한계를 국가 및 시장과의 파트너십을 통해 어떤 식으로 극복할 것인지도 생각할 필요가 있다. 국가의 실패, 시장의 실패에 대한 대안으로서 시민사회가 떠오른 면이 있지만, '시민사회의 실패'의 가능성도 고려해야 한다. 레스터 살라몬은 '자발성의 실패(voluntary failure)'를 지적하고 있다. 여기서는 불충분성(insufficiency), 특정성(particularism), 가부장적 성격(paternalism), 그리고 아마추어적 성격(amateurism) 등 네 가지를 들고 있다.[69] 자발적 헌신이나 기부만

---

69 Lester M. Salamon, *Partners in Public Service : Government–Nonprofit Relations in the Modern Welfare State*(Baltimore and London : The Johns Hopkins

으로 사회가 요구하는 모든 복지 요구가 충족되기 어려울 수 있고(불충분성), 시민사회 활동가들이나 자선사업가들이 선호하는 대상들(예컨대 종교나 인종 등에 따라)에 자원이나 서비스가 집중될 수 있으며(특정성), 복지 자원이나 서비스가 필요한 사람들의 욕구가 아니라 그것을 공급하는 부자들의 선호에 따라 분배될 수 있으며(가부장적 성격), 열의는 있지만 전문적 훈련은 받지 않은 사람들이 서비스 공급의 주체가 될 수 있다(아마추어적 성격)는 것이 살라몬의 지적이다. 앞에서 말한 대로 복지혼합의 파트너십에 있어서 시민사회가 국가나 시장에 포획되지 않도록 하는 것은 중요하다. 그러나 또한 시민사회의 역할에 대한 지나친 강조가 '자발성의 실패'에 빠지지 않도록 파트너십의 효과적인 운용도 필요할 것이다. 사회복지의 자원과 서비스를 적절히 배분하기 위한 정부의 조타(steering) 능력, 사회복지 자원의 충분한 확보를 위한 정부의 세수 확보 및 여타(예컨대 사회적 투자 등) 정책수단을 개발하고 시장을 활용할 수 있는 능력, 시민사회 조직의 참여자들에게 필요한 전문성 인식을 위한 경쟁 시스템 마련, 그리고 이들이 어느 정도 전문성을 가질 수 있도록 교육할 수 있는 공공 및 민간 기관들 육성 등 시민사회의 '자발성의 실패'를 보완할 수 있는 국가와 시장의 파트너십이 복지혼합의 주체로서 시민사회의 역할에 도움이 될 수 있다. 그러나 여전히 강조할 점은, 시민사회가 시민사회로서의 '자발성'과 '시민의 참여'라는 덕목을 유지할 수 있을 때 시민사회가 복지혼합 파트너십의 주체로서 의

University Press, 1995), 44–48.

미를 가지고 제 역할을 할 수 있을 것이라는 사실이다.

참고문헌

감정기·최원규·진재문. 2010. 『사회복지의 역사』. 파주: 나남.

김진욱. 2011. 『한국의 복지혼합』. 서울: 집문당.

김희진. 2014. "방과후 돌봄서비스 제공기관 간의 연계에 관한 고찰: 지역아동센터와 방과후 학교를 중심으로." 경희대학교 공공대학원 석사논문.

박병현. 2008. "노무현 정부의 복지재정분권정책에 따른 지방정부 사회복지 재정 실태 분석 및 정책적 개선방안." 『한국사회복지학』 60(1).

서울특별시 사회적 기업 지원센터(http://www.sehub.net/se2_1) (2013. 12. 12. 검색).

신동면. 2007. "스웨덴 사회적 협의체제의 변화." 『스칸디나비아 연구』 8.

이영아. 2012. "지역복지 시민단체와 지방정부의 파트너십 고찰." 『공간과 사회』 22(1).

이영환. 2005. "사회복지운동의 전개 과정." 이영환 편. 『한국의 사회복지운동』. 서울: 인간과 복지.

이주하. 2011. "한국의 사회적 위험 관리전략과 거버넌스." 『정부학연구』 17(2).

정재훈. 2007. 『독일 복지국가와 사회복지 서비스』. 서울: 집문당.

차성환·김덕환. 2007. 『독일 국가복지에서 민간복지단체의 역할과 의미: 민간복지단체의 우선권 원리를 중심으로』. 서울: 집문당.

Alcock, Pete and Jeremy Kendall. 2010. "Constituting the Third Sector: Processes of Decontestation under the UK Labour Governments in England." Third Sector Research Centre Working Paper 42. Birmingham.

Bode, Inge and Adalbert Evers. 2004. "From Institutional Fixation to Entrepre-neurial Mobility? The German Third Sector and

Its Contemporary Challenges." Adalbert Evers and Jean-Louis Laville eds. *The Third Sector in Europe.* Cheltenham: Edward Elgar.

Defourny, Jacques, and Marthe Nyssens. 2010. "Social Enterprise in Europe: At the Crossroads of market, Public Policies and Third Sector." *Policy and Society* 29.

Defourny, Jacques, and Victor Pestoff. 2008. "Towards a European Conceptualization of the Third Sector." Jacques Defourny and Victor Pestoff eds. *Images and Concepts of the Third Sector in Europe.* European Research Network.

Esping-Andersen, Gøsta. 1990. *The Three Worlds of Welfare Capitalism.* Princeton, N.J.: Princeton University Press.

Evers, Adalbert. 2008. "Germany." Jacques Defourny, and Victor Pestoff eds. *Images and Concepts of the Third Sector in Europe.* European Research Network.

Gerlinger, Thomas. 2010. "Health Care Reform in Germany." *German Policy Studies* 6.

Joo, Jaehyun. 1999. "Dynamics of Social Policy Change: A Korean Case Study from a Comparative Perspective." *Governance* 12(1).

Kim, Taekyoon. 2008. "The Social Construction of Welfare Control: A Sociological Review on State-Voluntary Sector Links in Korea." *International Sociology* 23(6).

Kwon, Huck-Ju. 1999. *The Welfare State in Korea: The Politics of Legitimation.* New York: St. Martin's Press.

Laratta, Rosario. 2009. "Hand in Hand or under the Thumb? A New Perspective on Social Welfare in Japan." *Social Policy and Society* 8(3).

Lundberg, Erik. 2012. "Changing Balance: The Participation and

Role of Voluntary Organisations in the Swedish Policy Process." *Scandinavian Political Studies* 35(4).

Olsson, Lars-Erik, Marie Nordfeldt, Ola larsson and Jeremy Kendall. 2005. "The Third Sector and policy Processes in Sweden : A Centralised Horizontal Third Sector Policy Community under Strain." Third Sector European Working Papers No.3. London : London School of Economics and Political Science.

Pestoff, Victor. 2004. "The Development and Future of the Social Economy in Sweden." Adalbert Evers and Jean-Louis Laville eds. *The Third Sector in Europe.* Cheltenham : Edward Elgar.

Pierson, Christopher. 1998. *Beyond the Welfare State? The New Political Economy of Welfare.* Cambridge, U.K. : Polity Press.

Ringen, Stein, Huck-Ju Kwon, Ilcheong Yi, Taekyoon Kim, and Jooha Lee. 2011. *The Korean State and Social Policy : How South Korea Lifted Itself from Poverty and Dictatorship to Affluence and Democracy.* New York : Oxford University Press.

Salamon, Lester M. 1995. *Partners in Public Service : Government–Nonprofit Relations in the Modern Welfare State.* Baltimore and London : The Johns Hopkins University Press.

Taylor, Marilyn. 2004. "The Welfare Mix in the United Kingdom." Adalbert Evers and Jean-Louis Laville eds. *The Third Sector in Europe.* Cheltenham : Edward Elgar.

Teasdale, Simon, Pete Alcock, and Graham Smith. 2012. "Legislating for the Big Society? The Case of the Public Services(Social Enterprise and Social Value) Bill." Public Money and Management 32(3).

7장 국제개발협력 파트너십[1]

손혁상

1. 개발협력에서 정부와 시민사회 관계

1) 정부-시민사회 관계에 관한 주요 이론적 접근

a) 거버넌스 모델

'거버넌스'는 국가 권력이 시민사회를 지배하거나 통제하여 국

1 이 글은 필자가 연구책임자로 참여한 한국국제협력단 연구과제 『개발효과성 제고를 위한 정부-시민사회 협력 방안 연구(2011)』와 아산사회복지재단 중진학자 지원 연구과제 『시민사회와 국제개발협력: 한국 개발 NGO의 개발효과성 연구(2014년 발간예정)』 결과보고서 초안을 바탕으로 파트너십과 공공성에 초점을 맞춰 수정·보완하였음을 밝힌다.

민과 시민사회 집단을 수직적으로 관리하는 전통적인 방식과 차별화하기 위해 널리 사용되고 있다.[2] 정부가 '공공재(public good)'를 독점적으로 향유, 생산, 공급하던 종래의 방식에 비판을 제기하면서 국민과 시민사회를 정부의 정책결정 과정에 참여시키는 거버넌스 모델이 등장하였다.

[표 1] 거버넌스에 관한 다양한 개념적 정의

학　자	거버넌스 개념
Hyden/Bratton(1992)	공공영역의 정당성을 강화하려는 의식적인 제도적 구조배열
Rosenau(1995)	가족으로부터 국제조직까지 모든 인간 활동 수준에서의 규칙체계
Rhodes(1997)	상호의존성, 자원 교환, 게임규칙, 국가로부터 자율성의 특징을 가지는 자기조직적인 조직 간 네트워크
Mayntz(1998)	국가 권력이 시민사회를 형성하고 있는 국민이나 집단을 수직적으로 관리, 통제하던 전통적인 방식과 차별화하기 위해 사용
Kooiman(2002)	공공 · 민간 부문의 행위자들이 거버넌스 활동이 이루어지는 제도 속에서 사회문제를 해결하고 사회기회를 창조하기 위하여 참여하는 상호작용적 배열, 즉 문제를 해결하고 기회를 참조하는데 목표를 둔 절차적 조건

출처: 배응환(2007), Kooiman(2002)을 참고하여 수정 보완함.

1990년대 이후 효율성과 경쟁을 강조하고 시민을 주체가 아닌 고객으로 바라보는 신공공관리(New Public Management: NPM)에서 정

2 Mayntz Renate, "New Challenges to Governance Theory," *Jean Monet Chair Papers* 50(European University Institute, 1998).

부는 비정부 행위자(기업, 시민단체, 주민 등을 총칭함)와 협업하여 이들의 의견과 아이디어를 적극 반영하고 정책형성 과정과 행정 전반에 걸쳐 시민의 참여를 유도하는 새로운 거버넌스(new governance) 혹은 협력적 거버넌스(collaborative governance)가 등장하였다.[3] 거버넌스는 '국가, 시장, 그리고 시민사회에 속하는 행위자들이 투명하고 민주적인 절차에 의하여 정책을 수립·집행하기 위해 수평적인 협업 네트워크를 형성해 수립한 유형 또는 무형의 제도로 구성된 통치체제'로 정의할 수 있다.[4] 기존의 국가중심적인 시각은 국가와 사회의 관계는 양립할 수 없다고 보는 것과 대조적으로, 거버넌스 이론은 양자를 상호보완적인 관계로 인식한다. OECD는 정책과정에 있어 국민의 참여는 굿거버넌스(good governance)를 위한 핵심적인 요소라고 강조한다. 국민의 참여는 다양한 정보 및 관점을 파악하는데 도움을 줘서, 정책결정의 질을 향상시키고, 국민과의 상호의사소통 증진에 따라 보다 나은 지식관리를 가능하게 하여 정보사회의 도전에 대비할 수 있기 때문이다. 또한 정책결정 과정에 국민이 참여함으로서 투명성 및 책무성을 제고할 수 있고, 이는 다시 정부에 대한 국민의 신뢰로 선순환적인 영향을 준다. 거버넌스 모델은 정부–시민사회의 관계에 있어 시민사회의 참여를 적극적으로 이끌어냄으로서 대의

3 황성수, "스마트 정부 시대에 맞는 참여적 거버넌스 모색: Social Media를 활용한 정책홍보와 시민참여를 중심으로," 『한국지역정보화학회지』 제15권 제4호 (2012), 29–31.

4 손혁상 외, 『개발효과성 제고를 위한 정부–시민사회 협력 방안 연구』(성남: 한국국제협력단, 2011), 19.

민주주의의 한계를 보강하는 측면이 있다.[5]

b) 신정책의제

냉전 종식 이후, 개발정책과 원조 이행 문제는 로빈슨(Robinson)이 이야기하는 '신정책의제'에 의하여 지배되었다고 볼 수 있다.[6] 신정책의제는 두 가지 특성을 기반으로 한다. 신정책의제는 신자유주의적 경제 메커니즘을 기반으로 하는데, 시장과 민간 부문이 경제성장을 위해 가장 효율적으로 정책을 이행할 수 있는 주체라고 인식하며, 민간부문을 통해 가장 많은 사람들에게 최대의 서비스를 공급할 수 있다고 본다. 따라서 신정책의제에서 정부의 역할은 매우 제한적이며 최소화되어야 한다. 정부는 민간이 효율적으로 기능할 수 있도록 환경을 조성하는 역할을 하며, 시장이 해결할 수 없는 부문에만 최소한으로 개입해야 한다는 것이다. NGO가 국가를 대신하여 복지 서비스를 제공한 것은 비단 1990년대 들어 새로이 시작된 것은 아니나, 이전에는 정부의 재정 또는 역량 부족의 이유로 NGO가 정부의 역할을 대신하였다면, 신정책의제에서 정부는 충분한 역량과 재정이 있어도 민간 부문이나 NGO를 통한 복지 서비스

5 박재창 외, 『시민참여와 거버넌스』(서울: 오름, 2009), 75.

6 Michael Edwards and David Hulme, ed. *Non–Governmental Organization–Performance and Accountability : Beyond the magic bullet*(United Kingdom : Earthscan Publications Limited, 1995), 4.

전달이 더욱 효과적이라고 인식하기 때문에, NGO를 서비스 전달의 주체로서 인식하고 선호한다. 또한, 신정책의제는 자유민주주의와 밀접한 상관관계를 가지고 있다. NGO의 활동 또는 참여가 민주화를 위한 기제로서 인식되기 때문이다. 또한 NGO는 시민사회(civil society)의 번영 및 발전을 위한 필수요소로서 NGO를 통한 시민사회의 발전은 다시 신정책의제에서 중요하게 여기는 경제적 측면의 성공으로 이어진다고 본다.[7] 코르텐(Korten)에 의해 제기된 세계 시민사회 운동의 발전과 대표적인 국제 NGO인 CIVICUS(World Alliance for Citizen Participation)의 설립은 단순히 공적원조 발전의 결과로 보기는 어려우며, 신정책의제의 정치적 사상에서 분리되어 볼 수 없다는 것이 학자들의 시각이다. 따라서 워싱턴에서 발한 신정책의제(new policy agenda)는 중요한 경제적 요소로서 희소자원 분배에 대한 국가의 통제로부터 시장에 대한 이데올로기적 선호를 의미하는 것이다.[8]

c) 결사체로서의 시민사회

국가와 시민사회의 조직원리로서 다원주의와 조합주의는 시민

7 Michael Edwards and David Hulme, ed. *Non–Governmental Organization–Performance and Accountability : Beyond the magic bullet.*

8 James Copestake, "NGO–State Collaboration and the new policy agenda : the case of subsidized credit," *Public Administration and Development* 16 (1996), 21.

사회의 역할을 사적 영역에 제한하고 협상과정에서 이익 간의 갈등과 대립을 조정해왔다. 이러한 원리들은 시민사회의 역할 확대에 대한 근본적인 대안을 제시하지 못하였다.[9] 시민사회와 민간 부문의 참여를 공적 영역까지 확장하였지만, 여전히 정치의 영역은 국가의 역할로 한정되어 있었기 때문이다. 이에 대한 대안으로서 결사체주의는 시민사회의 역할을 민간 부문에 한정하지 않고 공공 부문까지 확대하였다는 측면에서 국가-시민사회 파트너십 형성에 중요한 의미를 지닌다. 다원주의와 조합주의는 시민사회를 국가의 통제와 조정을 받은 2차 집단(secondary association)으로 한정하지만, 결사체주의는 시민의 참여를 통한 사회집단 또는 결사체는 공공 부문 정책결정 및 집행에서 자율성을 가지고 수행하는 1차 집단(primary association)으로 본다.[10] 이에 따라 시민사회는 결사체를 통하여 정치에 복귀하며, 결과적으로 시민의 참여를 통한 결사체가 공공영역에서 역할을 수행하게 된다. 마이클 에드워즈는 시민사회를 이해하기 위하여 세 가지 측면에서 분석하고 있는데, 그것은 각각 '결사적 삶의 토대'로서의 시민사회, '좋은 사회'로서의 시민사회, '공적 영역'으로서의 시민사회를 포괄하며, 세 가지의 특성이 모두 연결되어야 시민사회를 설명할 수 있다고 주장한다.[11]

---

9 안승국, "결사체민주주의와 정치공동체: 국가-시민사회관계의 대전환 모색," 『한국정치학회보』 제31권 제3호 (1997), 69.

10 안승국, "결사체민주주의와 정치공동체: 국가-시민사회관계의 대전환 모색," 77.

11 Michael Edwards, *Civil Society*(Cambridge: Polity Press, 2009).

[표 2] 마이클 에드워즈의 시민사회 분류

시민사회 분류	내 용
Associational Life(결사적 삶의 토대)	■ 신뢰와 협동에 기반을 둔 시민사회 ■ 자발적 결사체(voluntary associations): 공동의 목표를 설정하기 어렵기 때문에 정치적 합의 수준을 이끌어내기 어려움
	+
Good Society (좋은 사회)	■ 모두가 평등하게 참여 ■ 공동의 목표를 지향하는 협의 과정이 필요
	+
Public Sphere (공적 영역)	■ 공적 영역은 민주적 형태를 가시화 할 수 있는 논의의 수단으로서 작용 ■ 공적 영역에서 상이한 목표를 가진 다양한 결사체는 자율성과 사회적 총체로서 요구되는 사항 사이에서 균형을 유지할 수 있음
	=
Civil Society(시민사회)	■ 결사적 삶의 토대, 좋은 사회, 공적 영역으로서의 시민사회 모두가 함께 조화를 이루어야 시민사회는 독립성과 평등성을 가지고 활동할 수 있음

결사체로서의 시민사회는 국가와 민간 부문보다 시민사회가 비교우위를 점하는 보건, 젠더, 환경 등의 분야에서의 전문성과 현지 주민 및 개발 사업의 수혜자와 보다 높은 접근성을 갖고 개발도상국 주민의 삶의 질 제고에 기여할 수 있다. 결사체로서의 시민사회는 수혜자 또는 수원국의 주인의식(ownership) 강화와 자립(self-help)을 강조하고 있어, 개발 사업의 효과성 제고와 책무성(accountability)을 강화하는데 중요한 역할을 하고 있다.

d) 제4영역으로서의 개발 NGO

알란 파울러는 국가, 시장, 시민사회의 협력공간으로서 개발 NGO의 역할을 강조하였다. 공여국의 원조규모가 확대되면서 국민에게 빈곤감소의 결과적 측면을 공개해야 하며, 이 측면에서 개발 NGO의 참여가 국가 원조활동에 대한 정당성을 설명하는 하나의 수단으로서 받아들여졌다. 그러나 개발 NGO의 제한적인 참여와 정부가 개발재원을 일방적으로 부여하면서 개발 NGO 자율성의 침해 문제로 시민사회의 중요한 특성을 잘 발휘할 수 없게 되었고, 이러한 문제는 개발 NGO로 하여금 새로운 국가-시민 파트너십의 대안을 모색하게 하였다. 개발 NGO는 공적 어젠다를 논의하고 공동선을 추구한다는 점에서 국가의 역할과 닮은 점이 있다. 또한 흑자를 창출하며 자기금융(self-financing)의 관점에서 시장과 연계되어 있다.[12] 동시에 시민의 자발적인 참여에 의하여 조직된다는 점에서 시민사회와 연결되어 있다. 그러나 국가, 시장의 특성도 포괄하고 있기 때문에 온전히 시민사회의 영역으로 설명하기 어렵다. 개발 NGO는 지향하는 목표가 공적인 특성을 가진다는 점에서 국가와 연결되어 있으며, 재정을 스스로 충당하고 자발적인 참여에 의해 조직된다는 점에서 시장 및 시민사회 영역과 맥락을 같이한다. 즉, 개발 NGO는 국가, 시장, 시민사회 모두의 영역과 상호관계에 놓여 있다.

알란 파울러는 냉전시대 정치적 이대올로기의 대립이 세계 개

---

12 Michael Edwards, *Civil Society,* 24.

발을 위한 재단 또는 기구를 조직하는 것으로 대체되면서 자본주의적 시장경제와 자유민주주의를 전제로 규범에 기초한 상호작용이 발전했다고 주장한다. 새로운 세계 질서를 규정하는 규범을 두 가지로 구분하는데, 하나는 유엔의 국제 정치 및 사회 관련 국제법이며, 다른 하나는 세계무역기구(WTO)에 의해 강행되는 경제 관련 약정이다. 냉전 이후의 세계질서를 규정하는 국제규범은 시민사회 및 비정부 행위자와 상관없이 정부 단독의 역할 및 책임으로 인식한다는 점을 알란 파울러는 국가-시민사회 관계의 주요한 쟁점으로 보고 있다. 알란 파울러는 비정부 개발기구가 국가, 시장, 사회와 상호유기적인 관계에 놓여야한다고 보고, 비정부 개발기구(non-governmental development organizations, NGDOs)의 역할을 재고찰하였다. NGDOs는 원초적으로 공적 원조 시스템이라는 특정한 채널에 구속되지 않았는데, 공적 원조의 증가로 점차 공공 영역과의 연계(association)가 증대되면서, 기존에 국가 원조 채널이나 공적 영역이 내재하고 있는 위험을 안게 되었다고 알란 파울러는 분석한다. 공여국의 원조 규모가 확대되고 NGDOs에 의한 원조의 수행이 점차 많아지면서, NGDOs가 이미 부패하고, 비효율적인 정부시스템 안에 갇히게 되었고, 비정부 기구에 대한 공적 신뢰와 명성이 감소되고 있다는 것이다. 알란 파울러는 비정부 개발기구를 제4의 영역(fourth position)으로 보고, 국가, 시장 그리고 시민사회 영역과의 협력 및 참여를 제공하는 디딤돌로 역할을 해야한다고 분석하고 있다. 비정부 개발기구를 제4의 영역으로 위치시켜 단순한 시민의 영역에서 공공 영역에서의 책무성 있는 기관으로 발전하고 비정부 개발기구의 재원을 다양화하는 데 도움을 준다고 주장한다. 알란 파울러가 그림으로 묘사한 NGDO의 위치를 제4의 영역으로 분석한 것은, 사회의 상호작용을 설명하기에는 너무나 단순한 접근방법인 기존의 국가, 시장, 시민사회로 삼등분 하는 방식에 대한 발전 방안이나 도전이라고 볼 수 있다. 현재의 상황은 국가-시장-시민사회라는 삼분법적인 접근방법으로 설명하기에는 한계가 있으며 현실은 삼분법적 접근의 설명보다 복잡하기 때문이다. 사회에서 NDGO는 협상자, 중재자, 감독자, 감시자 또는 혁신자로서 시민사회와 연대가 강하지만 제4의 영역으로서 국가, 시장 그리고 시민사회와 상호협조하기 위한 발판으로

[그림 1] 알란 파울러의 제4의 영역으로서의 NGDO의 역할

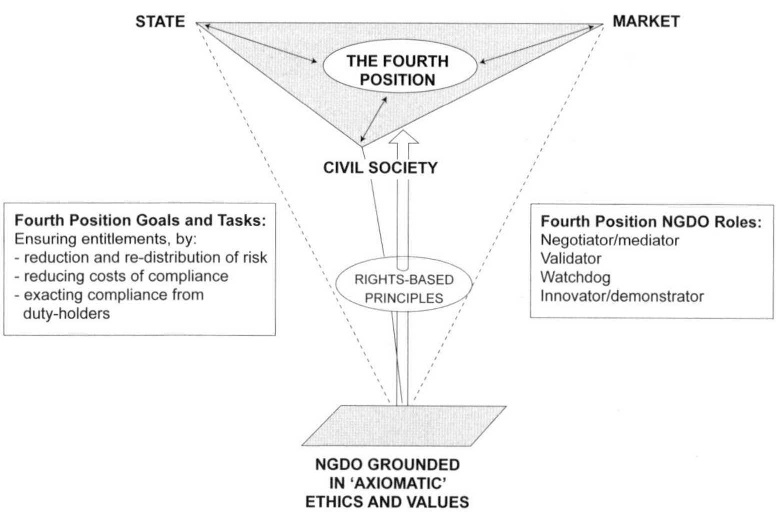

출처: Alan Fowler, "NGO Futures: Beyond Aid: NGDO Values and the Fourth Position," *Third World Quarterly* 21(4) (August 2000): 599의 Figure 1을 참고하여 재구성함.

작용하며 역할을 더 견고히 할 수 있다. 또한 NGDO는 에드워드(Edwards)와 센(Sen)이 말하는 공리적 윤리와 가치(axiomatic ethics and values)에 기초하고 있으며, 성취하기 위해 요구되는 목표와 임무를 정의하기 위해 인권에 관한 보편적인 원칙과 언어를 적용한다고 가정한다.

제1의 영역 국가에 NGDO는 영향을 끼치며, 국가의 활동을 감시하는 동시에 국가는 NDGO로 하여금 책무성의 보장을 요구한다. 제2의 영역 시장에서 NGDO는 기업이 행동강령을 준수하는지 독립적으로 평가하고, 사회적 기업으로 활동하거나 개발에 관계없는 기업으로서 활동하기도 한다. 시장은 NGDO가 전문성뿐만 아니라 신뢰할 수 있는 명성을 쌓을 것을 요구한다. 제3의 영역 시민사회는 NGDO에 합법성, 책무성 그리고 재원을 확보하는 것을 가능하게 하고 NGDO는 시민사회 안에서 중재, 협상의 전문성을 확보하게 하며, 시민의 의사를 정책이나 사회에 반영할 수 있게 한다. NGDO가 제4의 영역에 위치함으로써 빈곤하고 위험에 처한 사람들을 위해 구조적이고 체계적인 변화를 통하여 긍정적인 변화를 이끌어낼 수 있으리라고 알란 파울러는 주장한다.

국가-시민사회와의 파트너십과 관련한 이론적 논의는 냉전 이후, 시민사회가 발달해 나가면서 다양해졌다. 위에서 살펴본 국가-시민사회 파트너십을 접근하는 네 종류의 공통점은 정부의 영역으로 한정되던 공공 영역에 시민사회를 기반으로 조직된 자발적 기구가 공공 영역의 실질적인 역할을 수행한다는 것을 전제로 논의되고 있다. 각 이론이 시민사회 기구가 어떤 거버넌스적 환경에 처해 있고, 각기 다른 환경에 따른 임무와 역할에 대해서는 차이를 보이지만, 시민의 참여와 개발 NGO의 책무성 증진을 통하여 빈곤퇴치에 더 가깝게 접근할 수 있다고 분석하고 있다. 정부 역시 빈곤퇴치, 인권증진 등 다양한 국제개발협력 목표를 달성하기 위한 중요한 주체로서 시민사회기구의 역할을 강조하고 있으며, 국가-시민사회의 파트너십 형성이 필수적임을 시사한다.

2) 정부와 시민사회 관계 및 파트너십 구축 방안

공여국 정부와 개발 NGO의 관계는 상호 보완, 상호 협조에 놓여있거나 상호 대립의 관계에 놓여 있을 수 있다[13]. 특히 대립 관계는 국가와 개발 NGO가 이념과 역할을 달리할 경우 발생할 수 있으며, 개발 NGO가 정부의 중심적 역할을 상당부분 대체하여 수행하는 경우 정부가 NGO의 존재를 경쟁 또는 대립 관계로 인식할 수 있다. 정부와 개발 NGO가 수평적인 파트너십을 형성하기 위해서는 NGO가 자체의 역량 강화를 통한 주체성, 유연성, 효율성, 독립성 등을 향상시키는 문제도 있지만, NGO가 개발협력 사업에 참여할 수 있는 법적·제도적인 메커니즘을 구축하여 NGO가 합법성(legitimacy)을 기반으로 활동할 수 있도록 지원하는 것이 중요하다. 합법성은 NGO가 개발협력 사업에 보충적인 존재로서의 역할에서

13 안숙희, "정부와 개발 NGO 간의 파트너십에 관한 연구," 『미래사회복지연구』 제1권 제1호 (2010), 77.

더 나아가 주체로서 활동할 수 있는 문을 공식적으로 개방하기 때문이다. NGO의 활동을 촉진하기 위한 법적·제도적 장치로는 재정 또는 행정적 지원의 방식으로 감세, 매칭그랜트, 총괄지원, 장기재정 지원 방식 등이 있으며, NGO의 참여 활성화를 통하여 정책에 반영할 수 있도록 하는 정기적인 포럼을 개최하는 방식도 선진국에서는 널리 활용되고 있다.

노르웨이의 경우, 정부 공무원, 장관, 시민, 비정부기구 관계자, 언론 관계자가 함께 모이는 자리를 만들어 공공 인식을 향상시키기 위한 노력을 "Refleks" 라는 프로젝트를 통하여 시민사회를 적극 지원하고 있다.[14] 룩셈부르크는 정부부처와 시민사회기구가 두 달에 한 번씩 정기적으로 교류하고 있으며, 정책 일관성, 파리선언, 아크라 선언, 부산 세계원조개발총회 관련한 기여와 이행방법에 대한 주제를 다루고 있다. 호주의 경우, 시민사회기구와 연 2회 정책 포럼을 진행하고 있으며, 핀란드의 경우 외무부가 일 년에 두 번 NGO 세미나를 개최하여 300명 정도의 시민사회 회원을 초청해 개발 정책을 토론하고 서로 다른 입장을 공유 및 교환하는 자리를 만들고 있다. 수평적인 파트너십이란 위에서 언급한 노르웨이, 룩셈부르크, 호주, 핀란드 등 선진 공여국의 모범사례에서 보듯이, 재정적, 법적, 제도적인 지원과 함께 정부와 시민사회가 대등하게 논의할 수 있는 대화의 장인 '포럼(forum)'을 정기적으로 진행하는 것이 파트너십 형성

14 OECD, "Partnering with Civil Society: 12 Lessons from DAC Peer Review," 2012.

을 위해 중요하다는 것을 시사하고 있다.

2. 개발협력 파트너십의 형성

1) 개발협력 파트너십의 발전배경 및 역사

파트너십(partnership)이란 공동의 목표를 달성하기 위하여 자본, 노동 등 유무형의 자원을 상호 협의 하에 협력할 것을 동의하는 관계를 의미한다. 파트십의 주체는 달성하려는 공동의 목표에 대하여 협력하며 목표 달성에 따른 성과와 이익뿐만 아니라 책임도 함께 공유한다. 특히, 장기적 파트너십(long-term partnership)은 "사회적 자본(social capital)"을 구축하는데 중요한 기여를 하며, 사회적 자본은 파트너 간의 상호 신뢰(trust)와 헌신(commitment)으로부터 산출된다. 상호 신뢰와 헌신에 기반한 파트너십은 거래비용을 감소시키고, 공적, 민간, 비영리 부문 간의 소통 강화에 기여한다.[15]

국제개발협력 분야에서 파트너십의 형성은 원조의 탄생에 기인하고 있다. 하지만 현재 국제사회에서 논의되고 있는 파트너십은 원

15 Michael Essig and Alexander Batran, "Public-private Partnership: Development of long-term relationships in public procurement in Germany," *Journal of Purchasing and Supply Management* 11 (2005), 221.

조가 탄생하였을 당시의 파트너십과 많은 차이를 보이고 있다. 특히 냉전 이후 파트너십 개념의 변화가 나타났는데, 공적개발원조(ODA)의 목표(goal), 행위자(actors), 도구(instrument)의 세 가지 측면에서 국제개발협력의 환경이 변화하였다.[16] 여전히 많은 공여국은 국가 안보 및 정치적 이익(national security and political interests) 또는 경제협력(economic cooperation) 추구를 원조의 가장 중요한 목적으로 보고 있지만, 냉전 이후 국제정치 환경의 변화와 상호의존성 증대로 ODA가 다루어야 하는 주제가 다양화 되었다. 선진국과 개발도상국 간 경제적 협력의 가속화, 새천년개발목표(MDGs)를 이행하기 위한 양자 및 다자협력, 환경문제, 기후변화, 에너지 등 글로벌 공적 재화의 보존을 위한 파트너십 등 협력의 목적과 어젠다가 다양화되었다. 또한 냉전 체제 하에서는 1648년 베스트팔렌조약(Peace of Westfalen) 이후 형성된 근대 국민국가(nation-state)가 주요한 행위자였다면, 냉전 종식 후에는 민간 부문 행위자들의 참여가 증대되었다. 개발도상국 내에서도 정치적 민주화가 시작되면서 시민사회가 발전하였고, 남남협력(south-south cooperation), 또는 선진국이 특정 국가와 일방적인 관계를 맺는 것부터 남남협력이 잘 되도록 그 협력 과정 자체를 지원하는 삼각협력(triangular cooperation)까지 국제개발협력 분야의 파트너십은 새로운 패러다임을 구축해 나가고 있다. 점차 민간 부문 또는 제3섹터로 서비스 전달의 주체를 아웃소싱(outsourcing)하고, 다양

16 Jean-Michel Severino and Oliver Ray, "Death and Rebirth of a Global Public Policy," *Center for Global Development* 167 (2009).

한 주체가 국제개발 현장에 참여하면서, 작은 규모의 사회적 프로젝트도 활발히 시행되었다. 조세 또는 항공권연대기금과 같은 준조세 방식의 도구, 위험자본에 대한 투자, 국제금융지원기구(IFF), 보험 메커니즘, 보증제도, 선진시장협약(AMC), 특별채권 발행 등 소위 혁신적 개발재원이라고 불리는 이행방식의 도구적 혁명이 일어났다. 이러한 원조 도구의 다양화로 민관협력(PPP) 또는 공여국–수원국–국제기구–현지 NGO–세계시민까지 국제개발협력 파트너십에 직간접적으로 관여하는 주체의 폭이 매우 확장되었다.

선진 공여국과 제3섹터의 파트너십은 제2차 세계대전 종식 이후 시작되었다. 미국은 1949년 개발도상국의 발전을 위한 Point IV를 선언하고, 농업법을 제정하면서, 민간·자발적 조직인 PVO(Private Voluntary Organization)의 해외활동 보조금 지원과 식량원조의 법적 근거를 마련하면서 시작했다. 1960년대 이후부터 독일(1962), 스웨덴(1965년), 네덜란드(1965년), 영국(1974년), 캐나다(1976년), 프랑스(1977년), 그리고 일본(1990년대)까지 선진국은 개발협력 관련 NGO 지원 프로그램을 구축하여 왔으며, 세금감면 혜택과 NGO의 법적지위 획득 절차 마련 등 정부–시민사회 파트너십 형성을 위한 제도적 프레임워크가 구축되기 시작하였다.[17]

17 손혁상 외, 『개발효과성 제고를 위한 정부–시민사회 협력 방안 연구』, 26–27.

[표 3] 주요 선진국의 정부 - 개발 NGO 파트너십의 역사

국 가	년 도	개발 NGO 지원 법적 제도 및 프로그램
미 국	1949년	■ Point IV 선언, 농업법 제정을 통한 PVO 보조금 지원, 식량원조 관한 법적 근거 마련
	1961년	■ 비영리 기구의 법적 지위 등록 시스템 마련 ■ 자선단체의 경우 세금감면 혜택이 가능해짐
독 일	1962년	■ 카톨릭 원조본부(Katholische Zentralstelle f r Entwicklungshilfe: KZE)와 개신교 원조본부(Evangelische Zentralstelle f r Entwicklungshilfe: EZE)를 지원하기 시작 ■ Co-financing 제도, 프로젝트 자금 지원, umbrella NGO에 패키지 형식의 무상기여, 긴급원조자금 등 포함 ■ 간단한 비영리기구 등록절차가 마련된 일부 자선단체에 세금감면 혜택을 시행함
스웨덴	1965년	■ 개발원조법 채택(1962년) 및 스웨덴 국제개발협력청(SIDA) 설립(1965년)
네덜란드[18]		■ 1965년: 제3세계에서 활동해온 선교사가 소규모의 개발협력 사업의 효과성을 확인하고 정부에 지원을 요청함. 세계최초로 국제협력분야에서 NGO에 정부 역할의 반을 부여함.[19] 네덜란드봉사자재단(Foundation Netherlands Volunteers, SNV) 설립; 네덜란드 양자간 원조 집행 기관으로 활동[20] ■ 1980년: 재정협력프로그램(Co-Financing Program: CFP)
영 국	1974년	■ Joint Funding Scheme(JFS)[21], 자원봉사단체 기금, 긴급 및 난민 원조, 식량원조 등의 다양한 프로그램 시행 ■ 자선단체로서 법적지위 획득 ■ 특정 기관에 세금 감면혜택 부여
캐나다	1976년	■ 캐나다 국제개발협회(CIDA) 내에 관련 부서 만들어 NGO 지원 ■ 매칭 그랜트(matching grants), 식량원조, 긴급원조, 양자 프로그램 등을 시행 ■ 비영리기구 및 자원봉사단체의 법적지위 획득 가능 ■ 세금감면 혜택
프랑스	1977년	■ 협력부(Ministry of Cooperation)에서 NGO 지원

일 본[22]	1989년, 1990년대	■ 외교부에 의하여 세 가지의 새로운 그랜트(grant) 및 보조금 프로그램을 관리; 1989-1992년에 걸쳐 지방정부도 관리 시작함 ■ 1990년대 후반부터 새로운 계약 제도와 NGO를 위한 역량개발 프로그램이 시행됨 ■ 1998년부터 비영리기구의 지위가 등록되기 시작함

출처: 손혁상 외, 『개발효과성 제고를 위한 정부-시민사회 협력 방안 연구』, 26-27을 참고하여 저자 작성

정부와 개발 NGO의 파트너십은 NGO의 발전단계와 긴밀한 관계를 가지고 있다. NGO의 역량이 충분하지 않으면 정부와 대등한 입장에서 개발 어젠다를 논의하기 어려우며 NGO는 지배적인 위치를 점하고 있는 정부에 종속되는 위치에 놓일 가능성이 높기 때문이다. 이는 수평적 파트너십 형성에 주요한 장애 요인으로 작용한다.

18 네덜란드의 경우, NGO 지원에 대한 재원을 정부가 전적으로 부담하지 않으며, 대부분 시민에 의해 충당되는 것이 특징이다. 상시 기부하는 국민은 전체의 반에 이르며, 전혀 기부하지 않는 국민은 전체 국민의 약 7%정도에 불과하다(박홍규, 2008).

19 박홍규, 『박홍규 교수가 쓴 작은 나라에서 잘 사는 길』(서울: 휴먼비전, 2008), 164.

20 김혜경, "OECD 회원국 개발 NGO의 활동 유형과 과제," 『동서연구』 제9권 제2호(1997), 119.

21 Christopher C Erswell, *UK Aid Policy and Practice 1974-90 : An analysis of the poverty-focus, gender-consciousness and environmental sensitivity of British official aid*(USA : Dissertation.com, 2001), 131.

22 Catherine Agg, "Trends in Government Support for Non-governmental Or-

루이스(Lewis)와 칸지(Kanji)는 1972년부터 1992년 동안의 기간을 NGO 확대의 시기로 보고 있다. 1972년 스톡홀름 환경 회의, 1974년 부크레슈티에서 개최된 세계 인구 회의와 같은 유엔 회의에서 NGO가 중요한 역할을 담당했기 때문이다. 1980년대 들어와서는 정부의 NGO지원이 ODA에 대한 국민의 인식 제고와 지방정부 정책, 더 나은 거버넌스의 확충, 그리고 민주주의의 기본을 수립하는데 상당한 역할을 기여한다는 점이 인식되기 시작하였다.[23] 루이스와 칸지는 1980년대 말, NGO가 개발정책에서 주류 역할을 맡기 시작하고 정부와 다자간 기구 또한 NGO를 개발 분야에서 더 중요한 행위자로 인식하기 시작했다고 보고 있다. 1980년대 말, 이러한 NGO의 급속한 성장이 네 가지의 상호 관련된 요소에 기인한다고 분석한다.[24] 첫째, 개발이론이 더 이상 발전하지 않고 정체하는 개발이론의 교착화가 심화되고 있었다. 주류 거시이론인 '근대화' 이론과 급진적 이론인 '종속이론'이 개발 관련 아이디어를 지배하고 있었다. 이러한 배경에서 NGO를 중심으로 인간 중심 접근법 등 대안적 아이디어가 제시되었고, NGO는 근대화 이론 및 종속이론에 대한 대안으로 인식되기 시작하였다. 둘째, 정부의 비효율성 및 부패가 만

---

ganizations: Is the 'Golden Age' of the NGO Behind Us?" *Civil Society and Social Movements Programme* 23(Geneva: UNRISD, 2006), 7.

23 Ian Smillie and Henny Helmich, *Stakeholders: Government–NGO Partnership for International Development*(London: Earthscan Publications Ltd., 1999), 8.

24 Ian Smillie and Henny Helmich, *Stakeholders: Government–NGO Partnership for International Development*, 38–42.

연하던 시기였다. 개발협력의 근본적 목표인 빈곤퇴치를 위한 정부의 노력보다는 부패와 관료제로 인한 예산과 조직의 비효율성 문제가 제기되면서, 정부가 이행하는 기존의 원조 방식에 대한 회의와 반대 프레임이 형성되었고, NGO는 정부 대 정부 방식의 원조 관행에 대한 대안으로 주목받기 시작하였다. 셋째, NGO는 전통적인 어젠다에서 벗어나 환경, 성평등, 인권 등 사회적 이슈를 주창하였고, 새로운 아이디어와 이슈의 등장은 원조시스템에 많은 영향을 주었다. 무엇보다도 냉전체제의 종식은 국가 중심의 원조 체계에서 새로운 행위자, 특히 NGO의 활동과 역할의 범위를 확장하는데 결정적인 영향을 주었다.

[표 4] 1980년대 말 NGO의 급속한 성장요인

발전 요인	내 용
1. 개발이론의 교착 상태	주류 거시이론인 '근대화'이론과 급진적인 '종속'이론이 개발관련 아이디어를 지배하고 있었음; NGO가 대안적 아이디어와 새로운 행위자 등장의 근원으로 인식되기 시작함(예: 인간 중심 접근법의 등장)
2. 정부의 비효율성과 부패만연	빈곤퇴치를 위한 정부의 역할이 비효율적이라는 인식이 팽배해졌으며, 정부의 만연한 부패 및 관료제에 대한 대안으로써, 또는 정부 대 정부 방식의 원조 관행에 대한 대안으로서 NGO가 주목받기 시작했음
3. NGO가 개발에 대한 새로운 아이디어를 제시	NGO는 개발에 있어 환경, 젠더, 사회적 개발 등의 이슈가 중요하다는 것을 피력하였고 이는 원조시스템에 영향을 주었음
4. 1989년 냉전의 종식	새롭게 확장된 민간 부문에 대한 접근성은 전체주의적 레짐을 붕괴시키고 시민사회 및 결사적 삶에 대한 새로운 형식을 고안하는데 영향을 주었음

출처: David Lewis and Nazneen Kanji, Non-Governmental Organizations and Development(New York: Routledge, 2009)을 참고하여 저자 작성.

1992년부터 현재까지는 역량 강화(empowerment)의 시기로 구분되며, 리오에서 개최된 환경개발회의(UN Conference on Environment and Development, UNCDE)에서 NGO는 회의 준비과정뿐만 아니라 실질적인 역할을 포함한 모든 측면에서 활발히 참여했다고 평가되고 있다.[25] 1990년대 이후부터 개발 NGO는 정부 등 공공 부문의 공여자가 선호하는 행위자 및 채널로서 인식되었는데, 이는 당시 추진된 '신정책의제(new policy agenda)'와 같은 맥락에서 볼 수 있다. 신정책의제는 빈곤퇴치, 사회복지 분야 그리고 시민사회의 발전에 있어 NGO와 시민사회 조직의 역할에 주도권을 부여하기 때문이다.[26] '불완전한 시장이 불완전한 정부보다 낫다(imperfect markets are better than imperfect states)'[27]는 문구처럼 많은 행위자들은 NGO를 서비스 전달 및 비용 측면에서 정부보다 더 효과적이며 효율적이라고 인식하였다. 2008년 가나 아크라에서 아크라행동선언(Accra Action Agenda, AAA)을 채택하였는데, 시민사회기구(CSO)를 독립적인 개발협력의 행위자로 공인하였다. 아크라행동선언은 포괄적인 파트너십(inclusive partnership)을 구축할 것을 명시하였으며, OECD DAC의

---

25 Ian Smillie and Henny Helmich, *Stakeholders : Government–NGO Partnership for International Development*, 33

26 Michael Edwards and David Hulme, "Too Close for Comfort? The Impact of Official Aid on Nongovernmental Organizations," *World Development* 24(6) (1996), 961.

27 Christopher Coclough and James Manor, *States or Markets? Neo–liberalism and the development policy debate*(Oxford : Clarendon Press, 1991), 7.

공여국뿐만 아니라, 모든 파트너를 포함할 것을 촉구하였다.[28]

이제 시민사회와 NGO는 기관의 목소리를 국제사회에 피력하여 국제개발협력 프레임 형성과정에 자신들의 목소리를 공식적으로 촉구할 수 있을 만큼 성장한 단계에 이르렀다. 2011년 부산 세계개발원조총회에서 개발효과성 담론을 지배적 프레임으로 이끌어내지는 못했지만, 시민사회의 목소리를 국제사회 무대에서 중심 논의 주제로 끌어낸 점은 과거 정부의 역할에 제한적으로만 참여했던 형식과는 차별되는 발전된 NGO의 역량을 볼 수 있다는 점에서 의의가 있다.[29]

2) 국제개발협력 파트너십의 유형

구속적인 파트너십의 유형은 지양되고 있으며, 참여하는 행위자의 종류가 다양성을 지니게 되었을 뿐만 아니라 각 파트너가 내재하고 있는 대내외적인 요소가 복잡하게 얽혀 있어 파트너십의 형성조건 및 유형이 매우 다양화되었다. 정부-개발 NGO 파트너십 유형은 다양한 형태로 정의할 수 있는데. 정부와 개발 NGO의 관계에 있어 어떤 행위자가 상호 우위를 더 많이 점하는 가에 따라 아래

28 OECD, "The Paris Declaration on Aid Effectiveness and the Accra Agenda for Action,"(Paris: OECD, 2008)

29 손혁상, "프레이밍이론으로 본 국제개발협력의 '원조효과성'과 '개발효과성' 담론 경합에 관한 연구," 『국제정치논총』 제53집 1호 (2013), 7-10.

다섯 가지 유형의 스펙트럼으로 설명할 수 있다.

[그림 2] 정부-개발 NGO 파트너십의 영역 및 유형

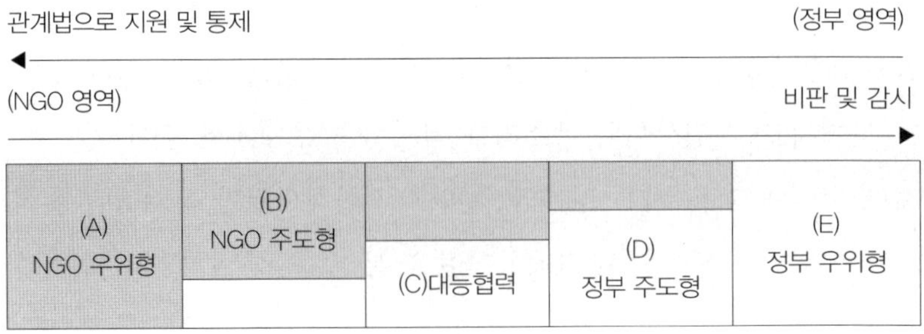

출처: 김수현, 박원철(2000)을 참고하여 재구성 함.

(A)는 시민의 책임과 주체성에 의해 독자적으로 활동하는 영역이며, (E)는 정부 우위형으로 행정부의 책임과 주체성에 의해 독자적으로 행하는 영역이다. 유형 (A), (E) 모두 한 기관이 압도적으로 우위를 점하고 있어, NGO 또는 정부의 독자적 영역이라고 볼 수 있으며, 파트너십이라고 정의하기에는 어려운 부분이 있다. 정부 주도형인 (D)의 경우, 시민의 협력 및 참여를 보조적으로 얻으면서 행정의 주체성을 근본으로 하는 영역으로, 제3섹터의 역량 또는 재정의 부족으로 정부가 해당 분야의 전문성 또는 재정적으로 우위를 점하고 있는 경우 이러한 모델이 적용될 수 있다. 대등협력인 (C)의 경우에는 시민과 행정이 각각 주체성을 가지고 협력하는 영역으로 재원과 서비스 공급 측면에서 정부와 제3섹터가 필요에 따라 적절한 비중으로 협력하는 방식이며, 제3섹터가 정부의 공공서비스를 공급하는 대리점(vendor)로서 기능하는 '공조-대리점'의 관계이거나,

제3섹터가 정책결정 과정에서부터 동등하게 참여하는 '공조-파트너십'의 모델로 구분될 수 있다.

3) 민간협력과 CSV

2010년부터 2012년까지 최근 3년 동안의 OECD DAC 공여국가의 ODA/GNI 추세를 보면 스위스, 호주, 뉴질랜드, 한국을 제외하고 미국, 일본, 영국, 프랑스, 독일 등 20여 개 국가의 ODA/GNI가 감소하였다.[30] 이에 따라 기업을 포함한 민간 부문의 역할뿐만 아니라 자선단체, 개발 NGO 등 시민사회의 역할이 강조되고 있다. 무엇보다도 유엔의 새천년개발목표(MDGs) 달성을 위한 추가적인 재원 확보의 시급성에 대한 국제사회의 합의가 도출되었고, 2002년 멕시코 몬테레이 컨센서스와 2008년 도하선언, 그리고 Post-2015 시대에 대비하기 위한 고위급 패널과 공개 실무그룹(open-ended working group) 등 다양한 국제적 협의체가 구성되어 효과적인 개발재원 동원을 위한 논의가 활발히 진행되고 있다. 특히, 기존의 ODA를 넘어서 민간재원과 혁신적 재원 조달을 위한 방안으로서 민관협력이 중요하게 논의되고 있다.

30 OECD, "International Development Statistics Online DB," (검색일: 2013. 10).

[표 5] PPP 관련 주요 국제사회의 논의

연도	국제 논의	내 용
1997	글로벌 리포팅 이니셔티브(Global Reporting Initiative : GRI)	지속가능 보고 프레임워크 개발, 기업의 투명성 및 책무성 증진에 기여하고 있음
1998	포괄적 개발 프레임워크(Comprehensive Development Framework : CDF)	세계은행의 국가빈곤 감축전략(national poverty reduction strategies)의 발전을 관리하는 프레임워크로 다음 네 가지 기준을 포괄하고 있음 ① 포괄적이고 장기적인 전략 ② 시민의 참여 ③ 정부, 공여기관, 시민사회, 민간 부문이 함께 파트너십 형성 ④ 측정 가능한 결과
1999	국가빈곤 감축전략 보고서(Poverty Reduction Strategy Paper : PRSP)	저개발도상국이 국내 이해관계자와 IMF, 세계은행과의 협의 하에 외부재원과 혼합된 재원의 필요성과 빈곤감축과 경제 성장을 촉진하기 위한 다년간의 거시경제, 구조정책 및 사회정책을 포함하고 있음. 다섯 가지 기준을 제시함; ① 수원국 주도의 주인의식, ② 결과 중심, ③ 빈곤의 다면성을 종합적으로 인식, ④ 정부, 이해관계자, 민간 부문을 포함한 파트너십 중심, ⑤ 빈곤감축을 위한 장기적 접근
2000	UN 새천년 개발목표(MDGs)	민간 부문과 협력하여 개발도상국이 신기술, 특히 정보통신기술의 혜택을 누릴 수 있도록 하는 세부목표 제시 등 8가지의 목표 달성을 위하여 민간 부문과의 파트너십 형성을 강조하고 있음
	UN 글로벌 콤팩트(UNGC)	인권, 노동, 환경, 반부패 등 4대 분야에서 10대 원칙을 제시하여 기업이 이를 준수하여 지속가능한 발전이 가능하도록 돕고 있음
2002	UN 지속가능발전 세계정상회의(World Summit on Sustainable Development : WSSD)	1992년 Rio 회의 이후, 기업체와 비정부 기구의 리더들이 모여 지속가능한 발전을 위한 방법을 모색함. 지속가능하고 공평한 사회를 위해 대기업뿐만 아니라 중소기업을 포함한 민간 부문의 의무적이고 합법적인 참여를 강조하고 있음

2002	UNDP 지속가능한 기업성장 이니셔티브(Growing Sustainable Business Initiative : GSB Initiative)	MDGs의 진행을 촉진하기 위하여 새로운 비즈니스 모델, 시장 원리에 입각한 인센티브에 기반을 둔 혁신적 파트너십을 위한 민간 부문의 활동에 개입하기 위함
2002	몬테레이 컨센서스(Monterrey Consensus)	지속가능한 개발과 빈곤 감축을 위하여 선진국과 개발도상국이 상호 책무성을 구축해야 함을 협의, 개발재원 확대 방안으로 FDI, 무역을 위한 원조, 국내재원 동원 등 국제 민간자금 유입 확대 제시
2003	OECD 개발을 위한 투자 이니셔티브(Initiative on Investment for Development)	양질의 개발을 위한 투자를 유치하기 위한 개발도상국의 지속적인 노력을 지원하기 위함. 세 가지의 관련된 프로젝트는 다음과 같음; ① 투자를 위한 정책 프레임워크 개발, ② OECD 동료 학습 방법을 기반으로 한 정책 역량 강화, ③ 민간 투자 조달을 위한 파트너국의 노력을 지원하기 위해 ODA를 더욱 효과적으로 이용할 것
2005	사회적 발전을 위한 세계 정상회담(World Summit for Social Development)	UN 총회 결의안(A/60/L.1)의 23(d) 조항 "전통적인 개발재원을 보강하고 증액하기 위해 공적, 민간, 국내 그리고 국제재원을 조성하기 위한 혁신적이고 추가적인 재원마련"에 국제적인 노력을 다시 확인하고 지지하였음
2008	도하 선언(Doha Declaration)	2002년 몬테레이 컨센서스의 후속회의로 도하개발 어젠다 협상 타결과 무역을 위한 원조 확대 및 혁신적 개발재원 조성을 위한 노력을 강조함

출처: 손혁상 외, 『Post-MDGs 체제하의 개발재원 연구』(서울: 외교부, 2013), 19의 [표 2-1]과 노한균, "ODA 분야에서의 민관협력 발전방안 모색: 기업의 해외 사회공헌을 중심으로," 『ODA 기초연구』 11-04 (서울: 대외경제정책연구원, 2011), 14의 [표 1-1]을 참고하여 재구성함.

국제사회에서 논의되고 있는 PPP의 개념은 다양하게 표현되고 있다. OECD는 정부(공공 서비스 제공)와 민간(수익 창출)의 목적이 일치하는(이해관계의 접점이 있는) 사업에서 민간 부문이 서비스를 제공하고 정부와 민간이 함께 위험을 부담하는 것이라고 정의하고 있으며, 세계은행은 공공 부문이 책임지는 공공 인프라 및 인프라 관련 서비스를 민간이 제공하는 방식이라고 정의한다. 즉, 사회 및 인프라 분야에 있어서 공공 부문과 민간 부문이 위험과 책임을 분담하는 것을 의미한다. ADB는 PPP의 종류를 크게 6가지로 구분해 설명하고 있다.[31] 한편, 마이클 포터가 주장하는 공유가치창출(Creating Shared Value, CSV)이 개발협력 분야에서 주목받고 있다. CSV는 마이클 포터 하버드대 교수가 2011년 하버드 비즈니스 리뷰(HBR)에 「자본주의를 어떻게 치유할 것인가」라는 논문을 통해 제시한 개념으로 경제·사회적 여건을 개선시키면서 동시에 사업의 핵심 경쟁력을 강화하는 일련의 기업정책 및 활동을 의미한다. 기업의 사회적 책임(Corporate Social Responsibility, CSR)에서 이제는 CSV로 이행해야 한다는 주장이 설득력을 얻고 있다. CSV와 CSR의 큰 차이점은 비즈니스와의 연계 여부에 있는데, CSV는 해당 기업의 핵심가치 및 사업의 성격과 부합하는 활동을 통하여 사회·경제적 효용을 증가시키는 반면에 CSR은 기업의 사회공헌 활동을 비용으로 인식하며, 기업

31 아시아개발은행(ADB)은 PPP의 기본적인 종류 6가지를 서비스 계약(service contracts), 관리 계약(management contracts), 임대차 또는 임대 계약(affermage or lease contract), 건설·운영·양도(build-operate-transfer, BOT), 개발사업의 인가(concessions), 그리고 합작 투자(joint ventures)로 설명하고 있다. 각각의 PPP 옵션은 민간 부문이 감당해야 하는 책임과 위험의 정도에 따라 다양하게 나타난다. PPP는 최적의 지역 요구조건을 반영하기 위하여 몇 개의 계약을 합작하는 형식의 하이브리드 방식으로 점차 진화하고 있다(출처: ADB, *Public-Private Partnership Handbook*(Manila: Asian Development Bank, 2008), 27).

의 핵심적 가치 및 사업영역과 구별되는 공헌 사업을 한다는 점에서 예산과 활동이 한정적인 면이 있다. CSR의 대표적인 예로 마이클 포터 교수는 공정무역을 예로 들고 있는데, 가난한 농부가 재배한 농작물에 공정한 가격을 쳐주는 공적무역은 CSR 측면에서 빈곤을 퇴치할 수 있는 행동이지만, 이는 현재의 파이를 재분배하는 것에 그치는 한계가 있다고 설명한다. 반면 CSV 방식은 농법을 개선하고 농부를 위한 지역 협력과 지원 체계를 구축하는 방법으로 접근하여, 농부들이 더 효율적이고 지속가능한 방법으로 작물을 수확하여 품질을 개선할 수 있도록 돕는다. 기업과 공동체 모두를 위한 가치창출 방식인 CSV 방식이 주목을 받고 있다.

[표 6] CSR과 CSV 비교

구분	기업의 사회적 책임(CSR)	공유 가치 창출(CSV)
가치	선행	투입비용대비 높은 사회경제적 가치
인식	기업의 수익 추구와는 무관	기업경쟁력 강화를 위한 필수 요소, 기업의 자원과 전문성을 활용한 사회적 · 경제적 가치 추구
예산	CSR 예산에 한정함	기업의 전체 예산 동원
어젠다	기업 활동과 관련 없이 결정됨	기업의 특정 활동과 관련하여 결정됨
사례	공정무역	품질과 생산량을 증가시키기 위한 조달시스템 개혁

출처: Michael E. Porter, "The Role of Business in Society: Creating Shared Value"(Boston: Babson Entrepreneurship Forum, 2011), 8을 참고하여 재구성함.

일반적으로 개발협력 영역에서의 민관협력은 크게 세 가지 유형으로 구분할 수 있다. 정부와 NGO가 협력하는 경우, 기업의 참여를 중심으로 하는 PPP, 그리고 정부-기업-시민사회의 삼자를 중심으로 참여하는 것이다. 한국에서는 정부-개발 NGO 협력, 정부(또는 국제기구)-기업-시민사회의 삼자 협력을 토대로 하는 민관협력을 주로 하기 때문에 본 글에서는 기업이 CSR 차원에서 사업에 참여하는 것과 시민사회와의 협력을 포함하여 정부-기업-개발 NGO 세 주체가 협력하는 파트너십의 형태를 중심으로 논의한다.

3. 개발협력 파트너십의 해외 현황[32]

1) 정부-시민사회 협력의 국제현황

1990년대 개발 NGO는 국제개발협력 분야에서 공적 공여자가 선호하는 수단으로 인정받기 시작하였으며, 이에 따라 NGO 자체의 원조규모 또한 지속적으로 증대되었다. 이는 개발원조 분야에서 NGO의 활동영역과 역할이 과거에 비해 확대되었다는 것을 시사한다. [표 7]은 OECD DAC 회원국의 NGO 자금의 규모 변화를

32 손혁상 외, "개발효과성 제고를 위한 정부-시민사회 협력 방안 연구"를 참고하여 수정 및 재구성하였음.

보여준다. 1991년부터 92년 까지 NGO 자체자금/ODA 비율이 9.8%에서 2011년 23.7%로 2배 이상 증가하였다.

[표 7] OECD DAC 회원국의 ODA 및 NGO 자금 규모 변화(단위 : 백만 달러)

구 분	1991-92 평균	1993-94 평균	1996-97 평균	1998-99 평균	2003	2004	2005	2006	2007	2008	2009	2010	2011
ODA	58,453	57,610	52,028	52,910	69,065	79,432	107,838	104,814	104,863	122,716	120,486	128,971	134,411
NGO 자체자금	5,704	5,869	5,480	6,173	10,239	11,320	14,823	14,749	18,352	23,787	22,047	30,775	31,969
NGO자체 자금/ODA	9.8 %	10.2%	10.5%	11.7%	14.8%	14.3%	13.7%	14.1%	17.5%	19.4%	18.3%	23.8%	23.7%

출처: OECD QWIDS 홈페이지 참고 및 재구성함.[33]

OECD DAC은 공여국의 NGO 지원을 'NGO에 대한 지원(aid to NGO)'과 'NGO를 통한 지원(aid through NGO)'으로 구분하고 있다. NGO에 대한 지원은 프로젝트에 대한 지원(core support)을 의미하며, NGO를 통한 지원은 정부가 계획한 프로젝트를 대신하여 이행하는 경우에 지원하는 원조(earmarked aid)를 의미한다. 2009년 기준, OECD DAC 회원국의 양자 간 ODA 중 NGO에 대한 지원의 비율은 가장 낮은 국가 프랑스 1%부터 가장 높은 국가 아일랜드 37%까지 다양한 스펙트럼을 볼 수 있다. 스웨덴, 노르웨이, 스

33 http://stats.oecd.org/qwids/#?x=4&y=6&f=2:1,3:51,5:3,7:1,1:2&q=2:1+3:51+5:3+7:1+1:2+4:1,31,32,137,5+6:2007,2008,2009,2010,2011,2012(검색일: 2013. 11. 25).

위스, 네덜란드, 룩셈부르크, 아일랜드는 상위 6개국으로 전체 ODA 자금 중 NGO에 대한 지원 자금비율이 평균 약 29.8%로 상당한 원조 자금을 NGO를 통해서 또는 NGO에 직접 지원하여 원조사업을 수행하고 있음을 알 수 있다. NGO를 통한 지원이 NGO에 대한 직접적인 지원보다 많은 비중을 차치하고 있음은 몇몇 국가를 제외하고 공통적으로 나타나고 있는데, 이는 정부 주도적인 프로그램에 NGO가 단순히 이행하거나 지원에 대해 조건이 붙은(earmarked) 원조 자금이 많은 비중을 차지한다는 것을 알 수 있다. 벨기에, 뉴질랜드, 아일랜드, 네덜란드는 비교적 NGO에 대한 지원(core support)이 상당부분을 차지하고 있다. 프랑스, 그리스, 한국, 일본, 포르투갈 5개국은 ODA 자금 중 NGO에 대한 지원 자금 비율이 3% 미만인 매우 낮은 국가로, 개발 효과성 제고를 위해 민관협력을 좀 더 활발히 시행하여 개발협력 사업에 NGO의 참여를 증대하는 것이 필요하다는 것을 시사한다. OECD DAC 회원국 간에도 NGO에 대한 지원 비중이 상이하게 나타나, 각 회원국 간 NGO에 대한 지원 정도와 시각이 매우 다양하다는 것을 알 수 있다.

2011년 발간된 OECD의 시민사회기구와 협력에 관한 보고서에 따르면, DAC 24개 회원국의 시민사회협력 프로그램의 펀딩 메커니즘은 크게 7가지 유형으로 구분된다.[34] 자국 및 국제 CSO의 프로젝트·프로그램 지원, 공여국 본부에서의 전략적·포괄적 지원, 수

34 OECD, "How DAC Members Work with Civil Society Organizations : An Overview,"(Paris : OECD, 2011), 26.

원국에서 현지 CSO 프로젝트·프로그램 지원, 본부에서의 전략적·포괄적 지원, 수원국에서의 사업 제안서 접수를 통한 지원, 수원국 정부를 통한 현지 단체 지원, 수원국 정부에서의 전략적·포괄적 지원 및 기타 유형으로 구별하였다. 총 24개 조사 대상기관 중 한국과 그리스를 제외한 22개 기관이 2개 이상의 펀딩 메커니즘을 사용하고 있다. 스웨덴, 노르웨이, 호주, 스위스, 영국은 7개의 펀딩 메커니즘을 사용하고 있는데, 다양한 재정지원방식의 운용은 시민사회협력의 규모를 확대하고 민관협력 체계를 구축하려는 한국의 상황에 모범사례로서 많은 점을 시사해주고 있다.

OECD DAC 회원국의 시민사회와의 협력 방안에 관한 규모와 재정지원방식을 살펴보았다. DAC 회원국의 선진적 협력사례는 한국의 정부–시민사회 협력의 규모와 지원방식이 선진 원조 국가에 비해 발전의 공간이 크다는 것을 시사한다. 한국에서의 민관협력 또는 시민사회와의 협력 방안 증진을 위해 DAC 회원국 중 시민사회와의 협력을 모범적으로 시행하고 있는 국가를 참고하여 다양한 사업방식과 재정지원 메커니즘을 정책 설정 시 반영하거나 검토할 필요가 있다.

2) 정부–시민사회 파트너십 사례: 영국 PPA

영국의 전략적 파트너지원 프로그램(Partnership Programme Agreements, 이하 PPA)은 다른 프로그램과는 차별적으로 장기적이고 비교적 큰 규모의 자금이 개별단체에 지원되는 특징이 있다. 영국 DFID

의 PPA 프로그램에서 활용되고 있는 선정·심사과정은 많은 시사점을 내포하는데 [표 8]은 PPA 프로그램에 대해서 DFID가 시민사회기구를 대상으로 실시하는 사전 실사의 내용이다.

[표 8] 영국 DFID의 PPA 자금지원 사전실사 내용

구 성	내 용
거버넌스	■ CSO 관리체제 ■ 위험관리과정 ■ 중요 법률에 대한 대응 능력(예: Bribery Act 2010) ■ 핵심정책과 절차(예: 아동보호, 환경위험관리, 이익충돌)
재정역량	■ 계획된 성과 도출에 필요한 자원과 시스템 관련 조직 운영 능력
가치있는 자금사용 및 성과	■ DFID 재정지원의 성과를 측정하고 보고하는 능력과 자금을 가치 있게 활용하는 것에 관한 조직의 방식 평가

출처: 손혁상 외, 『개발효과성 제고를 위한 정부-시민사회 협력 방안 연구』, 115의 [표 6-5] 참고.

영국의 DFID는 PPA 자금지원 관련 사전실사로 크게 거버넌스, 재정역량, 가치 있는 자금사용을 할 역량이 있는지 평가하고 있다. 또한 협력하는 기관의 재정이 사업을 운영할 정도로 충분하고 역량이 있는지를 평가대상으로 하고 있다. 전략적 파트너 심사단계에 있어서도 총 6단계를 사업선정을 위한 절차로서 제시하고 있다. 이는 영국의 DFID가 파트너 선택을 매우 신중하고, 공정하며, 투명하게 운영하려고 노력하고 있음을 시사한다.

[표 9] 영국 DFID의 인증 제도를 통한 파트너십 제고 효과

인증(accreditation)의 기대효과
전략적 파트너 지원 프로그램(PPA)에 참가자격 부여
정부, 기업, 국제기구, 재단 등 외부 공여자에게 신뢰 제고
회원, 임직원 등 내부 관계자들의 자긍심 고양
단체의 조직적 · 인적 · 재정적 · 사업적 분야 관련 수행되는 역량평가를 통해 조직을 공신력 있게 평가받을 수 있는 기회 및 이를 통한 기관의 역량 제고 및 성장에 기여
대외적 인지제고 및 홍보활동에 긍정적 효과

출처: 손혁상 외, 『개발효과성 제고를 위한 정부-시민사회 협력 방안 연구』, 118의 박스 6-1 참고.

PPA는 인증(accreditation) 제도를 시행하고 있다. 인증 제도를 통해 PPA에 지원하는 시민사회기구는 인증을 받고 지원 자격을 갖춘 후, 심사위원회를 통해 최종 지원여부가 결정된다. 인증 제도는 기본적으로 시민사회기구를 등급화하거나 분류하여 평가하기 위한 제도는 아니며, 일정 수준 이상의 조직적·인적·재정적 역량을 갖추었음을 공식적으로 인증하는 제도이다. 또한 인증 제도, 시민사회기구는 일련의 공적이고 공평한 평가를 통하여 자신이 속한 기구가 객관적으로 평가받을 수 있는 기회를 가지는 동시에, 인증 절차를 거친 후에는 공신력 있는 기관이라는 것을 사회로부터 인정받을 수 있다는 점에서 DFID와 시민사회기구 모두의 역량 강화를 위한 긍정적인 효과를 기대할 수 있다. 인증 제도에 참여를 희망하는 CSO는 기부금 세금감면혜택을 가진 단체, 정부에 공인된 법적 자

격을 갖춘 비영리단체, 윤리 및 행동강령 준수를 동의한 것으로 간주한다. 또한 인증기준은 단체의 정체성 및 조직구조, 개발협력 철학 및 관리 역량, 개발협력 파트너 및 협력관계, 한국사회와 이해관계자와의 관계, 재정상태 및 재정 관리와 위험관리 체계의 다섯 가지를 제시하고 있다. 개발협력의 철학을 기준으로 한다는 점은 많은 점을 내포한다고 할 수 있다. 이는 파트너 시민사회기구의 재정적 관리 능력과 전반적인 역량뿐만 아니라 그 조직의 가치와 설립이념까지 검토한다는 것을 의미하기 때문이다. 이는 개발협력에 진정성이 있는지 판단할 수 있는 기준이 될 수도 있지만, DFID가 개발협력 철학을 너무 협소하거나 특정한 정치·경제적 이익과 결부시킨다면 시민사회기구와 철학이 맞지 않아 문제가 발생할 수 있는 잠재성도 지니고 있는 기준이다. 이러한 위험성을 내포하고 있음에도 불구하고 시민사회 기구의 역량뿐만 아니라 철학까지 기준을 포괄적으로 설정함으로써 평가의 질을 제고하는데 기여하고 있다고 볼 수 있다.

3) 기후변화 대응을 위한 민관협력: 미국 USAID

a) 기후변화 대응 정책과 PPP

1988년 세계기상기구(WMO)와 유엔환경계획(UNEP)이 공동으로 기후변화에 관한 문제를 해결하고자 설립한 정부간협의체(International Panel on Climate Change: IPCC)[35]의 제5차 보고서에 따르면 현재와 같은 추세로 온실가스를 배출할 경우(이산화탄소 농도가 2100년

936ppm에 도달할 경우), 2100년까지 해수면이 63cm, 기온은 3.7도 높아질 것으로 전망하였다. 그러나 상당한 감소가 실현되면(이산화탄소 농도가 2100년 538ppm에 도달할 경우), 평균기온은 1.8도, 해수면은 47cm 정도로 상승폭을 완화할 수 있을 것으로 분석하였다.[36] 기후변화에 대응하는 국내외 노력을 기울인다면 2100년 해수면은 16cm, 기온은 1.9도 완화할 수 있다. 이처럼 기후변화 정책은 직접적으로 지구촌 시민의 생태적 환경과 인류 생존에 관련된 중대한 정책이라고 할 수 있다. 기후변화에 대응하는 정책적 접근은 크게 저감(mitigation) 정책과 적응(adaptation)정책으로 구분된다. 저감 정책은 지구온난화의 원인 물질인 온실가스의 배출량 저감 또는 탄소 흡수원 확충을 위한 정책, 행동계획, 이니셔티브 등의 정책적 활동을 포괄하는 것으로 지구적 차원의 기후변화 완화를 목적으로 한다. 적응 정책은

35 IPCC는 현재 195개국이 회원국으로 활동하고 있으며, 각국 과학자들이 참가하여 기후변화 추세 및 원인규명, 기후변화에 따른 생태학적, 사회경제적 영향평가 및 그에 대한 대응전략을 분석한 IPCC 평가 보고서를 발간하여 기후변화에 대한 피해 최소화 및 유엔기후변화협약(UNFCCC) 정부 간 협상의 근거로 활용하고 있다(출처: 기상청 보도자료, "21세기말 기온은 3.7도, 해수면은 63cm로 높아져: IPCC 제5차 평가보고서 통해 발표"(서울: 기상청, 2013. 9. 27)).

36 IPCC, "Summary for Policymakers," *Climate Change 2013: The Physical Science Basis.* Contribution of Working Group I to the Fifth Assessment Report of the Intergovernmental Panel on Climate Change [Stocker, T. F., D. Qin, G.-K. Plattner, M. Tignor, S. K. Allen, J. Boschung, A. Nauels, Y. Xia, V. Bex and P. M. Midgley. eds.] (Cambridge University Press, Cambridge, United Kingdom and New York, NY, USA, 2013).

현재 및 미래의 기후변화 영향에 대한 사회적 시스템의 조절과 이를 강화하기 위한 것으로 지역의 피해를 줄이는 것을 목적으로 한다. 기후변화에 관한 정부 간 패널에 따르는 기후변화 대응을 위한 저감 및 적응 정책 분야를 비교하면 [표 10]과 같다.

[표 10] 기후변화 저감 및 적응 정책 비교

분류	기후변화 저감 정책	기후변화 적응 정책
개념	온실가스 흡수원 확충 또는 배출원 감소를 위한 인위적 개입	현재 또는 미래에 예상되는 기후변화 영향에 대한 시스템의 조절 및 강화
목적	지구적 차원의 기후변화 완화 목적	지역의 피해를 줄일 목적
분야	에너지, 건축물, 교통, 산업, 농업, 폐기물, 임업/임야	수자원, 건강, 농업 및 식량안보, 생태계, 기반시설 및 거주, 에너지

출처: 손혁상 외, 『기후변화 대응을 위한 민관협력(PPP) 활성화 방안 연구』(성남: 한국국제협력단, 2012), 30의 [그림 2-2]를 참고하여 재구성.

최근에는 저감 및 적응 정책을 구별하기보다는 이들의 통합을 통하여 기후변화대응 정책의 시너지 효과를 추구하고 있다. 저감 정책은 기후 관련 위험에 대한 장기적 효과에 초점을 맞추며, 적응 정책은 자연 및 인간 시스템이 직면한 보다 단기적인 정책을 통하여 통합적으로 관리하는 것을 의미한다. 기후변화 대응 정책은 과거 주로 UN 차원에서 이루어졌는데, 최근에는 세계은행 등 국제기구와 개별 국가의 국제개발협력 차원으로 확대되고 있는 추세이다. 세계은행은 '개발과 기후변화에 관한 전략적 프레임워크(Strategic Framework on Development and Climate Change)'를 구성하여 개발도상국의 기후변화 대응과 관련한 사업기회를 발굴하고자 노력하고 있다. 이 프레임워크는 크게 여섯 가지로 분류되며, 기후변화 저감과 적응 정책 외에도 시장기반의 재원조달 메커니즘 촉진, 민간 부문 자원 활용, 신기술 개발 및 이전 등의 내용이 포함된다.[37] 선진 공여국들은 막대한 기후변화 비용을 ODA만으로 충당하는 것은 한계가 있으므로 민간 재원 및 혁신적 재원을 적극 활용해야 한다는 입장을 주장하고 있다. 현재 기후변화 대응과 관련한 무상원조 형태의 PPP 사업 분야에 대한 국제적인 기준 또는 합의는 존재하지 않지만, 미국 국제개발처(USAID), 덴마크 국제개발처(DANIDA)와 같은 선진 공여기관의 부문별 가이드라인 정도만 제시되고 있는 상태이다. 미국의 경우 글로벌개발연대(GDA)를 통하여 공공-민간 파트너십의 원조를 구현하며 60년대부터 현재까지 기업, 국제기구 등 다양한 기관들과 협력을 진행해 왔다. 덴마크의 경우 UNGC의 10대 프레임워크 내에서 PPP의 논의가 이루어지고 있다.

b) 미국 USAID GDA 및 IDEA의 민관협력 분석

USAID는 민간 기업, NGO 또는 재단과의 일대일 협력 또는 그 이상의 협력관계를 PPP로 정의하고 있으며, 국제개발원조에

37 손혁상, "기후변화 대응과 민관협력사업(PPP): 미국 USAID의 GDA를 중심으로," 『국제개발협력』 2012년 제1호(성남: 한국국제협력단, 2012), 46.

민간 부문의 ODA 사업을 적극적으로 유도하기 위해 민관협력연대(Public-private Alliance, PPA)를 도입하였다. PPA 개념을 바탕으로 2002년 1월부터 전 지구적 차원의 개발문제 해결을 위해 글로벌개발연대(GDA) 프로그램을 추진해 오고 있다. GDA 프로그램 모델은 USAID와 민간 기업 1개 이상, NGO 단체 1개 이상의 삼자 이상의 파트너로 구성되며, 기업의 이익과 개발목표를 동시에 달성하고자 하는 목적을 추구하고 있다. USAID는 개발 우선순위와 민간 부문의 기업 이익과의 접점을 찾아 사업을 수행하고 있으며, 정부 재원에 기업, 비정부기구, 시민사회의 자금과 전문성을 결합하여 개발도상국의 환경 분야뿐만 아니라 보건, 교육, 기술이전 등 다양한 분야에 대한 개발지원을 확대하고 있다. 또한 기업은 자국 기업에만 국한하지 않고 국제기구 또는 개발도상국 지역의 현지 민간 기업과 재단과 협력하며, 환경 ODA 사업과 관련하여 총 개발도상국 40여 개 이상의 국가에 대하여 매년 약 1억 9천 5백만 달러의 기후변화 사업 지원을 약정해 왔다.[38] USAID는 환경 관련 개발협력 사업에 필요한 자금과 물자, 경영 관련 기술, 상품 개발, 프로젝트 설계 등을 지원하며, USAID의 전문성과 네트워크를 활용하여 사업 및 모니터링과 관련된 기술적인 도움을 민간 부문에 제공한다.

---

38 손혁상, "기후변화 대응과 민관협력사업," 54.

[그림 3] USAID GDA의 민간 영역과의 협력 접점

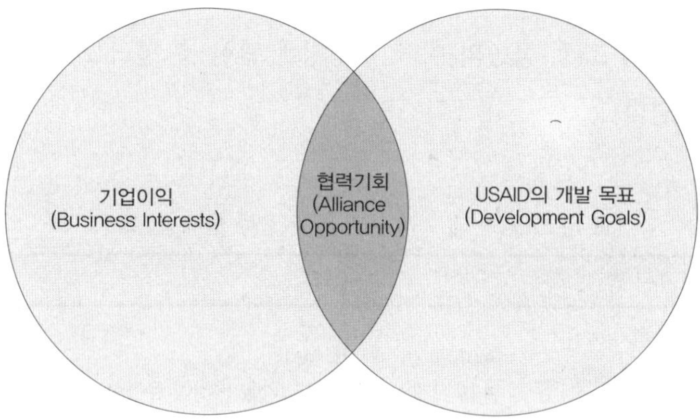

출처: 손혁상, "기후변화 대응과 민관협력 사업," 53의 〈그림 2〉 참고하여 재구성.

또한 2011년 GDA는 IDEA(Innovation and Development Alliance)로 확대되어 편입되었는데 IDEA는 혁신과 파트너십을 통해 좀 더 지속가능하고 효과적인 개발목표를 달성하기 위해 설립되었다. IDEA는 '개발 혁신 벤처(Development Innovation Ventures, DIV)', 글로벌 파트너십(Global Partnership), 지역의 지속가능성(Local Sustainability) 그리고 모바일 해결책(Mobile Solution)의 네 가지 민간협력 형태를 제시하고 있다. IDEA는 민간 부문 및 비정부기구의 참여를 적극적으로 프로그램을 통하여 유도하고 있다. 또한 PPP의 가장 기본적인 필요조건인 민간 부문의 이익과 USAID의 개발목표를 침해하지 않는 범위 내에서 공통적인 이익관계가 있는 접점 부분에서의 협력을 효과적으로 이끌어내는데 USAID의 성공적인 민관협력의 요소가

내재되어 있다. USAID는 민간 부문과의 파트너십 형성을 위한 가이드라인을 규정하고 있는데 행위자들 간의 신뢰, 평등, 권한, 포용성, 파트너십 조정, 공동의 이익, 투명성에 관한 총 일곱 가지의 원칙을 제시한다.

[표 11] IDEA의 네 가지 민간 부문 협력 형태 및 특징

민간 부문 협력형태	특징
개발 혁신 벤처 (Development Innovation Ventures)	■ 아이디어 공모 및 채택 ■ 세 단계의 펀딩 메커니즘을 통하여 유망한 프로젝트 지원
글로벌 파트너십 (Global Partnership)	■ 기존의 GDA와 동일 ■ 분야 관계없이 기업, 비정부기구, 재단, 협회 등 다양한 참가자 지원
지역의 지속가능성 (Local Sustainability)	■ 원조효과성과 지속가능성 제고를 위해 시민사회 및 지역의 민간 기업 지원
모바일 해결책 (Mobile Solution)	■ 모바일 기술을 이용하여 USAID의 개발 목표 극대화

출처: http://www.usaid.gov/who-we-are/organization/independent-offices/office-innovation-and-development-alliances(검색일: 2013. 11. 18.)

USAID의 GDA 민간 부문 협력과 관련한 가이드라인과 기후변화 대응을 위한 사례를 통하여 선진공여기관의 기후변화 관련 PPP의 사례를 간략히 살펴보았다. 국제적으로 합의된 PPP의 프레임워크는 없지만 재원의 다각화 및 지속가능성을 담보하기 위하여 공적 영역을 넘어선 민간 부문와 비정부기구의 재원 동원에 관한 역할

이 점차 강조되는 점, 그리고 이를 위한 선진공여기관과 정부, 국제기구의 가이드라인이 점차 활발히 제시되고 있으며, 민간 행위자의 개발협력 분야 참여 유도를 위한 인센티브와 기업이 받아들일 만한 개발영역에서의 이해관계의 접점을 찾아가려고 한다는 점은 공통적으로 제시되고 있다. 그러나 무상원조 외의 유상원조 분야에서는 기업의 이윤 동기가 개발목적보다 강하게 추구되는 부분도 있어 효과적인 개발협력을 위해서는 민간 부문의 행위자가 개발 목적을 인식하고 향유할 수 있도록 국제적 합의 및 프레임워크의 제시가 필요할 것이다.

4. 개발효과성과 공공성

끝으로 한국에서의 국제개발민관협력의 개요와 현황을 살펴보고, 개발효과성 제고를 위한 공공성 강화방안을 제안하고자 한다.

1) 한국의 민관협력 사업의 개요 및 현황

한국에서의 민관협력 개념은 국제사회에서 논의되는 PPP(Public-Private Partnership)와 혼용해서 사용되고 있다. 한국의 무상원조 전담기관 한국국제협력단(Korea International Cooperation Agency, KOICA)은 민관협력의 개념을 다음과 같이 제시하고 있다. "민관협력사업은 KOICA와 민간 부문이 파트너십을 구축하여 개도국에서 실시하는 국제개발협력 사업으로 비종교적, 비영리적, 비정치적이어야 한다." KOICA는 무상원조 전담 기관인 만큼 민관협력의 사업에 있어서도 영리적인 측면을 배제하고 있음을 알 수 있다. 이는 기업의 사회적 공헌(CSR) 또는 기업의 자선활동과 연계될 수 있지만, 기업이 이윤을 목적으로 추구하는 사업과는 연결성을 확대할 수 없는 특징이 있다. 또한, 민간 부문의 참여를 기업에만 한정하지 않고, 시민사회기구, NGO, 재단, 학계에까지 행위자의 종류를 포괄적으로 정의하고 있어 민관협력 개념을 광의적으로 개념화하는 측면이 있다. 이와 달리 한국의 유상원조 전담기관인 한국수출입은행의 대외경제협력기금(EDCF)은 개발도상국의 인프라 건설을 위한 기업 참여를 적극적으로 유도하여 개발재원 확보에 주력하고 있다. KOICA가 민관협력이라는 용어를 사용하는 것에 비해, EDCF는 민관협력이라는 용어보다는 국제사회에서 기업의 참여를 국가의 개발협력 사업에 유도하는 PPP의 개념과 유사하다. EDCF는 PPP 사업의 지원방안을 차관, 보증 등 주로 개발금융 확대를 위한 유상원조의 지원을 중심으로 하고 있다. 민관협력 또는 PPP에 대한 통일된 개념은 존재하지 않지만, 국제사회와 국내에서 공통적으로 인식되는 배경과 특징은 ODA를 넘어선 개발재원의 확충이 필요한 배경 하에, 국가 주도의 개발협력 사업에서 벗어나 민간 부문, 시민사회, 학계 등 다양한 행위자를 개발협력사업에 포함시킨다는 것이다.

KOICA는 개발도상국의 개발을 지원하기 위하여 비종교적, 비영리적, 비정치적 사업을 수행하는 비정부조직으로 민간단체를 정의하고 있다.[39] KOICA는 각 민간 부문의 행위자를 국제개발협력 사업의 중요한 주체로 인식하고, 1995년 도입한 국별 민간단체지원 사업의 규모 확대 및 국내의 중소·신규 단체를 대상으로 사업발굴지원 프로그램을 도입하는 등 지원 대상을 확대하고 있다. 민관협력 사업은 민간단체 지원 사업, 글로벌 사회공헌(CSR) 사업, 대학과의 파트너십을 통한 국제개발협력사업, 민간단체 역량 강화 지원 사업, 국제개발협력 이해증진 사업이 있다.

[표 12] KOICA 민관협력 사업의 유형

유 형	사업내용	사업선정 단계	사업추진
민간단체 지원 사업	국내 CSO가 개발도상국에서 실시하는 원조사업의 예산 지원	1) 매년 공모를 통하여 각 대상 단체의 사업계획서 접수 2) 지원 사업 선정 (사업심의위원회) 3) 선정단체와 사업별 약정체결 및 사업비 지원	■ 단체의 사업 중간 결과보고서 접수 ■ 진행상황 모니터링 ■ 중간 종료 평가
글로벌 CSR 사업[40]	우리 민간 기업의 개발도상국 사회공헌 CSR 사업 지원		
대학과의 파트너십을 통한 국제개발 협력 사업	1) KOICA 종료프로젝트 사후관리 2) 대학이 자체 발굴한 개발협력사업 지원		

39 한국국제협력단, 『시민사회협력프로그램 2014년도 국별 민간단체 지원 사업 안내서』(성남: 한국국제협력단, 2013), 3.

40 CSO 단독 신청은 대상자격에서 제외.

<table>
<tr><td>민간단체
역량 강화
지원 사업</td><td>민간단체 역량 강화를 위한 국내외 교육 실시 및 국내외 CSO 간담회 개최</td><td>KOICA에서 해당분야 전문 강사로 구성된 교육을 실시하거나 적격기관에 위탁 실시</td><td rowspan="2">■ 결과보고서 접수
■ 진행상황 모니터링
■ 결과보고</td></tr>
<tr><td>국제개발
협력이해
증진 사업</td><td>국제개발협력 관련 교과목 개설 지원</td><td>1) 매년 공모를 통하여 대학의 사업계획서 접수
2) 지원 사업 선정 (사업심의위원회)
3) 선정단체와 사업별 약정체결 및 사업비 지원</td></tr>
</table>

출처: KOICA, 『KOICA 사업의 이해: 사업관리교육과정 1』(성남: 한국국제협력단, 2012), 33의 표 8을 바탕으로 재구성함.

다섯 종류의 민관협력 사업 유형을 통하여 파트너십에 참가하는 NGO, 재단 등의 '시민사회', CSR 활동 등의 '기업', 그리고 대학을 포함한 '학계'로 행위자를 크게 세 주체로 분류하고 있다. 민관협력 프로젝트는 KOICA가 사업을 발주하고 민간이 입찰에 참여하는 형식으로 진행된다. '시민사회 협력 프로그램', '글로벌 사회공헌 프로그램', '대학과의 파트너십 사업' 모두 KOICA와 참여기관이 사업에 필요한 재원을 일정 비율에 따라 분담하는 매칭 그랜트(matching grant)의 방식을 조건으로 협력하고 있다. 대기업과 중소기업의 매칭 그랜트 비율을 다르게 해서, 중소기업의 적극적인 참여를 유도하고 있다. 대학과의 파트너십 사업의 경우, 지원금 총 5억 원 이내에서 총 사업비의 50%까지 지원하며, 2014년부터는 자체발굴사업의 경우 KOICA가 90% 까지 지원할 예정임을 밝혔다.[41]

[표 13] KOICA 민관협력 사업 프로그램 특징

구분	CSO 협력 프로그램	글로벌 CSR 프로그램	대학과의 파트너십 사업
목적	NGO 단체의 전문성과 개발사업 경험, 개도국 지역사회와의 연대 등을 활용하여 정부-NGO간 파트너십 구축을 통한 개발협력 사업의 성과 제고	민간자금 동원 및 민간의 전문성 활용을 통한 ODA 사업의 효율성 제고	정부-대학 간 파트너십 구축을 통한 ODA의 효과성 제고와 KOICA 종료 프로젝트의 사후 관리 사업에 대한 국내 대학의 참여 도모
지원 대상	우리나라 정부부처 또는 지방자치단체에 등록되어 있는 NGO	국내 혹은 개발도상국에서 영리를 목적으로 하는 우리나라 법인체 또는 해당법인이 설립한 비영리 단체	고등교육법 제2조에 포함되는 대학 및 대학 병원
지원 기준	MDGs 달성 등 개도국 발전에 파급효과가 크며, 특정기관의 직접적인 이익을 목적으로 두지 않는 사업		
지원 조건	총 사업비 80% 이내(지원금 총액 3.5억 원 이내)	대기업: 총 사업비 50% 이내 중소기업: 총 사업비 70% 이내 (지원금 총액 5 억 원 이내)	총 사업비 50% 이내 (지원금 총액 총 5억 원 이내) *2014년부터 자체발굴사업 9:1 매칭 예정
분야	기초보건, 의료, 초등교육, 식수공급, 주택개량, 지역개발 등 개도국의 인간의 기본적 욕구(basic human needs) 충족 분야	KOICA 5대 분야 및 기타 개도국의 인간의 기본적 욕구(basic human needs) 충족 분야	
지원 기간	단년도 사업: 1년, 다년도 사업: 2-3년 (최대 7년)	1년(최대 7년 까지 지원 가능)	

41 김명진, "Win-Win형 ODA를 위한 KOICA 민관협력 추진현황: 중소기업과의 협력을 중심으로," KOICA-EDCF 주최 'Win-Win형 ODA를 위한 민관합동 포럼' 자료집(서울: 연세대학교 동문회관, 2013. 11. 11), 14-16.

도입 시기	1995년	2010년	2012년
지원 현황	106건 진행 중 (2013년 10월 기준)	총 19건 지원 중 (2013년 10월 기준)	총 41건 지원 중 (2013년 10월 기준)

출처: 김명진, "Win-Win형 ODA를 위한 KOICA 민관협력 추진현황: 중소기업과의 협력을 중심으로," 14-16 참고하여 재구성.

2) 개발효과성과 공공성 제고를 위한 제언

a) 개발협력 파트너십을 위한 정책기조

제3차 원조효과성 고위급 회담(HLF-3)인 아크라 행동선언은 시민사회를 독립적인 개발행위자로서 공인함으로써 한국 내 개발협력 사업에도 점차 시민사회의 주체성을 존중하게 되었다. KOICA에서도 시민사회 협력 프로그램을 고안하였으며, 기존의 전통적인 개발협력 사업을 수행하는 시민사회 단체뿐만 아니라 다양한 개발 NGO가 개발협력에 참여하여 수원국의 빈곤퇴치와 개발에 기여할 수 있는 방향으로 프로그램이 확대되고 있다. 한국 내 다양한 개발 NGO의 활동이 활발해지고, 정부가 시민사회 협력 사업 프로그램을 구축한 점은 한국정부가 국제개발협력에 있어 시민사회를 단순한 사업 이행자에서 더 나아가 시민사회에 대해 실질적인 역할을 기대하는 것으로 시민사회에 대한 기대치와 역할에 대한 인식과 관념이 변화하고 있다는 것을 알 수 있다. 프로세스 중심의 원조효과성을 넘어서 수혜자에게 실질적인 삶의 변화를 가져오는 개발효과성 제고를 위해서는 민관협력의 공공성이 강화되어야 한다.

시민사회협력 프로그램은 CSO와의 관계에 있어 매칭 그랜트의 자금지원 방식을 통하여 사업의 효과성을 제고하지만 단순한 차원의 자금제공에만 그치지 않고 사후관리 및 역량개발도 사업의 중요한 요소로 고려하여 CSO와 동반자 및 협력자로서의 관계를 구축하고 있다. CSO의 독립적인 영역을 존중하고 개발효과성 제고를 위하여 KOICA나 개발협력사업을 주관하는 주무부처가 CSO의 특성을 존중하고 CSO가 비교적 우위를 점하고 있는 현지에 대한 전문성을 고려하여 정책에 반영하려는 노력을 기울인다면 보다 질적으로 높은 개발협력 사업의 발달을 기대해 볼 수 있을 것이다. 무엇보다도 분절화된 원조체계가 분절화되고 중복되는 개발 협력 사업에까지 연결되지 않도록 부처 간, CSO간의 협업도 중요하다. 상당수의 선진 공여국들은 시민사회협력 프로그램을 수행할 때 자국의 원조정책 조화 및 일치를 제고하려고 노력하고 있다. 개발협력의 주체가 사업수행 지역을 분담하거나, 정부 ODA사업의 사후 운영관리를 CSO에 위임 또는 특정 분야 및 주제의 ODA 사업을 전문성이 있는 CSO에 위임하는 방식을 사용하고 있다. 따라서 한국 내의 원조정책의 일치와 조화를 위하여 CSO 참여를 통해 개발효과성을 제고할 수 있는 프로그램인 '특정 지역 및 분야지원 프로그램'을 시민사회협력 프로그램에 반영한다면 원조의 중복성을 어느 정도 방지하고, 원조정책의 조화 및 일치에도 긍정적인 효과를 가져올 것으로 기대된다.

b) 시민사회지원을 위한 장기적 자금 확충 및 신규CSO 지원

시민사회에 대한 지원뿐만 아니라 전반적인 개발협력 사업의 효과성 제고를 위해서는 장기적인 재원 마련이 필수적이다. 정부부처에서는 단년도 사업을 중심으로 개발협력 사업을 진행하고 있으며, 무상원조 사업의 지원 금액 또한 단년도의 프로젝트 사업이 주을 이루기 때문에 지원금액이 제한적인 측면이 강하다. 개발효과성은 단시간에 효과를 보기 어려우며, 빈곤감축을 위해서는 장기적이고 다면적으로 접근할 필요성이 있기 때문에 사업의 지속가능성을 담보하기 위해서라도 시민사회 지원을 위한 자금을 확충하고 장기적인 재원 마련을 위한 정치적·제도적인 지원이 요구되고 있다. 특히 신규 CSO인 경우 기존의 시민사회 단체보다 역량과 재원마련 부분에서 장벽이 높아 민간단체 지원 사업 제도에 쉽게 진입하기 어려운 측면을 지니고 있다. KOICA의 신규단체 지원 프로그램은 경험이 부족한 CSO가 전문적인 개발협력 단체로 성장할 수 있도록 지원하고 있다. 지원 조건은 첫해 사업지원의 경우, 이전에 KOICA 시민사회협력 프로그램에 참여한 경험이 없어야 하며, 3년 이상의 자체 국제개발협력 사업 수행 경험을 보유하고 법적으로 관련 정부기관에 등록된 비영리 단체여야 한다. 매년 1회 공모를 통하여 지원서를 받고 있으며, 1년 단년제로 운영 및 사업단 최대 1억 원을 지원하는 것을 내용으로 하고 있다. 역시 매칭 그랜드 재정지원 방식을 사용하고 있는데, 신규단체 지원 프로그램인 만큼 KOICA가 80%의 사업자금을 지원해주고 있다. 이 프로그램은 개발협력 분야의 파트너

십 확대로 CSO의 활발한 사업에의 참여와 점점 증가하고 있는 신규단체를 정부가 인식하고 있음을 반영한다. 신규단체 지원 프로그램을 통하여 아직 역량이 부족한 CSO의 역량을 제고할 수 있으며, 다양한 CSO의 참여를 가능하게 함으로써 장기적인 시민사회 협력을 가능하게 한다는 점에서 긍정적인 효과를 기대할 수 있다.

c) 효과적 사업수행을 위한 비정부기구의 역량 강화 프로그램 지원

시민사회협력 프로그램의 효과성을 담보하기 위해서는 CSO의 전문성과 역량 강화가 필수적이다. 개발사업을 수행하는 많은 CSO가 전문적이고 체계적인 사업발굴과정을 거치지 못한 채 사업을 제안하고 시작하는 사례가 있다. 이러한 문제는 CSO의 역량이 부족한 측면뿐만 아니라, 한국 내 개발협력 사업을 발굴하고 선정하는 단계에서의 전문성과 사업기초조사 과정, 사업발굴과정에 있어서의 체계성과 전문성이 부족하다는 점을 시사하고 있다. 전문적인 사업기초조사 과정을 통한 사업발굴은 사업수행의 전 과정과 개발효과성에 큰 영향을 미치기 때문에 개발협력사업의 발굴 및 선정단계에 있어 전문성과 부처 간 또는 부처와 CSO 간의 긴밀한 협의와 조사를 통하여 사업을 제안하고 선정할 필요성이 있다. 모범적인 선진사례인 덴마크의 경우 사업조사지원금을 통하여 CSO의 성공적인 사업제안서 작성을 지원하고 사업의 효과성 제고를 통하여 개발효과성을 더욱 견고히 하고 있다. 덴마크는 4가지 유형의 프로젝트 자금 중 사업조사지원금을 포함하고 있는데, 최대 US$ 14,000을 지원

한다. 이는 현지사업 조사를 위한 여행경비, 2명의 출장경비 및 사업형성을 위한 현지 파트너의 연구와 조사 그리고 US$ 3,800은 워크숍과 연구에 사용하도록 규정하고 있다. 일본의 경우, NGO 사업 보조금을 통하여 NGO의 전문성 및 사업 역량을 강화할 수 있도록 지원하고 있다. 지원규모는 US$ 3,900~26,000이다. 이처럼 다른 공여국에서는 사업선정 이전부터 CSO의 역량 강화를 위한 프로그램을 운영하여 사업의 효과성을 담보하려는 노력을 활발히 기울이고 있다. 한국정부도 현지 사전조사를 통하여 사업의 타당성을 평가하고 있지만, 사업에 선정된 일부 CSO에만 혜택이 부여되고, 현지의 실질적인 수요를 수렴하고 조사하기보다 외교부를 통한 일원화된 창구를 통하여 제한적이고 탑-다운(top-down) 방식의 한국에서 제안된 사업이 필요한지를 물어보는 형식이 주를 이루고 있다. CSO의 역량 강화를 위한 프로그램을 확대하여 사업 발굴 이전단계에서부터 장기적인 관점을 가지고 CSO 자체 역량 강화를 위한 프로그램의 확충 및 CSO간의 활발한 토의 과정을 통하여 상호 역량 강화를 위한 정기적인 포럼 형태의 장을 마련할 필요가 있다. 또한 사업발굴과정에서의 전문성과 체계성 확보를 위하여 무엇보다도 사업 대상지역에 대한 체계적인 조사를 통하여 수원국의 수요를 중심으로 사업을 발굴하고 확대할 필요가 있다.

d) 전략적이고 장기적인 파트너십 구축

영국의 PPA 프로그램처럼 전략적 파트너십을 구축하여 장기적이고 큰 규모의 프로그램 성격을 가진 사업을 발굴해 나갈 필요가 있다. 장기적이고 규모가 큰 사업 발굴을 위해서는 단기적인 프로젝트 사업과 달리 대상단체 선정에 있어 체계적이고 면밀한 심사를 요구한다. 이러한 점은 영국 DFID의 PPA 프로그램에서 활용되고 있는 선정 및 심사과정을 참고하여 우리나라도 전략적이고 장기적인 파트너십 구축을 위한 제도를 구축할 것을 시사하고 있다. 특히 영국의 PPA 프로그램은 인증 제도를 시행하고 있는데 이는 CSO가 자신들의 역량을 공식적으로 평가받을 수 있는 기회를 제공할 뿐만 아니라 정부 입장에서도 기본적인 역량이 충족된 CSO를 비교적 간편하게 선별할 수 있어 정부와 시민사회기구 모두에게 혜택이 있는 방식이라고 할 수 있다. 인증 과정에 있어 다양한 전문가와 기관의 참여를 통한 협의의 과정을 거쳐 투명하고 공신력 있는 체계를 구축할 수 있다면 CSO의 발전뿐만 아니라 개발효과성 제고에도 상당한 영향을 미칠 것으로 기대된다. 민관협력을 통해 파트너십을 제고하고 체계적이고 전문성 있는 사업의 선정, 시행 및 관리를 위해서는 체계적인 제도와 활발한 협의 과정을 통한 수평적 파트너십의 구축이 필요하다. 동시에 개발효과성 제고가 실현되기 위해서는 단순히 공적 사업에 민간자본이 참여하는 것을 넘어서 개발도상국의 수혜자인 지역주민을 파트너로 참여시켜 공적기관, 민간부분, 시민사회기구, 그리고 지역주민 모두가 이익을 보는 윈-윈형의 파트너십을 성립할 수 있어야 한다. 이를 위해서는 기업의 사회적 책임, CSO의 역량 강화, 민간자원의 활용, 정부의 CSO 지원을 위한 제도 구축, 기술역량 강화, 재원 구축 등이 요구되지만, 무엇보다도 사업의 최종적 수혜자인 개발도상국 지역주민의 실질적인 수요를 반영하고 이들에게 결과적으로 혜택이 돌아갈 수 있도록 민관협력에 참여하는 모든 주체의 공통된 목적의식이 전제되어야 한다고 할 수 있다.

참고문헌

기상청. 2013. 9. 27. "21세기말 기온은 3.7도, 해수면은 63cm로 높아져: IPCC 제5차 평가보고서 통해 발표."

김명진. 2013. 11. 11. "Win-Win형 ODA를 위한 KOICA 민관협력 추진현황: 중소기업과의 협력을 중심으로." KOICA-EDCF 주최 'Win-Win형 ODA를 위한 민관합동포럼' 자료집.

김수현, 박원철. 2000. 『서울시와 NGO의 파트너십 구축을 위한 사례연구』. 서울시정개발연구원.

김혜경. 1997. "OECD 회원국 개발 NGO의 활동 유형과 과제."『동서연구』 제9권 제2호.

곽재성 외. 2011. 『효과적인 공공-민간 파트너십 사업 모델 연구』. 한국국제협력단.

노한균. 2011. "ODA 분야에서의 민관 협력 발전방안 모색: 기업의 해외 사회공헌을 중심으로."『ODA 기초연구』 11-04. 대외경제정책연구원.

박재창 외. 2009. 『시민참여와 거버넌스』. 서울: 오름.

박홍규. 2008. 『박홍규 교수가 쓴 작은 나라에서 잘 사는 길』. 서울: 휴먼비전.

배응환. 2007. "참여 거버넌스와 지역NGO의 역할: 정책참여를 중심으로." 『NGO연구』 제5권 제1호.

손혁상. 2013. "프레이밍이론으로 본 국제개발협력의 '원조효과성'과 '개발효과성' 담론 경합에 관한 연구." 『국제정치논총』 제53집 제1호.

_____. 2012. "기후변화 대응과 민관협력사업(PPP): 미국 USAID의 GDA를 중심으로." 『국제개발협력』 2012년 제1호.

손혁상 외. 2013. 『Post-2015 체제하의 개발재원 연구』. 외교통상부.

________. 2012. 『기후변화 대응을 위한 민관협력(PPP) 활성화 방안 연구』. 한국국제협력단.

______. 2011. 『개발효과성 제고를 위한 정부-시민사회 협력 방안 연구』. 한국국제협력단.

안숙희. 2010. "정부와 개발 NGO 간의 파트너십에 관한 연구."『미래사회복지연구』 제1권 제1호.

안승국. 1997. "결사체민주주의와 정치공동체: 국가-시민사회관계의 대전환 모색." 『한국정치학회보』 제31권 제3호.

이연호. 2010. 『발전론』. 연세대학교 출판부.

한국국제협력단. 2013. 『DAK 가이드라인: 기업과 시민사회 중심으로』. 한국국제협력단.

______. 2013. 『시민사회협력프로그램 2014년도 국별민간단체지원사업 안내서』. 한국국제협력단.

황성수. 2012. "스마트 정부 시대에 맞는 참여적 거버넌스 모색: Social Media를 활용한 정책 홍보와 시민참여를 중심으로." 『한국지역정보화학회지』 제15권 제4호.

ADB. 2008. Public-Private Partnership Handbook. Manila: Asian Development Bank.

Agg, Catherine. 2006. "Trends in Government Support for Non-governmental Organizations: Is the 'Golden Age' of the NGO Behind Us?" *Civil Society and Social Movements Programme* 23. Geneva: UNRISD.

Brinkerhoff, Jennifer M. 2002. "Government-nonprofit Partnership: A Defining Framework." *Public Administration and Development* 22.

Copestake, James. 1996. "NGO-State Collaboration and the New Policy Agenda: the Case of Subsidized Credit." *Public Administration and Development* 16.

Edwards, Michael. 2009. *Civil Society*. Cambridge: Polity Press.

Edwards, Michael and David Hulme. 1996. "Too Close for Comfort? The Impact of Official Aid on Nongovernmental Organizations." *World Development* 24(6).

Edwards, Michael and David Hulme. eds. 1995. *Non–Governmental Organization–Performance and Accountability : Beyond the magic bullet.* United Kingdom : Earthscan Publications Limited.

Erswell, Christopher C. 2001. *UK Aid Policy and Practice 1974–90 : An analysis of the poverty–focus, gender–consciousness and environmental sensitivity of British official aid.* USA : Dissertation.com.

Essig, Michael and Alexander Batran. 2005. "Public–private Partnership : Development of long–term relationships in public procurement in Germany." *Journal of Purchasing and Supply Management* 11.

Fowler, Alan. 2000. "NGO Futures : Beyond Aid : NGDO Values and the Fourth Position." *Third World Quarterly* 21(4) : 589–603.

Gidron, Benjamin et al.. 1992. *Government and the Third Sector : Emerging Relationships in Welfare States.* San Francisco : Jossey–Bass.

Gioia, Dennis A., Majken Schultz and Kevin G. Corley. 2000. "Organizational Identity, Image and Adaptive Instability." *Academy of Management Review* 25.

IPCC. 2013. "Summary for Policymakers." *Climate Change 2013 : The Physical Science Basis.* Contribution of Working Group I to the Fifth Assessment Report of the Intergovernmental Panel on Climate Change [Stocker, T.F., D. Qin, G.–K. Plattner, M. Tignor, S. K. Allen, J. Boschung, A. Nauels, Y. Xia, V. Bex and P.M. Midgley. eds.]. Cambridge University Press, Cambridge, United Kingdom and New York, NY, USA.

Jan, Kooiman. 2002. "Governance : A Social–Political Perspective." In Jurgen R. Grote & Bernard Gbikpi. eds. *Participatory Gover-*

nance; Political and Societal Implications. Opladen : Leske + Budrich.

Lewis, David and Nazneen Kanji. 2009. *Non–Governmental Organizations and Development.* New York : Routledge.

OECD. 2011 "How DAC Members Work with Civil Society Organizations : An Overview." Paris : OECD.

Porter, Michael E. 2011. "The Role of Business in Society : Creating Shared Value." Boston : Babson Entrepreneurship Forum.

Reed, Ananya Mukherjee and Darryl Reed. 2009. "Partnerships for Development : Four Models of Business Involvement." *Journal of Business Ethics* 90.

Renate, Mayntz. 1998. "New Challenges to Governance Theory." *Jean Monet Chair Papers* 50. European University Institute.

Salamon L.M. and Anheier H.K. 1998. "The Third Route : Government–non Profit Collaboration in Germany and United States." In Private Action and the Public Good, Powell WW, Clemens ES. eds. 151–162. New Haven : Yale University Press.

Severino, Jean–Michel and Oliver Ray. 2009. "Death and Rebirth of a Global Public Policy." Center for Global Development.

Smillie, Ian and Henny Helmich. 1999. Stakeholders : Government–NGO Partnership for International Development. London : Earthscan Publications Ltd.

이동수

서울대학교 정치학과에서 학사와 석사를 취득하고, 미국 밴더빌트대학교(Vanderbilt University)에서 정치학 박사학위를 받았다. 대통령직속 녹색성장위원회 위원, 대통령실 정책자문위원을 역임했으며, 경희대학교 공공대학원장을 거쳐 현재 교무처장 직을 맡고 있다. 『미래와의 소통』(편저), 『시민은 누구인가』(편저), *Democracy and Social Justice in Asia and the Arab World*(공저), "지구시민의 정체성과 횡단성," "민주주의의 이중성: 르포르의 포스트모던 민주주의," "자유민주주의에서 '자유'와 '민주'의 관계," "소통정치와 미디어" 등의 저서와 논문이 있다.

김태영

경희대학교 정치외교학과를 졸업하고 서울대학교와 미국 시라큐스대학교(Syracuse University)에서 각각 석사학위를, 미국 코넬대학교(Cornell University)에서 박사학위를 받았다. 안전행정부 정책자문위원, 자체평가위원 등을 역임했으며, 현재 경희대학교 행정학과 교수, 공공대학원 원장을 맡고 있다. 『정책학의 주요이론』(공저), *Public Management*(공저), 『한국행정학의 한국화론』(공저), *Dynamics of Government Innovation*(공저), 『다산의 행정개혁』(공저), "정부혁신의 철학적 기초에 관한 소고," "재정분권정책에 대한 비판적 고찰," "지방소비세 및 지역상생 발전 기금의 합리적 운용을 위한 대안 탐색: 협력적 재정 거버넌스의 도입" 등의 저서와 논문이 있다.

김운호

경희대학교 경영학과를 졸업하고 동 대학원에서 경영학 박사학위를 받았다. 1999 서울NGO세계대회 조직위원회 프로그램기획단장, 행정자치부 공익사업심사위원, 기독교윤리실천운동 이사, 경희대 대외협력처장을 역임했으며, 현재 경희대학교 공공대학원 교수, 한국비영리학회 부회장, 사회복지공동모금회 기획분과실행위원으로 있다. 『행복과 21세기 공동체』(공저), "NPO 리더의 과업에 따른 역할유형에 관한 연구," "비영리단체 모금의 성공요인과 기준에 관한 소고," "기업과 비영리단체 간 파트너십 강화를 위한 커뮤니케이션과 신뢰구축" 등의 저서와 논문이 있다.

송경재

경희대학교 정치학과에서 "한국의 사이버 공동체와 정치참여에 관한 연구"로 박사학위를 받았다. 신문발전위원회 연구위원, 방송통신심의위원회 통신심의특별위원을 역임했으며 현재 경희대학교 인류사회재건연구원 교수로 재직하고 있다. 주요 관심분야는 시민사회와 인터넷 정치, 사회적 자본 등이다. 저서로는 『사이버 공동체와 민주주의』, 『지구화시대의 정당정치』(공저) 등이 있으며 논문으로는 "사회적 자본과 한국의 시민참여," "한국과 미국의 정치인 팬 커뮤니티 비교연구"(공저) 등이 있다.

채진원

2009년 경희대학교 일반대학원에서 "민주노동당의 변화와 정당모델의 적실성"이란 논문으로 정치학 박사학위를 받았다. 현재 경희대 후마니타스 칼리지 교수로 '시민교육', 'NGO와 정부관계론' 등을 강의하고 있다. 전공분야는 비교정치과정(의회, 선거, 정당, NGO)이다. 주요 논문으로 "원내정당모델의 명료화: 대안적 정당모델과의 비교논의," "대화형 정치모델의 이론적 탐색: 아렌트의 '공공화법'과 바흐친의 '다성악적 대화법'," "민주주의의 사회적 기반: 자원봉사활동의 의미와 정치적 상관성을 중심으로," "세계화시대의 시민성과 대학교육," 대표저서로는 『지구화시대의 정당정치』와 『한국 민주주의 어디까지 왔나』 등이 있다.

임상헌

연세대학교에서 독어독문학(전공)과 사회학(부전공)을 공부하고 서울대학교 대학원에서 정치학을 공부한 뒤 영국 옥스퍼드 대학교에서 사회정책학 박사학위를 취득하였다. 현재 경희대학교 공공대학원 교수로 재직하고 있다. 논문으로는 "Regulation of the Pharmaceutical Market in the South Korean National Health Insurance"와 "Democratisation and Doctors' Political Influence"가 있다.

손혁상

서울대 정치학과를 졸업하고 미국 펜실베니아대(Univ. of Pennsylvania)에서 석사취득과 박사과정을 수료하고 경희대에서 박사학위를 받았다. 참여연대 국제연대위원장과 한국국제개발협력시민사회포럼(KoFID) 운영위원을 역임했으며, 현재 경희대 공공대학원 교수와 국제개발협력연구센터장, 국제개발협력학회 부회장, 외교부와 한국국제협력단 정책자문위원으로 활동하고 있다. 『국제개발협력 첫걸음』(공저), 『구성주의이론과 국제관계

연구전략』(공역), "Government-NGO Partnerships for International Development Cooperation," "한국 개발NGO 역량분석을 위한 프레임워크 구성과 경험적 분석," "프레이밍이론으로 본 국제개발협력의 '원조효과성'과 '개발효과성' 담론 경합에 관한 연구" 등의 저서, 역서와 논문이 있다.

시민사회 파트너십과 공공성

발행일 1쇄 2014년 3월 31일
지은이 이동수 편
펴낸이 여국동

펴낸곳 도서출판 인간사랑
출판등록 1983. 1. 26. 제일 - 3호
주소 경기도 고양시 일산동구 백석로 108번길 60 - 5 2층
전화 031)901 - 8144(대표) | 977 - 3073(영업부) | 031)907 - 2003(편집부)
팩스 031)905 - 5815
전자우편 igsr@naver.com
페이스북 http://www.facebook.com/igsrpub
블로그 http://blog.naver.com/igsr
인쇄 인성인쇄 **출력** 현대미디어 **종이** 세원지업사

ISBN 978 - 89 - 7418 - 327 - 1 93340

* 책값은 뒤표지에 있습니다. * 잘못된 책은 바꿔드립니다.

이 도서의 국립중앙도서관 출판시도서목록(CIP)은 서지정보유통지원시스템 홈페이지(http://seoji.nl.go.kr)와 국가자료공동목록시스템(http://www.nl.go.kr/kolisnet)에서 이용하실 수 있습니다.(CIP제어번호: CIP2014008407)